教育部青年项目"法官认知风格差异对审判影响的实证研究"（2017YJC820009）成果

审判中的风格变量

法官认知风格差异对审判影响的实证研究

高礼杰 著

当代中国出版社
Contemporary China Publishing House

图书在版编目(CIP)数据

审判中的风格变量：法官认知风格差异对审判影响的实证研究 / 高礼杰著. -- 北京：当代中国出版社，2023.12
ISBN 978 - 7 - 5154 - 1315 - 0

Ⅰ.①审… Ⅱ.①高… Ⅲ.①审判—研究—中国 Ⅳ.①D925.04

中国国家版本馆 CIP 数据核字(2023)第 255712 号

出 版 人　王　茵
责任编辑　邓颖君　彭世帆
责任校对　贾云华
印刷监制　刘艳平
封面设计　李默涵
出版发行　当代中国出版社
地　　址　北京市地安门西大街旌勇里8号
网　　址　http://www.ddzg.net
邮政编码　100009
编 辑 部　(010)66572744
市 场 部　(010)66572281　66572157
印　　刷　中国电影出版社印刷厂
开　　本　710 毫米×1000 毫米　1/16
印　　张　13.5 印张　3 插页　181 千字
版　　次　2023 年 12 月第 1 版
印　　次　2023 年 12 月第 1 次印刷
定　　价　68.00 元

版权所有，翻版必究；如有印装质量问题，请拨打(010)66572159 联系出版部调换。

目　录

引　言 … 1

第一章　司法心理测量的方法困境与可能出路 … 12
　一、对司法行为人心理变量定义的质疑 … 14
　二、对司法行为心理变量构念效度的质疑 … 16
　三、对司法行为心理变量间关系的质疑 … 21
　四、对困境的反思：一种零星工程理念 … 24
　五、零星工程理念如何影响本研究的策略和研究态度 … 29

第二章　认知风格差异影响审判的猜想及其验证思路 … 31
　一、认知风格理论及其当代发展 … 32
　二、认知风格测量工具发展 … 38
　三、法官认知风格差异的研究现状 … 41
　四、研究样本的选取与偏性评估 … 46
　五、模拟审判问卷的设计 … 51

第三章　法官认知风格测试结果与统计分析 … 62
　一、认知风格测试软件介绍 … 62

二、法官认知风格测试结果的统计分析　　　　　　　　64

　　三、法官认知风格测试结果与法官个人属性的相关性分析　　72

第四章　模拟审判问卷结果与统计分析　　　　　　　　　　79

　　一、模拟审判问卷结果　　　　　　　　　　　　　　　79

　　二、模拟审判问卷的双变量相关性分析　　　　　　　　82

第五章　法官认知风格测试结果与模拟审判问卷结果的
**　　　　相关性分析　　　　　　　　　　　　　　　　　　89**

　　一、对认知风格差异与模拟审判问卷结果相关性的总体解释　91

　　二、法官对象表征的认知风格与模拟审判结果的相关性分析
　　　　与解释　　　　　　　　　　　　　　　　　　　　94

　　三、法官空间表征的认知风格与模拟审判结果的相关性分析
　　　　与解释　　　　　　　　　　　　　　　　　　　　107

　　四、法官言语表征的认知风格与模拟审判结果的相关性分析
　　　　与解释　　　　　　　　　　　　　　　　　　　　109

　　五、本章小结　　　　　　　　　　　　　　　　　　124

第六章　法官认知风格测试研究的数据推论及相关讨论　　128

　　一、法官认知风格测试研究的数据推论汇总　　　　　129

　　二、法官认知风格测试研究的不足　　　　　　　　　131

　　三、下一步法官认知风格研究的方向　　　　　　　　136

第七章　法官认知风格差异对审判影响确切背景下的对
**　　　　策与建议　　　　　　　　　　　　　　　　　　140**

　　一、重视和发展法官认知风格乃至司法决策心理学的研究　143

　　二、法院在组织人事方面应适当考虑法官认知风格偏好　　145

　　三、把法官认知风格研究成果作为审判制度的设计依据之一　147

四、重视法官认知风格偏好差异,有助于建构法官职业共同体　150
五、法官认知风格研究与未来司法数字化和智能化的良性互动　152
六、结语　154

附录一:认知风格测试结果汇总表　156

附录二:模拟审判问卷　160

附录三:法官认知风格原始数据　163

附录四:法官认知风格测试平均反应时间统计表　190

附录五:认知风格测试工具测试页面展示　194

附录六:空间表征风格与法官模拟审判的相关性散点图　197

参考文献　203

后　记　211

引　言

　　5个受到良好教育、行事素来正派的中年男子被困于洞穴。他们明知无法在饿死之前获得救援,遂提议牺牲1人,以其血肉为食,使另外4人得以存活下来。提议得到全体同意。然而,在以投骰子方式选出牺牲者之前,1人反悔,不愿继续执行众人商定好的计划。其余4人没有中止计划。他们代替反悔者丢骰子,并在公平的情况下,恰好投出反悔者成为牺牲者。4人将反悔者杀死,食其血肉,勉强支撑到救援队抵达之时。4人刚从自然危局之中逃脱升天,随即就身陷囹圄,面临法律的判决。

　　以上是美国著名法学家朗·富勒(Lon Fuller)根据英女王诉杜德利案,虚构的1个著名思想实验。在朗·富勒的笔下,5位大法官给出了5种不同的司法意见。其后,彼得·萨伯(Peter Suber)参照朗·富勒之后法哲学的新发展,又对案件扩充了9种不同司法意见。[1] 在这个思想实验当中,所有大法官都是善意的,不存在徇私枉法;所有大法官都是经过良好训练的专业人士,不存在业务不精;然而即便

---

〔1〕 参见[美]彼得·萨伯:《洞穴奇案》,陈福勇、张世泰译,生活·读书·新知三联书店2012年版。

如此,14位大法官仍然宿命般提出了14种意见。[1] 这一局面让乐观者对法律善变充满了好奇,却让悲观者感到不确定的忧虑。是什么导致审判结果如此不确定呢?

环境、历史、舆论等都可能是形成不同判决结果的原因。除此之外,法官的个体差异也是造成审判差异的重要原因。每位大法官都是独一无二的:性别差异可能导致法官在强奸、家庭暴力等与性别有关的法律问题上持不同观点(比方说上述案件中唯一的女性大法官就从女性视角来考察案件);个人生活经历差异可能导致法官对"合理""必要"等概念赋予不同的阈值;意识形态差异可能导致法官在法律不明确的问题上,灌注其自身的价值立场和价值排序。最后,对法律事实以及法律概念的不同认知方式,也可能会影响判决结果。对此,彼得·萨伯笔下的邦德法官给出了一段重要的描述:

> 我的同事各有各的看法,有的认为这起杀人行为属故意,有的认为并非故意……用来修饰限定谋杀的"故意"一词有一种规范的、标准的含义……但正如其他每个形容词一样——比如"秃头的"或者"个儿高的",这些词外延开放,使用范围很宽,确定不下来……如果一个人的发际线已经后退了很多,我们可以称他"秃头"或者"不算秃头",我们爱怎么就怎么,不会有人指责我们说错了话……我们称这起杀人行为是"故意的"或者"非故意的",都不会导致误用这个词。[2]

和判断一个发际线很高的人是否"秃头"一样,在特定情况下,判断"故意"这类具有何种法律意义,结果往往会因为人们的认知差异而截然

---

[1] 萨伯并未考虑到社群主义、后现代主义等一些重要流派和思潮,对这个问题可能产生的不同看法。事实上,继续补充不同判决观点也是可能的。
[2] [美]彼得·萨伯:《洞穴奇案》,陈福勇、张世泰译,生活·读书·新知三联书店2012年版,第146页。

不同。不过,这一事实在司法实践中显然是个大麻烦。因为长久以来的正义和公平要求判决不能随意,判决尺度必须统一,即必须符合同案同判的基本原则。该原则要求对于同样的案件,应当以同样的方式来处理,形成一致的判决结果。这是平等价值在逻辑上的必然,也历来就是正义这一法学核心理念的现实体现。随着历史的发展和法治文明的进步,原则上要求实现同案同判的范围也在不断拓展。以阶层、血统、金钱等因素划定同案同判的例外情况,此类现象已经越来越少。到了近现代,同案同判也成为司法公平正义的基本要求,构成世界上主要国家《宪法》或宪法性法律所规定的人权或平等权的固定内涵。

然而,同案同判在司法实践中却并不容易实现。立法、执法、司法违反当代法治和平等的基本价值理念,这确实是造成同案不同判的原因之一,但在法治体系基本完备的国家并不是常态。更常见的原因是,法官并非工厂流水线产出的"自动判决生成器",他们客观上存在个体差异。而法律本身是抽象的,它由有限的条文、解释、判例等构成,作为有限和抽象的规则体系,同变化无限的具体现实生活之间总是不能严丝合缝地完美匹配。这种不匹配就表现为,法律不经解释就无法适用,必须赋予法官一定程度的能动性才能弥合有限与无限之间的沟壑;更麻烦的是,法律在疑难案件之中总是显得过于笼统,是以法官可能需制造法律,或者说不得不制造法律。一方面是同案同判的正义理想,另一方面是法律运行必须依赖于个体差异的现实,二者在此出现了张力:法律的运行依赖于法官发挥其主体性能力,而法律正义却又要求规范、收敛甚至抑制法官在个案之中发挥事实上存在的、因人而异的主体性能力。

具体来说,法官的生活经历、教育背景各异,且职业伦理、专业水平、认知能力参差不齐,这些因素都可能会造成同案不同判的结果。为了把法官个人情况对审判可能造成影响减小到最低,也为了规避法律现实主义者把"流行的道德政治理论、对公共政策的直觉知识、法官的偏见"[1]

---

[1] Oliver Holmes, *The Common Law*, Routledge, 1973, p.1.

置于演绎推理之上,避免把司法判决视为"情绪、直觉、偏见、性情等因素"[1]所决定的东西,最终造成法官和律师对自己的才能、技艺以及长久以来对法律抱有的信心感到挫败,[2]人们引入了各种各样的制度设计。有些设计着眼于法官的职业伦理,以某种荣誉或超然性来引导法官保持善良意志,如法官终身制、员额制;或者是以专门的法律规范,规范法官保持中立不偏私的立场,如各国的各类《法官法》《检察官法》。有些设计则着眼于严格的法官准入制度,以学历、履历乃至选举作为前置条件,保证法官的专业能力和智力认知水平达到较高水准,以求减少判决差异。这些制度和措施都着眼于收敛法官的个体差异,使他们成为在法庭上行为模式相对统一的职业共同体。客观来讲,也确实或多或少地达到了设计目的。

不过现实生活的复杂性致使法官个体差异因素无法被穷尽。更为棘手的是,可能影响法官审判的那些个体因素的变量,也许无论如何小心规避,也都无法完全排除,因为其中某些变量本身就是审判行为的构成要素。笔者在研究设计模拟审判问卷时就多次遭遇到了这个问题。比如,来自经济发达地区或者欠发达地区的法官,会在"合理费用""必要支出"这类涉及财产的表述上有较大争议;法官自身的性别会对事实和法律认定产生影响,在婚姻家庭类案件之中尤为明显;法官的个人生活经历也可能会影响他对特定对象的理解和解释。

除了以上这些"看得见"的差异之外,不同法官还存在大量"看不见"的差异。一般认为这些差异属于法律心理学的研究范畴。其中就包括了意识形态的差别,或者说价值排序的差别;情感所造成的认知差别;[3]以及法官因认知过程和认知方式的不同,导致认知结果上存在差别。这些差异虽然看不到,但对于审判结果的影响丝毫不亚于那些"看

---

[1] See Jerome Frank, *Law and the Modern Mind*, Routledge, 1983.
[2] [美]卡尔·卢埃林:《普通法传统》,陈绪纲等译,中国政法大学出版社2002年版,第2页。
[3] 参见[美]理查德·波斯纳:《法律理论的前沿》,武欣、凌斌译,中国政法大学出版社2002年版,第233—259页。

得见"的差异。在法学与当代认知科学相结合的研究中,对法官那些"看不见"的差异的研究有了新方法和新模型之后,这种判断得到了明确的数据支持。于是乎,当代认知法学,特别是司法的认知心理学,自然便构成了一个重要的前沿研究领域。

由于认知是人类的一种基本活动,所以自然而然,对于认知的研究在时下的脑科学、心理学、哲学认识论、语言学、人工智能等学科和研究领域内,都具有很强的前沿性和重要性。而在"认知法学"这一细分研究领域内,国内外法学界的主要兴趣在于3个方面。一是法律价值与个人认知,具体包括对正义、程序、法治等问题的认知,多运用社会心理学、传播心理学等学科的研究方法和研究成果,研究个体内化法律价值的过程,以及影响这一过程的因素;二是讨论法律语言与认知,主要研究经验事实法律概念化之后对人的认知产生何种影响,多运用认知语言学、语用学等理论的方法和研究成果;三是司法过程与认知,研究司法者和执法者(主要是法官)在法律解释、法律推理、证据认定、自由裁量等司法行为的具体过程中,认知能力所发挥的作用,以及人工智能在司法领域的应用、前景以及正当性问题,多使用心智哲学和认知心理学的研究方法和成果。国外从20世纪80年代开始就已经展开"认知法学"的相关研究,自20世纪90年代以来,以劳伦斯·莱茨曼(Lawrence Wrightsman)、杰佛瑞·西格尔(Jeffrey Segal)、哈罗德·斯皮斯(Harold Spaeth)等为代表的学者,在司法心理学领域作了相当数量的研究,牛津和哈佛大学出版社分别在2010年前后专门推出过司法与心理学丛书,汇集了该领域较为重要的著作。国内对于司法心理学的研究稍晚,但目前学者们对这个领域的研究兴趣也处于逐步升温的状态。21世纪以来,法律心理学的全国性会议已经多次召开,相关研究也正在铺开。

法官在司法过程当中的认知能力受多种因素影响。认知能力作为认知过程的一种反映,提供了对认知全过程的一种评价标准(且是一种非排他性的标准,即允许其他标准存在的标准)。人的认知过程受智力、经验等因素影响,其水平的高低会同认知能力的强弱紧密相关。此外,人的认知过程还存在程度水平以外的结构性差异,体现为认知风格、方式、偏好的差别。人在成年之后,其智力水平就会保持相对稳定,与之类似,人在认知上的结构性差异是内在的,也会保持相对的持久和稳定。[1] 这些差异并不一定对认知水平和认知能力形成影响,但却能极大地影响认知过程,从而影响认知结果。

因此,对于法官认知结构性差异的研究,是对法官认知结果差异之原因的一种探究,是以法官在认知过程中表现出来的个人风格差异为切入点,对审判差异的一种心理溯源。对这一问题更为清晰全面的认识,有助于探明法官差异的由来,有助于反思收敛法官认知差异的条件,有助于依据对这些条件的认识,设计对应的解决方案,固化落实为现实制度,有助于"同案同判"理想的实现,甚至有利于进行创造性的转化,把个体差异所致审判差异这一消极后果,转化成为司法创新和司法内涵式改革提供新视野、新思维、新方法的积极后果。

显然,这是一个宏大的研究领域。人脑决策的复杂性决定了人的认知结构差异存在诸多不同的维度,人脑决策的不透明性进一步决定了以人脑决策为研究对象一定困难重重。即便笔者把研究仅仅限定为对法官认知风格差异对审判结果的影响,所见仍然可谓一片混沌。鉴于认知风格本身就不是一维的,研究者对于认知风格的维度和模型莫衷一是,甚至认知风格的诸多维度无法穷尽,所以笔者的研究必须被严格限定,否则就会迷失在关于人类认知的迷思之中。本书事实上只关注两个递进的问题:第一,法官之间是否的确存在某些维度上的认知风格差异?提出这一问题的考虑在于,法官职业共同体经历过法律职业资格考试以及法律专业培训,这些共同经历是否实际上起到了固化认知风格的效果,使法官们具有类似的认知风格;或者说这些共同经历事实上挑选出具有类似认知风格的人来担任法官?如果法官之间没有认知风格上的

---

[1] Riding, R. J. & Cheema, I., "Cognitive Style: an Overview and Integration", *Educational Psychology*, 1991(11):193–215.

差异,法官共同体的共同经历使法官们的认知风格类似,那么对认知风格差异可能影响审判结果的担忧也就不复存在了。第二,如果法官之间的确存在某些维度上的认知风格差异,那么这种差异是不是会对审判过程造成影响,比方说对法官的事实和法律认定造成影响,进而影响审判结果? 也就是说,法官认知风格差异是否对司法决策的结果敏感,以及在多大程度上敏感?

为了回答这两个问题,本书将首先在第一章当中对笔者使用的方法展开验证和反思。对法官认知风格的研究要深入可能造成审判差异的那个"看不见"的领域,在现阶段,心理学的心理实验方法似乎成为唯一选择。然而第一章将证明基于行为主义的司法心理测量会受到行为主义本身局限性的限制,由此也许并不能仰仗实验测试数据,充分解释司法行动的过程。过度依赖存在瑕疵的方法,依赖由瑕疵方法提供的数据,不单单会影响解释的有效性,甚至还会导致谬误。不过相对地,认知心理学虽然主张超越行为主义方法,但立足于认知心理学进路的司法心理测量却过于任意,缺乏客观性。正是诸方法本身固有的局限性,导致司法心理测量的推进不力,实证研究缺乏内部效度,法学与心理学的"联姻"也因此困难重重,迟迟无法走向更深入的研究。加之审判本身的特殊性,让司法心理测量在变量定义、构念效度以及变量关系等问题上面临多种诘难。这些问题目前尚找不到较好的全面解决方案。因此,司法心理测量实证研究困境的出路在于,以"零星工程"的态度专注于测量和数据分析本身,而不是仓促地提出某种全面的解释模型,更不能简单地将某个单一研究的成果进行应用转化。[1] 这一章对本书研究的根本旨趣作出了限定。基于"客体表象—空间表象—言语表征"认知风格的研究诚然只能够非常有限地讨论法官认知风格对审判影响,为司法决策的心理过程提供一些有益洞见,但远不能盖棺定论地全面回答"法官是否

---

[1] 因此在最后一章,笔者反复强调所有意见和建议都只有拓展思路的价值,实践转化必须以大量相关测试和重复测试为基础。

存在认知风格差异""法官认知风格差异对审判能够造成多大影响"这两个问题。这两个问题只能通过大量此类有限研究,积累足够丰富的数据,才有可能作出回答。

第二章在第一章讨论所划定的范围之内,设计本书的具体研究思路,并展开论证。其总体思路是,在尽可能控制变量的情况下,把根据认知风格测量获得的法官认知风格数据作为自变量,把通过模拟审判问卷获得的法官决策结果作为因变量,分析两个变量之间的相关性。本章将会解决几个基本问题:第一,在众多认知风格维度,众多对应的认知风格模型,以及众多测试工具之中,为何选择了认知风格中的"客体表象—空间表象—言语表征"表征风格模型及其配套的三维表征风格测试工具。第二,确定被试范围的依据是什么,笔者的取样方法在多大程度上能够保证取样的偏性在可接受范围之内。第三,设计模拟审判问卷的必要性以及模拟审判问卷设计之中应当注意的几个问题。第四,数据分析如何展开。第五,数据分析结论的可讨论范围。对以上问题的充分讨论是本书数据收集和数据分析的正当性前提。

此外,本章还将简单回顾认知风格的研究成果,分析模拟审判问卷所面临的设计问题。对认知风格研究综述围绕本研究的目的展开,并未过多着墨;由于模拟审判问卷的问题设计必须考虑到司法的特殊性,是以用力更多。模拟审判问卷的问题设计既要规避影响审判且和法官认知风格无关的变量,又要考虑全距或极差,即不能设计没有任何区分度的审判。规避无关变量是考虑到第五章相关性分析的效度。考虑全距则是因为法律的文本主义主张与司法实践存在一定的差距。法律规则体系虽然已经在较大的范围内收敛了判决的差异性、法官的能动性、自由裁量甚至所谓的法官造法,但在有争议的情况下还是存在不同程度的差异。日常的审判不能体现出法官之间的差异,但法官的差异很可能是客观存在的,并可能潜在地影响审判结果。所以说,如果意图在实践中测定法官潜在的差别和区分度,就只有在模拟审判问卷中设计出一种有争议的情境,才可能反映出法官认知风格对审判造成的影响。本书将证明,虽然研究考虑的是在较为极端的情况下,法官认知风格差异如何影响审判,而不是在一般的情况下如何影响审判,但这并不影响研究结论的适用范围,并不表示认知风格差异对审判造成影响仅发生在法律规定不明确这种极端条件下。因为心理学研究成果表明,认知风格差异普遍地对人的认知行为产生影响,并不是说对一些行为产生影响,对另一些行为不产生影响。该结论对司法人员的司法行为同样适用。也就是说,法官认知风格对审判造成影响并不单纯只在较为极端的情况下发生,而是普遍存在的。只是说,由于测试工具的灵敏度有限,这种影响只有在较为极端的状态下才是可测的;而在一般状态下,影响依然普遍存在,但是却不可测。

第三章展示法官认知风格测试的具体数据,并对数据展开初步统计性分析。这一部分将解决本书提出的第一个问题,即作为法官职业共同体中的一员,法官个体之间在某个认知风格维度上是否存在明显差别。基于"客体表象—空间表象—言语表征"三维认知风格测试,将会发现法官认知风格确实存在的显著差异。

第四章针对模拟审判问卷的调研结果展开分析。本章将用问卷数据来表明,在法律并没有细致规定的地方,不同法官对相同法律和事实的认定并不一致。本章针对模拟审判问卷结果展开基本的描述性分析,通过100份调研问卷结果,计算选项的平均数和答案的离散程度。其后在描述性分析的基础上,进一步展开模拟问卷结果和法官基本属性的相关性分析,包括问卷结果与学历、年龄、性别之间的相关性分析,目的是排除以上变量对模拟审判结果的干扰。相关性分析结果显示,法官的以上个人属性均不对他们的判断产生实质性影响。

第五章是研究的核心部分。本章把前几章的数据关联起来,利用统计软件进行变量一(法官认知风格)和变量二(模拟审判结果)之间的相关性分析。数据证明两个变量之间确实存在具有统计学意义的相关性。但数据同时也印证了第一章提出的观点,即鉴于司法活动的复杂性,司法心理测试在现阶段可能只能给出零星结论——笔者使用的是三维认知风格模型,在空间、语言、对象三个维度上开展测试,然而数据分析表明只有其中两个维度与司法审判活动明确相关。本章还进一步地以言语和对象两个心理学概念为基础,尝试解释了这两种风格偏好是如何来影响法官判断的。这部分分析有助于把法官认知风格差异影响审判的事实进行创造性转化,对接下来提出司法建议意义重大。

第六章总结了整个研究过程所得出的一系列结论,并对实验全过程进行了反思。本章着重总结了本次研究在设计和操作时存在的不足之处,最后在反思基础上,对下一步研究给出了具体的改进措施和深化方向。尤其是针对心理实验程序的不完善,给出了具体的原因,并对结果可能造成何种影响进行了分析。

第七章旨在把本研究得出的有限结论与司法实践相结合,提出相应的意见建议。包括参照认知风格差异测试,优化法官、检察官的人事组织,职业发展;根据认知风格的作用,细化调整司法改革的具体进路、方法;依托认知风格差别的重要性,建立基于心理学的长效研究机制等。

20世纪90年代以来的司法改革,总体上是从形式的角度"让司法更像司法",但当下司法改革的倾向是更尊重"消费者体验",更重视通过司法能力提升实现司法的社会功能,满足和实现社会对司法的需求,从实质的角度"让司法更能司法"〔1〕具体来说,新时代新征程中国体制综合配套改革,展现出"由分向合转变、由内向外拓展、由粗到精挺进、由量变到质变飞跃的客观趋势"〔2〕从这个意义上看,司法心理学的研究恰好满足了司法改革对提升法官能力的要求,满足了司法的社会功能,是司法改革由粗到细,实现质的飞跃的重要一环。重视法官认知风格差异对审判造成的影响,也是对这种时代趋势的现实回应。在调研过程中,本研究的研究思路与研究目的得到了众多一线法官的认可,其研究意义和价值同样得到了法官们的充分肯定。一线法官凭借自己的实践经验

---

〔1〕 顾培东:《人民法院改革取向的审视与思考》,载《法学研究》2020年第1期。
〔2〕 黄文艺:《论深化司法体制综合配套改革——以21世纪全球司法改革为背景》,载《中国法律评论》2022年第6期。

和亲身经历,更能清楚地意识到,特定案件的审判结果可能确实和法官个人有关,更清楚地了解司法决策的心理学研究有助于弄清楚审判结果和法官个人心理状态联动的机制,有助于通过隐喻的方式,将那个从前不可名状、不可描述的司法决策过程粗略地描述出来,并从心理学角度提出细化司法改革的具体措施。

然而,本研究能不能从一个有洞见的角度,在一定程度上揭示造成审判差异的认知变量,并提出控制认知变量的有效手段呢?对此笔者并不确定。比起确定的解释、模型和确切的意见建议,笔者更在意本研究能否充分体现这一类研究本身的希望性,更在意本研究能否引起学界、实务界给予该领域更多的重视,以使更多的人参与司法决策心理学研究。

第一章　司法心理测量的方法困境与可能出路

法律心理学有着悠久的历史,特别是在本身就考虑心理状态,且把心理状态视为定罪量刑要件的刑法领域。不论是康德、黑格尔基于"意志"或"自由"的主观视角来评价行为恶性的法哲学传统,还是基于"社会危害性"等客观视角来评价行为恶性的法律理论,都强调人的主观心理状态是衡量罪与非罪,重罪与轻罪的要素。因而区分"直接故意""间接故意""过失"的心理状态是刑法学的重要课题。此外,鉴于社会秩序在人类集体生活之中的重大价值,以及犯罪对人类集体生活可能造成的严重破坏,犯罪心理学也是法律心理学关注的焦点。

更广义的法律心理学乘着19世纪末心理学和20世纪初法律现实主义发展的东风迎来新的发展契机,并伴随20世纪后期心理学研究的深入,认知与脑神经科学的长足进步,以及人工智能的异军突起,开始走向繁荣。不过与法律社会学、法律经济学等交叉研究相比,法律心理学的研究更为零散,影响力也有所不及。[1] 究其原因,一是法律心理学研究的诸多细分方向并不见得必然适合被认定为"法律心理学的"。比如青少年犯罪与心理健康,立法者的态度偏好,法律威慑与社会控制,这些研究名义上既和法律沾边,又和心理学沾边,但从学缘上看似乎更应该分别归属于发展心理学、政治心理学、社会心理学。二是尽管司法决策的心理学毫无疑问是"法律心理学的",且以态度模型、策略模型来分析美国最高法院大法官司法决策的研究确也取得了一些成果,但由于实证研究相对薄弱,相当数量的研究仍然停留于概念分析和模型假定,无法走向更深入的量化研究阶段。

由于法学研究范式与心理学研究范式之间,在主客观性、方法、目的等方面存在诸多差异,该问题的出现其实并不让人意外。[2] 当然,随着社会科学和法学的交融越来越深入,法学研究范式的内涵也得到极大发展和拓展。在过去的几十年里,心理学研究范式也影响到法学研究变革的本质和方向。[3] 虽然科学与政治,客观与主观的冲突在一定程度上得以缓和,但在方法上的沟壑却并未见得有所消弭。这些问题在法律心理学研究领域变得尤其复杂。在实证层面上,法学经常会使用一些自己的概念和自己的充分性标准,[4] 并且经常与心理学标准冲突。是以通行于日常领域的心理与行为科学研究方法在适用于司法领域时往往受到诸多钳制,令法律心理实验的数据测量陷入困境。目前,这些问题可能并没有一劳永逸的解决方案。唯一可行的思路似乎是在研究法官认知风格对审判的影响之前,反思司法心理测量中存在的诸多困境及其原因,并尝试为本研究划定一个合理的边界。

---

[1] 戴昕:《心理学对法律研究的介入》,载《法律和社会科学》2007 年第 2 卷。
[2] Haney, C., "Psychology and legal change: On the Limits of a Factual Jurisprudence", *Law and Human Behavior*, 6, 1980, p.191–235.
[3] Haney, C., "Psychology and Legal Change: The Impact of a Decade", *Law and Human Behavior*, 14, 1993, p.371–398.
[4] 参见[美]迈克尔·帕尔多、丹尼斯·帕特森:《心智、大脑与法律:法律神经科学的概念基础》,杨彤丹译,浙江大学出版社 2019 年版,第 3 页。

一、对司法行为人心理变量定义的质疑

心理学是一门概念科学,同所有概念科学一样,它必然带有隐喻的特征。[1] 认知心理学中的信息加工理论本身就是一种隐喻,它把认知的心理事件体系比喻成类似计算机的加工体系。认知心理事件被描述成数量不一的过程,每个过程又以隐喻的方式被命名,如表象(image),表征(representation)等。其中形形色色的心理模型事实又建立在对心理事件的再次隐喻上:洋葱模型把人的认知比作越到内部越稳固,越到外部越受环境影响的系统;[2] 双重加工模型把人的思维和决策描述为两套相互联系又互补的加工体系。[3] 不同模型的解释力必然以有效的隐喻为前提。司法行为中的心理变量能够得到合理定义,这本身就是进一步展开研究和测量的前提。

司法决策模型同样以隐喻的方式建构出某些特定的概念,用以模拟司法决策的心理过程。概念的构建似乎并没有什么客观标准或者普遍标准,建立在这种概念基础上的模型也缺乏客观的或者普遍的有效性。杰佛瑞·西格尔、哈罗德·斯皮斯定义了所谓"态度"的变量,在此基础上建立了一种具有相当解释力的态度模型。菲利普·泰特洛克(Philip E. Tetlock)参照以赛亚·伯林(Isaiah Berlin)的经典论文,定义了政治决策中的两种不同风格变量,名曰"狐狸型决策风格和刺猬型决策风格",并主张"狐狸型"决策风格更容易得出"正确的政治判断"。[4] 然而,上述两个模型除了易于遭到有效性的质疑外,还面临着对变量构念的质疑。杰佛瑞·西格尔、哈罗德·斯皮斯所说的"态度"概念缺乏学术共同

---

[1] [美]罗伯特·L.索尔所、M.金伯利·麦克林、奥托·H.麦克林:《认知心理学》,邵志芳等译,上海人民出版社2007年版,第20页。
[2] Curry, L.:"An Organization of Learning Styles Theory and Constructs", *ERIC Document*, 1983(235):185.
[3] 参见陈林林、张晓笑:《认知的双重加工模型与司法决策》,载《浙江学刊》2014年第5期。
[4] 参见[美]菲利普·泰特洛克:《狐狸与刺猬:专家的政治判断》,季乃礼等译,中国人民大学出版社2013年版。

体承认,人们对该变量所指的对象并不存在共识。因为杰佛瑞·西格尔和哈罗德·斯皮斯为了测量的方便,将态度的内涵缩小,他们定义的"态度"其实特指某个具体个体的政治意识形态在"激进—保守"政治意识形态谱系中所处的位置。但某些法律现实主义者可能对"态度"持一种扩大解释的观点,比如认为法官早餐吃了什么也构成其态度。同时,更普遍的观点则认为"态度"内涵远远不止政治意识形态和道德判断,它是和司法决策有关的一些相对持久的观念,是对特定对象的描述、评价和主张。[1] 这是一种居中的立场,不过即便如此,在"相对持久"的判定,"特定对象"的范围上,也存在争议。菲利普·泰特洛克的"狐狸型"个体和"刺猬型"个体分别是"知道许多小事"和"只知道一件大事"的思考者,[2]该区分属于对认知风格某个特定维度的构念。然而,各方对作为因变量的"好的政治判断"却存在不同理解。菲利普·泰特洛克认为好的判断应该是"预测正确"和"思维正确",他自己也承认,一旦将权重、精确程度的标准加以变化,"预测正确"就可能变为"预测错误","思维正确"就变为"思维错误","狐狸型"认知风格所具有的"预测正确"的能力就不再明显高于"刺猬型"认知风格,二者之间就不再具有明显统计学差异,[3]而"狐狸型"和"刺猬型"的构念也就失败了。

司法心理测量既然是心理实验的一种,那么司法决策心理模型也必然以某种假定的隐喻概念为观测对象或实验对象。这致使司法心理模型变量的构建必然既包含事实判断也包含价值判断。问题在于,认知心理学对一般认知过程的概念假定一般仅讨论假定变量本身的信效度,但对假定前提不做进一步究问,而司法心理模型的概念假定必须讨论假定前提。一般认知模型概念假定具有相对明确的范式,大量学者在该范式

---

[1] 陈林林、杨桦:《基于态度的司法决策》,载《浙江大学学报(人文社会科学版)》2014年第3期。
[2] [美]菲利普·泰特洛克:《狐狸与刺猬:专家的政治判断》,季乃礼等译,中国人民大学出版社2013年版,第80页。
[3] [美]菲利普·泰特洛克:《狐狸与刺猬:专家的政治判断》,季乃礼等译,中国人民大学出版社2013年版,第7、199页。

下进行研究,并且形成学术共同体。比如,上述"洋葱模型"之中的概念事实假定在于,认知的最里层是稳定的"认知风格",中层是"信息加工方式",外层是"学习偏好"。该假定背后的基本范式是认知风格理论几十年来的基本立场:人的认知除了因智力、经验等因素存在程度区分外,还因风格、方式等因素存在偏好和习惯的区分,这种差异是内在的、持久的。[1]

相比之下,司法决策的概念假定本身需要进一步究问假定本身的前提,而人们在这些前提上可能不存在共识。对于某些争议,法理学和法哲学可能已经讨论了上千年,也未有定论。具体来讲,在"态度模型"和"狐狸—刺猬模型"之中,"态度"何以是狭义的而不是广义的,"好的政治判断"何以是事实性的而不是规范性的,这些立场就必须被说明。然而这些立场在理论法学和政治哲学之中本身就处于长期争论,不存在默认的统一理解。因此可以说,司法心理测量的第一个难题就在于缺乏有效的司法决策心理学概念,这必然导致司法决策心理学研究一开始就具有某种程度的循环论证特征,即人们基于特定价值立场假定了一组变量,对该变量的研究最终又巩固了人们一开始所持有的特定价值立场。

二、对司法行为心理变量构念效度的质疑

司法决策心理测量方法面临的第二个困境是,司法决策心理变量的构念效度(construct validity)可能遭到质疑。司法心理测量在定义变量之后的第二步就必须进行操作定义(operational definition),即关于如何测量的定义。定义是否真实,定义在多大程度上反映了该变量的真正理论意义,这是司法心理测量必须回答的第二个方法论问题。

早期心理学研究采用内省的研究方法,但该方法因测量上的主观性、相对性以及模糊性而饱受诟病。为了能方便地将心理学推入量化研

---

[1] Riding, R. J. & Cheema, I., "Cognitive Style: an Overview and Integration", *Educational Psychology*, 1991(11):193–215.

究的层面，就必须倚仗一种更客观的方法。以伊万·巴普洛夫（Ivan Pavlov）和爱德华·桑代克（Edward Thorndike）为代表的学者提出，要把可被客观观察到的行为作为心理学研究的首要对象，并在此基础上客观测量和表述。这构成了行为主义方法的核心观点。行为主义的兴起为心理学研究的推进作出了巨大贡献，但其缺陷也非常明显。到了20世纪60年代，对行为主义方法的批评便已然铺天盖地。行为主义方法的理论前提是，它倾向于将人的行动简单描述成刺激（stimuli）和反馈（responses）的线性过程（S-R），显然忽略了心智在此过程中本应发挥的作用。比如说，人们或多或少都有这样的体验：某种刺激确实对人产生了作用，但该作用并不一定会在行动中被表现出来；刺激与反馈也并不严格对应，某种刺激并不必然就导致某种反馈。心智具有主动性，能以干预、阻断、促进等方式改变刺激与反馈的映射关系。行为主义对信息在认知过程中的表征并不敏感，而且也解释不了反馈的差异。

行为主义虽然受到当代认知主义的批评，不过当代认知主义却认同行为主义的一个基本立场，即心理学的理论最终要依赖实证研究。[1] 从这个意义上讲，与其说是认知主义全盘否定了行为主义，不如说是认知主义对行为主义进行了发展和改良。比如，基于认知主义的理论在S和R之间增加了心智作用的阶段，增加了对心智活动的讨论，[2]并且用推定的方式合理推测心理过程的变化。由于保留了行为主义的这一基本立场，当代认知主义也被称为"认知—行为"心理学。

"认知—行为"心理学保留了实证方法的正当性和可适用性，同时又将研究视角切入心理过程之中的各种阶段和事件。然而，通过细化行为在认知过程中的各种表征来推定心理过程，这种方法之所以有效，前提条件是行为和心理事件之间具有可推定性。比如心理学观测和实验常

---

[1] [美]简妮·爱丽丝·奥姆罗德：《学习心理学》，汪玲等译，中国人民大学出版社2015年版，第124页。
[2] See Wasserman, E. A., "Comparative Cognition: Toward a General Understanding of Cognition in Behavior", *Psychological Science*, 4, 1993, p.156–161.

常从大学生之中选取参与者，[1]一方面是方便取样（haphazard sampling）之故，另一方面在于大学生群体能很好地理解实验程序，并且忠诚地对实验作出反应。选择大学生为样本，一般而言能够满足从行为到心理状态的可推定性，大大减少因误解和欺骗（有意或者无意）产生的错误信号和杂音，大大降低从行为到心理状态推定链条发生断裂的风险。不过也有学者指出，以大学生为被试的实验和观测，实际上也可能存在这种方法论上的难题。在一些特定的实验中，大学生也可能根据实验和观测者控制变量以外的因素而改变自己的反馈，导致推定链条失效。在这种状态下，刺激（S）可能并不是影响心理状态和相应行为这两个变量的首要原因，被试的反应可能源于某些意外信号。譬如著名的"咖啡杯实验"，实验中学生之所以拒绝出售咖啡杯可能并不是基于个体对金钱的认知和判断，而是出于个体在同学和老师面前自我表现的社会情境。[2]该实验在操作上的定义就此失败了。

上述方法论上的困境似乎能够通过改进数据采集的手段削弱其影响。不幸的是，当司法参与者作为被试进入实证研究时，他们的处境相比大学生更显得复杂诡谲。立法者、政治人物、重要案件的司法参与者……他们的心理事件很难通过外在行动推定。甚至他们通常都不会接受学者们的问卷调查，即便接受调查，也不能保证他们是否会诚实地描述自己的心理状况。[3]再有，在大学中开展的心理学实证研究，其研究对象往往是相对孤立的变量，然而在司法心理的测量中，变量往往具有继时性，抽象出相对不受影响的孤立变量并予以控制，这几乎不具有可操作性。从方法层面上看，司法行为的心理测量难以避免混淆变量对研究内部效度的影响。

---

[1]［美］保罗·科兹比、斯科特·贝茨：《心理与行为科学研究方法》，张彤译，机械工业出版社2014年版，第96页。

[2]［美］理查德·波斯纳：《法律理论的前沿》，武欣、凌斌译，中国政法大学出版社2002年版，第282—283页。

[3]［美］杰佛瑞·西格尔、哈罗德·斯皮斯：《正义背后的意识形态——最高法院与态度模型》，刘哲玮译，北京大学出版社2012年版，第291页。

以杰佛瑞·西格尔、哈罗德·斯皮斯对法官态度的实证测量为例。20世纪初期兴起的法律现实主义,以及在当代又重整旗鼓的新法律现实主义均认为,法官个人因素在司法决策中起到决定性作用。相比地方法院法官,美国联邦最高法院大法官更是如此。[1] 大法官的个人态度对审判结果影响尤为明显,持这种观点的人被称为态度主义者(attitudinalists)[2],他们目前在当代美国已成为和形式主义者分庭抗礼的一派。杰佛瑞·西格尔、哈罗德·斯皮斯对大法官任职前就民权问题在各大报纸上作出的评论进行分析,以此评价他们的政治立场。[3] 这实际上是一种推定的测量方法,以大法官的政治活动来倒推法官的政治意识形态。该方法具有操作正当性和有效性的前提是,大法官的政治活动仅由大法官政治意识形态决定。这显然不符合事实,大法官的政治活动会受到多种因素干扰,尤其是会因为策略上的原因,做出和其政治意识形态要求相背离的选择。杰佛瑞·西格尔、哈罗德·斯皮斯却也不得不承认,虽说通过实证数据的检验,态度模型对过去的案例具有极强解释力,预测判决结果的准确率也高达77%,[4]但态度模型正在受到挑战,理性选择模型对法院的影响在不断加深。[5] 也就是说,判决不仅是态度这个单一变量造成的结果,态度模型的内部效度也因此受到很大影响。

理性选择理论的主要内容在此就不再展开了。值得一提的是,理性选择理论指出了态度测量之中的关键缺陷,影响法官决策的东西也许并非个人政治和价值偏好,而是对复杂世界更为全面、更为理性的权衡。

---

[1] Dahl, Robert., "Decision Making in a Democracy: The Supreme Court as a National Policy Maker", *Journal of Public Law*, 1957(6):279-295.

[2] Klarman, M., *From Jim Crow to Civil Rights: The Supreme Court and the Struggle for Racial Equality*, Oxford University Press, 2004, p.4.

[3] [美]杰佛瑞·西格尔、哈罗德·斯皮斯:《正义背后的意识形态——最高法院与态度模型》,刘哲玮译,北京大学出版社2012年版,第292页。

[4] [美]杰佛瑞·西格尔、哈罗德·斯皮斯:《正义背后的意识形态——最高法院与态度模型》,刘哲玮译,北京大学出版社2012年版,第289页。

[5] [美]杰佛瑞·西格尔、哈罗德·斯皮斯:《正义背后的意识形态——最高法院与态度模型》,刘哲玮译,北京大学出版社2012年版,序言,第1页。

换句话说,两种模型各自偏重认知心理学之中不同阶段的特定心理过程。态度模型认为影响法官判决的是在价值方面人人都各不相同的内部稳固心理表征,理性选择理论则不赞同该观点,认为影响法官判决的是认知过程中思维阶段(thinking)的理性和逻辑因素。虽说理性选择理论并不更"真",甚至并不更有效,不过它对态度主义的批评侧面指出了态度模型测量方法的前提问题,即个人意识形态与现实的政治判断并不能完全相互推定。无论判决还是公共意见,法官的行为并不一定反映其政治意识形态。判决、意见表达、投票这类政治行为很可能是策略性的,而不是偏好性的。法官不是在一个抽象的世界之中,对一个孤立的因素作出单一反应。法官的刺激与反应并非一个一因一果的线性过程,而是一个多因多果的系统过程。比如在对一系列《吉姆·克劳法》进行合宪性审查的时期,美国内战乃至重建时期之后大法官大多偏向共和党,支持黑人公民权,但期间出于司法谦抑、政治交易(为了在某个更急迫的问题上获得支持,而放弃自己的某项政治主张)等理由,大法官们选择悬置自己的意识形态立场,判决支持《吉姆·克劳法》。[1]

若审视美国法制史,尤其宪法史中影响重大的判决案例,如下结论似乎显得更为合理:最高法院的宪法解释往往不表现法官个人态度,反倒是更倾向于反映当时更大范围的社会和政治背景,[2]虽然该背景可能并不完全代表所有人和所有阶层(大法官略微倾向于代表中产和精英)。[3] 现实当中,大法官在司法决策中出于某些策略的考虑,选择消解自身的意识形态倾向,选择一条能够代表多数人倾向的方案。从这个角度上讲,法官不大可能是英雄,也不大可能是恶棍,[4]他们更像是集体

---

[1] Klarman, M., *From Jim Crow to Civil Rights: the Supreme Court and the Struggle for Racial Equality*, Oxford University Press, 2004, p.2, 15.

[2] Friedman, B., "Dialogue and Judicial Review.", *Michigan Law Review*, 1993(91): 577 - 682.

[3] Klarman, M., "Rethinking the History of American Freedom", *William & Mary Law Review*, 2000(42): 265 - 288.

[4] Klarman, M., *From Jim Crow to Civil Rights: The Supreme Court and the Struggle for Racial Equality*, Oxford University Press, 2004, p.6.

和社会的代言人。这些观点和证据都表明，法官心理状态的测量不能单纯依据他们的外在行为现象来推定，司法决策的特殊性导致变量的操作定义十分困难，构念效度相对较低。

三、对司法行为心理变量间关系的质疑

在心理学与行为科学的研究中，凭借有效的实验设计，实验法往往能排除其他混淆变量的干扰，并通过对自变量的控制和操作，更好地测定、证成自变量与因变量之间关联。但心理变量和行为变量在充当自变量时，实验方法对它们的要求并不相同，因为心理变量不能像行为变量那样方便地被实验者控制。例如，实验者能够方便有效地控制被试是否参与健身，以此来研究健身同焦虑程度之间的关联，但实验者却不能方便有效地控制被试是否具备某种特定的认知风格、思维风格、决策偏好，以此来研究被试倾向于某种特定行为的概率。因此严格来讲，由于心理事件本身是推定的，心理状态的有无也无法像行为那样被明显地观察到，也无法直接地被实验者操作。再加上心理因素往往具有较强稳定性，所以它本身并不是实验控制的完美自变量。

然而，司法决策实验关注的核心问题就是法官个体心理差异对审判结果的影响，这必然涉及对心理差异的控制。前述提到的具有影响较大的"态度模型"和"狐狸—刺猬模型"，其实也是把不同个体的心理因素视为自变量，把决策和判断行为视为因变量，以统计学的方法来解读两个变量之间的关联。虽然杰佛瑞·西格尔、哈罗德·斯皮斯在其著作中也把不同的政治意识形态称作自变量，把决策后果称为因变量，但从严格意义上讲，他们的方法并不涉及实验测量，只是对两个不同变量的观测。

当然，观察法本身也是实验法之外相当重要的一种方法。实验法与非实验法各自都并不完美，仅凭其中任意一种方法和一项研究不能作出最后定论。[1] 然而司法决策心理学本身在功能方面的旨趣,导致实验方法处境尴尬。在司法决策心理学当中单纯使用观察法必然导致两个问题:第一,变量之间的因果方向(direction of cause and effect)不明;第二,变量无法得到有效控制,从而必然会引入第三变量问题(third-variable problem)和外扰变量问题(extraneous variables problem)。[2]

此处仍然以"态度模型"和"狐狸—刺猬模型"为例。前述已经谈到,杰佛瑞·西格尔、哈罗德·斯皮斯的实验设计从本质上看是去推定法官的政治态度,该方法在构念效度上无法达到很高水平。这一方面是因为法官个人的司法行为具有特殊性,是一种历史的、普遍联系的行为,而不是抽象的、一次性的行为;另一方面则是因为观测法在逻辑上就无法有效地排除外扰变量和混淆变量。杰佛瑞·西格尔、哈罗德·斯皮斯在外在表征上观察到意识形态表示与政治决策后果之间的联动变化,但由于无法精确地控制态度,他们就不能断定态度是否是决策变化的充分必要原因。他们至多能从概率上证明态度变化是决策变化的必要原因,但完全无法判断态度变化是决策变化的充分原因。

不仅如此,杰佛瑞·西格尔、哈罗德·斯皮斯甚至无法判定态度变化和决策变化两个变量到底哪个是自变量,哪个是因变量。杰佛瑞·西格尔、哈罗德·斯皮斯假设,法官的不同态度将导致不同的决策后果。该假设虽然高度依赖直觉,但本身并不违背科学方法论。问题在于,观察和测定两个变量相互关联程度的数据——联系紧密或不紧密,正相关或负相关的数据,并不包含态度为原因,决策为后果的信息。因为同直觉相反的解释其实也能讲得通:受外部各因素影响的决策反过来塑造了法官的个人政治态度。事实上这也正是权力社会学的观点,认为个体意识形态和道德判断受社会体系的极大影响,主体性甚至被社会的建构性

---

[1] [美]保罗·科兹比、斯科特·贝茨:《心理与行为科学研究方法》,张彤译,机械工业出版社2014年版,第57页。
[2] [美]保罗·科兹比、斯科特·贝茨:《心理与行为科学研究方法》,张彤译,机械工业出版社2014年版,第51页。

完全压制,甚至被消解。可以说,杰佛瑞·西格尔、哈罗德·斯皮斯的实验设计已经暗含并夹杂了个人立场的判断,他们持一种忽略权力社会学观点的日常立场。这对实验结果可能造成深刻影响,因而极大地削弱了测量的效度。

菲利普·泰特洛克的"狐狸—刺猬模型"也存在同样问题。菲利普·泰特洛克假定的"狐狸型""刺猬型",以及"狐狸—刺猬型""刺猬—狐狸型"认知风格,将会对政治判断的准确性产生影响。这些假定也可以说成是:"有些人类认知方式的亚种一直胜过其它"。[1] 他通过量表测定不同专家的认知风格,将他们分类为"刺猬型"和"狐狸型",再测量不同认知风格的专家在政治判断中的得分,最终将两个变量关联起来,得到两组变量显著相关的结论。同样,这样的结论只能说明两组变量显著相关,但不足以说明两组变量本身的因果方向。政治预测是个"事实"问题,它本身适合"知道许多小事"的狐狸,但政治问题并不仅包含"事实"向度,它还包括"应然"向度。在这个向度内,"只知道一件大事"的刺猬或许并不一定比狐狸做得差(甚至极大可能比狐狸做得更好,但这里不做展开)。由此,把菲利普·泰特洛克模型的因果方向颠倒过来似乎也可以讲得通:那些倾向于研究"事实"的学派、团体等,他们发现狐狸的方法在事实判断上做得更好,因此不断培养其成员的"狐狸型"风格。以赛亚·伯林这样的思想史家很清楚地指出,"只知道一件大事"的演绎进路和"知道许多小事"归纳进路可能并不是个体的差异和特征,它往往是某个学术派别、政治团体、职业共同体的特征。观念—实践,成文法—判例法,逻辑—经验,这些两极分化的立场似乎同"刺猬—狐狸"的二分模型遥相呼应。不同学派甚至不同国家的主流意识,在这种两极分化的谱系之中可能都有各自不同的偏重。这一事实恰好说明,思想者到底是像狐狸还是像刺猬那样思考,可能不单单是个心理学问题,更可能是个

---

[1] [美]菲利普·泰特洛克:《狐狸与刺猬:专家的政治判断》,季乃礼等译,中国人民大学出版社 2013 年版,第 82 页。

社会学问题。菲利普·泰特洛克的本意是在"人类深层"的心理层面上去研究专家的政治判断,以"超越党派的争执",[1]但他的方法设计恰恰无法论证人类深层的心理因素是影响政治判断的原因。这并不是研究者本身的问题,而是观测方法局限性的必然结果。

四、对困境的反思:一种零星工程理念

由于和司法行为的特殊性质有关,司法心理测量方法在变量定义、构念效度、变量关系上存在的问题很难在短期内找到解决方案。于是有学者甚至悲观地认为,判决和其他一些法律决策中的各种因素根本就无法被精确地度量,也缺乏相应的机制让科学数据融入司法过程,社会科学的数据在司法意见之中都不过是些凑数的东西(makeweights)。[2] 言下之意,司法决策的心理学测量作为一种量化研究的方法,由于司法行为本身的特殊性,将注定在这个领域水土不服,丧失科学性。它在现阶段似乎只有修辞这种唯一的作用,可以用来增加某种学说或判断的说服力。

这种观点正确地指出了问题的来源,但却夸大了问题的现状,也夸大了解决问题的难度。前述已经较为详细地讨论了在司法决策和政治决策心理学领域具有较大影响的两个模型,虽说存在着方法上的缺陷,但两个模型对现象的解释力却相当显著。更难得的是,研究者对模型本身的局限性也有相对清醒的认识,并不追求百分之百解释和预测(他们甚至认为完全的解释实际上必定是错误和无价值的解释),也并不声称自己的模型是排他性的。他们强调,"模型研究尝试从定性或定量的角度,探求对大量相似行为的最佳解释……发掘对决策影响最大的因素,

---

[1] [美]菲利普·泰特洛克:《狐狸与刺猬:专家的政治判断》,季乃礼等译,中国人民大学出版社2013年版,第2页。

[2] Lochner, P., "Some Limits on the Application of Social Science Research in the Legal Process", *Law and Social Order*, 1973, p. 815 – 884.

此方法或比单纯个案研究更有意义"。[1] 换句话说,他们认为模型研究的根本旨趣并不是指向那个唯一的真相;有效的模型提供了一种方法论的个人主义视角,对司法决策和政治判断的研究提供了新的审视进路,为法理学和政治哲学在概念推演之外开辟了另一方经验讨论的空间。

司法决策心理学的实证研究面临着方法论上的困境,但也具有自身独特的价值,因此,破局的思路就不简单局限于对在方法论上存在些许瑕疵的研究进行全面清算和否定。一种更合适的思路取自于卡尔·波普尔(Karl Popper)的社会零星工程(piecemeal social engineering)理念。[2] 这里的"零星"指的并非数量上的稀少,而是指研究的可错性和局部性。社会零星工程理念与社会整体蓝图或社会乌托邦理念相对应,是由于理性本身和理性方法的局限性,促使理论家的研究范式发生转换。一种基于"零星"理念的方法范式,主张社会理论研究和政治主张最好放弃宏大叙事和整体设计,秉持更加务实的态度,在思路上侧重局部研究,在结果上对错误更加宽容。照此思路,司法心理测量的困境促使研究者重新思考研究定位和研究目的,不把提出某种全面的解释模型作为当下最迫切任务,而以零星工程理念专注测量和数据分析本身。这一理念在一定程度上能够规避或缓解心理测量手段在司法行为领域的不适,具体体现在以下几个方面:

第一,零星工程策略鼓励分解研究对象。

前述已经谈到,"态度模型"和"狐狸—刺猬模型"当中的自变量存在可操作性问题,因变量的测量又存在推定的效度问题。尤其因为司法决策和政治判断本身的特殊性,在运用观测法时,行为的测量尚不能很好地反映心理事件,在运用实验法时,对变量操作和测量就更容易放大实验方法本身的"人为性""参与者变量""诚实性"等干扰因素。比方说

---

[1] [美]杰佛瑞·西格尔、哈罗德·斯皮斯、莎拉·蓓娜莎:《美国司法体系中的最高法院》,刘哲玮、杨微波译,北京大学出版社2011年版,第18页。
[2] Popper, K., *After the Open Society*: *Selected Social and Political Writings*, edited by Jeremy Shearmur & Piers Norris Turner, Routledge, 2008, p.54.

在实验条件下,即存在观测者和人为处境的条件下,法官就往往有意识地采取某些策略,回避心理事件和行为之间的关联。[1]

然而如果完全放弃司法决策的实验测量方法,仅凭非实验方法又很难解决因果方向和混淆变量问题。对此,零星工程理念为研究指出了一种阶段性策略。如果司法心理实验不能一蹴而就,那么退一步,将研究对象拆分成若干阶段,以微积分的方式将不可接受的逻辑断裂,逐步削减到可接受的程度。这不失为一种合理思路。法官决策并不方便在实验室模拟,对法官决策的观测又不能排除混淆变量,甚至把决策本身假定为变量,还很难获得较高的效度。但如若退一步,以决策前提为变量,考察法官对一系列事实和法律的认定,则避免了法官在决策时对可能承担的道德风险的担忧,减少了模拟实验处境和现实处境之间的差异。对某一类事实和法律的认定相对于对某个具体法条或案例的决策,其背景处境则显得更为普遍,因而可以较大程度地避免政治权力、司法谦抑、公共舆论、个人策略等影响。因为对某一类事实和法律认定,与具体的司法决策不同,它并不需要为公众、立法机构、控辩双方等主体负责,参与实验的法官所受牵绊和干扰相对较少。

当然,有的事实和法律认定本身就包含了某种司法决策或价值判断。比方说对边缘性行为是否属于性行为的认定,本身就包含了卖淫嫖娼、性侵等罪名能否成立的司法决策,也包含了相关行为是否符合公序良俗的道德判断。但不可否认,存在着大量并不和决策直接相关的事实和法律认定。以此类事实认定为研究对象,将在一定程度上减少各种干扰因素对实证研究信效度的影响。此后,在这类心理机制研究已经较为充分的情况下,未来的研究便可进一步推进到法律认定和司法决策阶段。可见,零星工程的实质在于,用两阶段甚至多阶段的实证研究,分担了一次性实证研究所需承担的巨大方法论瑕疵,使研究结论更为准确。

---

[1] 实证研究中经常出现这类问题,比如出于道德压力,法官可能因为观测者的存在作出"道德安全"的判断。参见韩振文:《论我国法官认知风格的实证测验及其理性反思》,载《河北法学》2018年第1期。

第二，零星工程态度允许研究结论和数据的内部冲突，并对相关研究保持着开放性、宽容性、非排他性。

心理学实证研究本身事实上就存在一定的或然性。即便是以人的一般认知过程为研究对象，以相对理想的大学生群体为被试，心理学实证研究也往往会出现各式各样的偏差，甚至出现完全对立的数据，支持着完全不同的模型和结论。原因在于，心理学实证研究从严格意义上讲，在方法上都或多或少地面临上文提到的几个疑难，只不过在司法决策心理学之中，这种疑难被进一步放大了。认知心理学实证研究解决问题的思路其实就是一种零星工程的态度：它并不在某个特定的研究上主张客观的"真"，而只主张概率意义上的"真"。也就是说，为了获得概率意义上的"真"，可行的解决方案其实不只更好的样本和更精确的方法一种，而且有时人们无论如何也无法获得更好的样本和更精确的方法，在此情况下的解决方案在于寻求用多重样本和多重方法来重复验证。将许多研究结果综合起来，就能更深刻地理解研究结果[1] 这是当代知识论中的一种重要洞见，知识并非静止的事态，而是动态的过程，因此，"认识得更多，才能认识得更好"[2]。

大量有差异和分歧的数据和研究使一种基于数据本身的研究方法成为可能，即文献综述和元分析方法[3] 文献综述和元分析是指，不直接研究问题本身，而是对该问题的大量研究展开研究，获得一种在统计学意义上极可能落入真理区间的或然性结论。元分析方法进一步增强了心理学实证研究的科学性。元分析对象的数量越是庞大，结论越是相对准确。同理，司法决策的心理测量也可以采用元分析方法逼近客观真理。此时元分析方法之所以可能，其前提条件就是一种方法上的零星工

---

[1] [美]保罗·科兹比、斯科特·贝茨：《心理与行为科学研究方法》，张彤译，机械工业出版社2014年版，第96页。

[2] Ricoeur, P., *Time and Narrative Vol. 1*, translated by Kathleen Mclaughlin & David Pellauer, Chicago: The University of Chicago Press, 1984: x.

[3] See Borenstein, M., Hedges, L. V., Higgins, J. P. T., Rothstein, H. R., *Introduction to Meta-Analysis*, John Wiley & Sons, Ltd, 2009.

程理念。该理念允许研究结论和数据的内部冲突,不因某项特定研究的权威而排除另一项研究在元分析之中的权重。零星工程理念要求元分析的研究者不预先设定立场,平等对待各种符合基本科学要求的数据,保持研究的开放性、宽容性、非排他性。

元分析理念对于司法决策心理学这一未被充分研究的领域尤为重要。在一个尚未有着共识的领域草草建立权威,对整体研究可能是种戕害。鉴于司法在当代社会生活中的重要作用和价值,元分析的思路虽看似付出了巨大研究成本,实则却大大减少了将不成熟理论转化为司法实践将可能带来的人力成本、公信力成本等。

第三,零星工程思路允许"去模型化"的研究设计。

阶段性策略以及元分析方法进一步提出了"去模型化"的一种零星工程思路。阶段性研究并不能给出从法律事实外界刺激输入(S),到司法决策结果输出(R)之间的完整链条。该链条实际上被拆分成了数个阶段,每个阶段都只能相应地说明部分问题。阶段研究不能满足模型化的宏大叙事。元分析方法则建立在庞大数量的研究上,它的科学性同数据体量正相关。元分析的方法是一种数据上的回归,它容忍数据的偏差和冲突。但任何模型本身必须是自洽的,它必须把偏差的数据归为例外或者错误,无法给予偏差数据在证明力上的中立地位。

是以零星工程理念鼓励"去模型化"的研究。司法心理的数据测量和实证研究并不一定需要被纳入某种模型才具有理论和现实两方面的意义。数据本身就具有阶段性意义,也有统计学上的意义。"去模型化"的实证研究不鼓励研究者出于解释力和实用性的理论动机,去建立某种整全性的理论模型和体系。这样一来,司法决策心理学的实证研究便得以避免允诺过多方法上的瑕疵,并付出过多的科学性成本。

话说回来,零星工程的思路只是赋予"去模型化"的零星和局部研究以正当性,它也并不否认司法决策模型本身的价值。只是某个司法决策的模型并不天然优越于某项"去模型化"的单纯的变量相关系数(correlation coefficient)测量。从司法决策心理学实证研究的现有阶段上看,一个精简、优雅的模型和一组相关变量的测定,应当被视为具有同等效力。更重要的一点在于,随着司法决策心理学领域之中某项研究的推进,在数据研究已经积累到一定规模时,零星工程并不否认模型仍然是最重要的解释工具,也是数据最终的归宿。

第四,零星工程立场强调研究的学术性,而非应用性。

关于司法决策心理学乃至法律心理学研究进展不力的症结,其实早有学者指出来了。他们认为"传统法律心理学对法律研究产生影响非常有限,这在很大程度上要归于其出于主客观的原因,在研究中过多追求研究对于实践的直接适用性"[1]。零星工程理念所包含的各种策略和方法改进,在立场上无非也可以总结强调研究的学术性和研究者的学术旨趣,暂缓实用性和应用性的考量。笔者在此虽没有穷尽零星工程理念的全部内涵,但可以总结为一种非实用主义的立场。

五、零星工程理念如何影响本研究的策略和研究态度

无论如何,司法决策心理学这一交叉研究领域已然产生了许多激动人心的洞见,并且仍然值得学者们花大力气去研究。对司法心理测量的方法论反思并不旨在对这一领域的研究者和研究成果泼冷水,相反,这种反思的初衷恰在于推进本领域的研究。事实上,零星工程理念所包含的一系列思路、态度、策略、立场,针对司法心理测量的痛点在方法上进行了改良和优化。这些策略手段目前来说都具备了一定可行性。只要能普遍地提倡和鼓励宽容、非功利的研究氛围,秉持"千金买马骨"的豁达从容,那司法决策实证研究的繁荣态势便大有希望。

跳出司法心理学的"循环论证"和自说自话,必须立足于建构获得普遍承认的信念基础。同几千年来自然科学研究建立起对于因果关系的信念一样,这种信念也必须以庞大的数据为支撑。科学信念的形成,本身就是"心灵把各种相反的实验相互对消,从多数中减去少数,根据剩下

---

[1] 戴昕:《心理学对法律研究的介入》,载《法律和社会科学》2007年第2卷。

的那种程度的信据或证据进行推理"。[1] 因此,无论笔者的研究得出什么样的结论,只要是严格按照设计思路予以验证的研究,其本身在形成司法决策心理学共同信念的过程中,都具有价值。所以,本书的根本研究态度在于,希望对法官认知风格造成审判决策影响的实证研究,至少能够丰富该领域的数据积累。

有必要再次强调,本研究并不有志于完整呈现法官认知风格差异对审判造成的影响。这事实上也不是任何单一研究者能够完成的任务:已经被验证具有确凿信效度的认知风格模型已经有几十个之多,完整地基于已知模型进行测试将耗费个人难以想象的资源。况且,即便将已知认知风格模型都纳入研究列表,也不能对认知风格差异影响审判结果这一问题盖棺定论,因为没有任何证据表明,当前研究者总结的认知风格模型已经穷尽了,或者接近穷尽了人类认知风格的可能维度。再有,笔者还发现同一个认知风格维度差异对不同法律关系的敏感程度是不一致的。所以,根本无法判断认知风格差异对所有审判的影响有多大,因为不同法律关系和法律事实也是无法被穷尽的。所以将有限的研究精力投入有代表性的一个认知风格模型,测定法官认知风格差异,将之与法官审判差异进行相关性研究。笔者根据有限研究结果得到的结论和对策建议也是高度开放的,极有可能被对司法决策有着更大权重的认知风格模型所对应的结论和对策建议推翻。不过这倒也无妨,错误仍然是积累信念的必经之路。

---

[1] [英]大卫·休谟:《人性论》(下),关文运译,商务印书馆2010年版,第441—442页。

第二章 认知风格差异影响审判的猜想及其验证思路

人与人之间存在各种各样的差别,这显而易见。其中最明显的是,每个人外貌、身高、体重、肤色、体态等,皆各不相同。除此之外,若能够相处一段时间,就能进一步看到人与人在性情、气质、喜好等方面也是各不同的。这些就是所谓的个体差异。当然,这些差异在一些领域,对一些特定的任务而言,确实无关紧要,但同样一种差异却可能在另外一些领域,对另一些任务至关重要。外貌对学习能力和认知能力影响不大,但却可能是影响报考表演相关专业的关键因素;性格和性情对艺术家影响不大,但却可能关系到他是否能成为一名合格的,具有"实践智慧"的基层工作者。

以上事实在司法实践领域的合理推论和猜想是,个体差异在该领域也存在:法官可能存在一些可能会影响审判过程和审判结果的个体差异。法官适用法律的过程就是认知法律条文和法律事实,并在二者之间建立关联,最终输出判决的过程。从这个意义上讲,外貌等个体差异不会影响到法官输出判决;然而,法律毕竟必须经过解释才可以适用,而一般意义上的解释因人而异,因此认知能力和认知方式的个体差异极有可能对法官的认知结果产生影响,导致案件的审判结果出现差异。与这一合理推测相对的是,基于"同案同判"的正义考量,基于对法律可预测性、稳定性的期待,基于司法权力不僭越其应有限度的民主国家架构及其权力分配要求,必须对可能造成"同案不同判"的因素,即对审判过程和审判结果造成影响的变量,进行研究、约束、控制,在可能的范围内,最大限度地收敛审判差异。

研究该合理猜想及其可能后果之间的张力,显然具有重大的理论和实践意义。不过,法官个体差异极可能影响审判造成确切影响这一猜想本身过于泛化——法官个体差异存在多重维度,差异本身甚至根本就不可穷尽,因此全面彻底地验证它是不可能的。笔者只能进一步限定研究边界,仅以验证该猜想的某一局部为目标。出于上述考虑,本书将仅仅考察法官的不同认知风格如何在审判过程中发挥作用,通过测量和数据分析验证法官认知风格差异对审判结果是否造成影响,并对影响程度予以评估。

一、认知风格理论及其当代发展

心理学从不同维度来建构所需被描述的对象,这种行为被称为"构念"。如今人们所熟知的智力水平、性格的内向和外向等概念和说法,都是被研究者建构(construct)出来的。只不过相比众多大家不熟悉的心理学概念,这些概念在经过反复测量后,确定了其效度,即准确表征其对象的程度;它们被广泛地应用于各个领域,才成为人尽皆知的,一种近乎"客观"的东西。在有关人的认知方面,心理学研究构念出用以表明个体差异的概念,包括与认知程度相关的智力水平等概念。相应地,对认知形式和认知方式个体差异的心理学构念就被称为风格(style)。认知上的风格构念,描述的是"一个人习惯的应对方法或反应",这可能是一种"固有的、对信息或情境的自动反应方式。它可能与生俱来,或者在生命的早期以一定的速度固着下来,它被认为深深地浸染在人身上,具有高度的弥散性,在广泛的范围内影响着个体机能的发挥。"[1]这种风格构念的要素包括:第一,风格所描述的对象具有相对稳定性,它可以发展、学习、改变,但这个过程很长。易言之,它在一定时期内稳固不变。第二,风格所描述的对象是一种形式或结构,它不同于对程度和水平的描述,虽然二者具有相关性。第三,风格所描述的对象具有高度弥散性,风格的差异是人人皆有的,而不是说大部分人风格一致,仅少数人不一致。第四,风格所描述的对象具有外部影响性,人们已经确知它能深刻影响人们的行为。

认知心理学研究证明了风格构念的效度,证明不同个体在认知过程中识别和组织信息的方式在共性之外,也的确普遍存在着个体差异。每个单一个体在这方面的差别就被理解为彼此不同的认知风格(cognitive style)。认知风格是个体在认知过程中所经常采用的、习惯化的方式。具体地说,就是个体在认识、学习以及处理事务时,在感知、记忆、思维、判断等行为之中,以及在信息处理的各个环节之中,广泛存在的个体偏好。认知风格作为认知心理学研究的一个领域,其基本洞见不但在心理学领域具有重大的理论意义,也因为认知风格对认知行为的深刻影响,从而在教育、职业规划等诸多领域有着很强的现实意义:在利用认知风格更好地自我理解之后,人们不仅可以更高效地学习,还可以为职业选择和职业发展提供指引。

认知风格的差异会对人认知行为产生影响,这一发现可以追溯到100多年前,那时高尔顿(Galton)等科学家发现,人们加工信息的方式不尽相同。认知风格一词最先出现在1937年,由美国著名心理学家奥尔波特(Allport)提出。接下来从20世纪40年代开始,"认知风格"开始得到系统研究,并在20世纪六七十年代达到顶峰。这一时期出现了很多在信效度上十分出色的认知风格模型。比如,威特金(Witkin)等人发

---

[1] [英]R.赖丁、S.雷纳:《认知风格与学习策略》,庞维国译,华东师范大学出版社2003年版,第6—7页。

现,有的个体倾向于受一个具有支配力的认知范式支配,从而在此基础上建构自身的认知;有的人则恰恰相反,他们习惯于绕过这个范式,重新建构自身的认知。[1] 该发现衍生出在认知风格领域比较广受认可的"场独立—场依存"(field dependence-independence)认知风格模型。一系列测试认知风格差异的工具依照该模型的构念而被开发出来,其中影响较大,使用较广的是"隐蔽图形测试"或者"图镶嵌测试"。除了"场独立—场依存"模型之外,这一时期还涌现了诸如"拘泥—变通""广视分类—狭视分类""齐平化—尖锐化""分析—非分析""认知复杂型—认知简约型""聚合思维型—发散思维型""扫描型—聚焦型""整体—序列""言语—表象"等一系列模型。[2] 这些模型在特定领域也都具有很强解释力。

虽说在这一时期,研究者根据认知风格模型来制定差异化的学习、管理方案,在教育、管理等领域的实践当中取得了良好效果,但也应该看到,不同模型的构念所指向的那个对象并不是完全独立的,相似的模型虽然构念出不同的概念,但实质上并不是对不同心理过程或心理状态的描述,它们更像是从不同角度对人们同样一个认知领域、认知环节展开的侧写,因此在概念的构念方面或多或少地存在交叉。比如"拘泥—变通"模型强调个体是否倾向于摆脱一个有支配力的内部范式或者外部命令,显然,"拘泥—变通"的构念同"场独立—场依存"的构念(参见表2.1)存在一定程度的重合,指向了相似的认知过程。又如"广视分类—狭视分类"模型,"聚合思维型—发散思维型"模型,以及"扫描型—聚焦型"模型,它们都可以被认为是对个体处理信息时会多大程度上倾向于"综合",或者倾向于"分析"的构念。

---

[1] Witkin, H. A., Etc., "Field Dependent and Field Independent Cognitive Style and Their Educational Implications", *Review of Educational Research*, 1977, 47.
[2] 李浩然、刘海燕:《认知风格结构模型的发展》,载《心理学动态》2000年第3期。

表2.1 "场独立—场依存"认知风格的构念[1]

认知风格类型	生理基础	认知差异	人际活动表现	病理学表现	社会心理描述
场独立	大脑一侧化效应更强	认知改组能力强	倾向于利用自身标准,较少考虑他人意见	较少冲动,善于表达自己情感,善于自我调节,抵御干扰	鼓励型家庭环境、游动型、松散型社会易形成
场依存	大脑一侧化效应一般	认知改组能力差	倾向于利用别人的信息	易冲动,易受紧张刺激影响,理智与情感难分离	权威型家庭环境、稳定型、密集型社会易形成

认知风格模型的研究在20世纪六七十年代达到顶峰之后开始衰落。不过这倒不是认知风格研究不重要,而是由于认知风格领域并未形成像荣格(Jung)"内向型—外向型"模型这样信效度极高的模型。对同一个认知领域,认知过程以及认知维度的不同风格模型都有一定解释力,但是模型数量众多,且彼此之间存在大量重合,以至于每个模型都不能被公认。这不利于后续研究的展开,也难以形成理论纵深。这种状况的出现并非偶然,其深层次原因还是在于方法论的局限性。此时认知心理学依然严重缺乏新方法和新工具——研究者仍然同自约翰·洛克(John Locke)和大卫·休谟(David Hume)以降的心理学家一样,继续沿用使用了数百年的内省描述方法。[2] 而这种方法获得的知识不可避免地具有形式上的主观性,它缺乏后世认知神经科学和实验心理学研究进路以及计算机和信息化技术所具有的客观性。所以认知风格研究在这一时期之后的研究旨趣,就从整体认知风格理论假设和心灵模型建构,转向用认知风格模型去解释具体实践中的认知差异现象。

---

[1] 柯青、周海花:《基于用户认知风格差异的信息检索交互行为研究》,科学出版社2017年版,第55页。
[2] Green, T. H., *Works of Thomas Hill Green Vol. 1*, Longmans, 1885, p.6.

到了20世纪八九十年代,认知风格研究人员开始逐渐意识到,"从20世纪40年代早期到80年代,不同的研究者考察了他们认为能代表风格的一些维度。通常,这些研究者在自己的研究情境中工作,与其他的研究者缺乏联系,自己开发评估风格的工具,自己给风格命名,很少参考其他人的研究。毫不惊奇,这导致了风格的命名众多、庞杂。许多研究者指出,所命名的许多风格,不过是对同一风格维度的不同理解"。[1]在这种洞见的指引下,大量认知风格模型又有了重新统一聚合的趋势。梅西克(Messick)聚合了19种模型,赖丁(Riding)则聚合了30多种。零散的认知风格模型被统一模型所涵盖,被构念更准确的新模型所吸收。赖丁和基玛(Cheema)在1991年将大量认知风格模型整合为"整体—分析"和"言语—表象"两个相互独立的维度。并在1997年经由赖丁和雷纳进一步验证,重申了这两个维度的认知风格模型(参见图2.1)。其中,"整体—分析"维度表示"个体倾向于把信息组织成整体还是部分","言语—表象"维度则表示"个体在思维时借助言语还是心理表象来表征信息"。[2]属于"整体—分析"维度的典型代表有"场独立—场依存"模型,"粗放型—敏锐型"模型,以及"冲动型—反思型"模型等。属于"言语—表象"维度的典型代表有"言语型—视觉型"模型,"言语—表象"模型等。[3]赖丁等人的工作极大地推进了认知风格领域的研究,"整体—分析"与"言语—表象"复合的认知风格模型也成为认知风格研究的重要成果。

---

[1] [英]R.赖丁、S.雷纳:《认知风格与学习策略》,庞维国译,华东师范大学出版社2003年版,第8页。

[2] [英]R.赖丁、S.雷纳:《认知风格与学习策略》,庞维国译,华东师范大学出版社2003年版,第8页。

[3] [英]R.赖丁、S.雷纳:《认知风格与学习策略》,庞维国译,华东师范大学出版社2003年版,第14页。

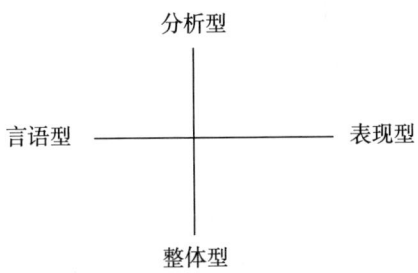

图 2.1 两个维度的认知风格模型

虽然此时聚合模型风头正劲,不过认知风格维度的划分,概念的建构,模型的建立,都没有因赖丁等人的成果而陷入停滞,反倒是在批评和改进中进入了更为繁荣的局面。一般而言,"整体—分析"维度的争议相对比"言语—表象"维度的争议更小。前者描述了同日常生活和日常用语联系更为密切的维度,因此更容易被个体的内省经验所证实。"言语—表象"面对的批评和诘难则相对更多。在为"言语—表象"维度编制测量工具时,皮特森(Peterson)等人认为,该维度的构念本身就存在一定问题。[1] 当代认知神经科学的研究成果进一步对"言语—表象"维度提出了挑战和质疑。认知神经科学研究认为,言语和表象更类似于不同结构官能的不同作用,[2] 而不是同一结构官能下的不同倾向,也就是说,言语和表象分别构成了一个认知风格维度,而不是说这二者处于同一维度的两极。此外,脑损伤、神经元记录、临床以及行为的相关研究成果还进一步主张,表象并不是对其所意图描述的信息加工过程的准确构念,表象本身并不是最小单位,其内部还存在细分结构。大脑的颞叶区负责形状、颜色乃至三维特性,顶叶区负责移动和位置。[3] 大脑颞叶区的认知

---

[1] Peterson, E., Deary, I., Austin, E., "A New Measure of Verbal-Imagery Cognitive Style: VICS", *Personality and Individual Differences*, 2005, 38: 1269 – 1281.

[2] 罗凯、王祥:《迈向多元:"个体认知风格"研究发展简论》,载《江西师范大学学报(哲学社会科学版)》2016 年第 5 期。

[3] Mazard, A., Mazoyer, T., Crivello, F., Mazoyer, B., Mellet, E., "A PET Meta-analysis of Object and Spatial Mental Imagery", *Duropean Journal of Cognitive Psychology*, 2004, 16(5).

偏好使人们在表象时更倾向于建构生动和高分辨率的客体图像,大脑顶叶区的认知偏好使人们在表象时更倾向于表征和转换空间关系。[1] 也就是说,大脑颞叶区和顶叶区分别代表了两种相互独立的表象风格,表象维度应该被划定为客体表象和空间表象两个亚维度。

根据神经科学和脑科学的研究成果,认知心理学学者把注意力集中在对有机体信息加工过程的临时状态或中介状态的描述,也就是对所谓信息表征方式的描述。[2] 信息表征方式,是人的认知过程中的重要一环,表征方式所描述的对象,类似于对电脑内存之中数据存在方式。研究者认为,信息被表征是信息处理加工以及输出的必要程序,信息在该状态可能存在三种不同的形式,而不同个体对如何使用三种表征形式存在不同的侧重和偏好。这一洞见被构念为"言语—对象—空间"三维模型(object-spatial imagery and verbal,OSIV)。虽然言语、对象、空间分属三个维度,本身的关联性不大,但是由于每个维度都会占用其他维度的认知资源,所以三个指标之间也呈现负相关性,可以用一个测试工具来考察人认知过程之中的表征风格。

二、认知风格测量工具发展

与认知风格理论模型的发展相对应,认知风格测试工具也在不断推陈出新。在"场独立—场依存"模型被认为具有较强解释力的那个时期,"隐蔽图形测试"或者"图镶嵌测试"在实证研究中得到大范围应用,尤其多用于研究被试认知风格差异对学习、信息处理的影响。研究人员根据认知风格差异所反映的问题,提出了在教育、信息检索等领域适用的新方法。

在认知风格研究进入20世纪八九十年代的整合阶段时,与过去大

---

[1] 鲍旭辉、何立国、石梅、游旭群:《客体——空间表象和言语认知风格模型及其测量》,载《心理科学进展》2012年第4期。

[2] Markman, A. B., Dietrich, E.,"Defense of Representation", *Cognitive Psychology*, 2000, 40(2).

量认知风格模型相匹配的认知测试工具,也更新为参照聚合模型开发的新工具。赖丁等人根据"整体—分析"维度和"言语—表象"维度开发的认知风格测试工具(cognitive style analysis test,CSA),将此前为数众多的认知风格模型统一起来。这种二维的新测试工具,不但更具有简洁的美感,还善于解释问题和预测问题,显示出良好的信效度。[1] 此外,CSA还突破了问卷量表这种单一的测量认知风格方式,开始引入电子计算机进行测试。电脑软件测试的优势在于,除了统计被试选项之外,还可以统计反应时间和比例等多种信息,能够以客观和简便的方式,更准确地反映被试的认知风格,测试效率也更高。CSA测试工具的这些优势使其在很长一段时间内成为认知风格研究领域中最具说服力的工具,并被广泛应用于实践。华东师范大学李力红教授团队在21世纪初将CSA工具翻译为中文,还针对中文和被试的具体情况,对CSA测试工具的具体项目内容进行了修改。[2] CSA测试工具中文版在实践中也显示出不错的信效度。

当然,CSA测试工具也存在一些问题。皮特森等人指出,CSA测试当中所收录的一些测试项目在信效度上是成问题的,比如其中一些问题要求被试回答"你更倾向于使用语言来代表信息",或者是"你在处理文字方面很擅长"等。这些问题其实无法由被试作出准确回答,因为这本身就是应当由系统测试最终得出的结论。所以皮特森等人在CSA的基础上进一步开发出VICS测试工具,把自我报告式的主观问题问卷,改为基于词语、图片等符号进行判断的客观问卷,提高了测试选项反映认知风格的效度。[3] 后期CSA的各种衍生和改良认知风格测试工具在神经

---

[1] Riding, R. J., Cheema, I., "Cognitive style: an overview and integration", *Educational Psychology*, 1991(11).

[2] 参见李力红、车文博:《认知风格分析测验(CSA)修订及大学生样本的划界尝试》,载《心理学探新》2006年第4期;朱丽华:《CSA言语——表象测验的改进》,东北师范大学2009年硕士学位论文。

[3] Peterson, E. R., Deary, J., Austin, E. J., "The reliability of Riding's CSA test", *Personality and Individual Differences*, 34(5): 881-891.

脉冲、眼动追踪等更细致更科学的大背景下,也从单一问卷测量,丰富发展为计算机、脑电波等复合工具测量。

此外,多维认知风格模型也开放出对应的测试工具。科热夫尼科夫(Kozhevnikov)基于表征风格三维理论编制了"客体表象—空间表象—语言风格"问卷(object-spatial imagery and verbal questionnaire, OSIVQ)。该问卷各量表的克朗巴哈系数为 0.83,具有非常好的内部一致性信度,重测信度也达到 0.73—0.84。[1] 另外,该测量工具也具有很好的区分效度和外部效度。[2]

不过科热夫尼科夫等人开发的"客体表象—空间表象—语言风格"问卷是一种典型的自我报告式测验,包含"我的言语能力很强"等主观评价性的项目。这种问卷虽然在实验中展现出良好的信效度,但当把该问卷应用其他被试时,就会受到许多前提条件制约。第一,这种自我报告式的问卷本身要求被试对"客体表象—空间表象—语言风格"构念的相关概念比较熟稔,才可能顺利地评估自己属于哪一种表征风格(但事实上主观判断和客观测试结果还存在不小差异)。否则,被试可能理解不了相关概念,问卷也就缺乏较强信度。第二,自我报告式问卷一般题目较难被理解,学习成本较高,所以更容易受到被试态度、动机的影响。[3] 为此,华东师范大学李力红教授团队将"客体表象—空间表象—语言风格"问卷重新编制成电脑测试软件 OSIV-CS。[4] OSIV-CS 是一种客观测量工具,不包括任何主观自我评价内容,只涉及常见的、基本的、简单的认知信息,譬如"鸡""孔雀""电饭煲""飞机"等,也不需要被试对"客

---

[1] Blazhenkova, O., Kozhevnikov, M., "The New Object-Spatial-Verbal Cognitive Style Model: Theory and Measurement". *Cognitive Psychology*, 2009, 23(5).

[2] 鲍旭辉、何立国、石梅、游旭群:《客体——空间表象和言语认知风格模型及其测量》,载《心理科学进展》2012 年第 4 期。

[3] 王海匣:《客体表象—空间表象—言语表征风格测验的编制》,东北师范大学 2011 年硕士学位论文。

[4] 王海匣:《客体表象—空间表象—言语表征风格测验的编制》,东北师范大学 2011 年硕士学位论文。

体表象—空间表象—语言风格"本身的相关概念有所了解。[1] 这些信息分别与对象、空间、言语的表征模式更为接近,被试基于信息不同表征风格,更容易对相应类型的信息敏感,从而给出不同反馈。也就是说,OSIV-CS 软件可以用更低的学习成本,更轻松的测试氛围,一定程度上解决 OSIVQ 问卷存在的这两个问题。另外,OSIV-CS 软件克朗巴哈系数达到 0.925,斯皮尔曼—布朗系数为 0.814,重测信度在言语维度上为 0.788,在空间维度上为 0.854,在客体维度上为 0.511,与 OSIVQ 问卷在效度上的相关性达到显著性水平。[2] 可以说,OSIV-CS 软件在信度上有着非常明确的稳定性,在效度方面通过与已经被证明外部效度的 OSIVQ 问卷在测试结果上达到显著性水平的相关性,从而间接证明了其外部效度。当然,OSIV-CS 软件还需要更多探索和应用测试,来检验其外部效度。

本研究测量法官认知风格差异的工具是李力红教授团队基于三维风格理论所编制的 OSIV-CS 测试软件。在此,对李力红教授提供测试软件,并免费授权使用测试软件,表示诚挚的感谢。

三、法官认知风格差异的研究现状

职业共同体由一类具有特定学科背景,甚至思维方式类似的人组成。法律职业共同体则由一批擅长形式逻辑推理,经过法律思维训练,信仰法律文化的法律人构成。法官是法律职业共同体中的重要组成部分,他们作为一类人,有着相似的教育经历和职业情境,在思维策略、认知方式、专业背景等很多方面都具有相似性。人们也期望,每位法官都能像罗纳德·德沃金(Ronald Dworkin)笔下的完美法官赫拉克勒斯那样,博闻强识、智识无双,在任何普通或疑难案件中都会以一致的方式作出司法决策。因为案件与案件之间的一致性,意味着"同案同判",意味

---

[1] 关于测试工具的详细内容,可参见本书附录五。
[2] 王海匣:《客体表象—空间表象—言语表征风格测验的编制》,东北师范大学 2011 年硕士学位论文。

着司法正义的实现。这要求司法决策能够更多地被理解为客观行为,而非与法官个人背景相关的主观行为。

然而不幸的是,在现实当中,每一名法官都有自己的个性,都有自己的成长背景,每位法官其实都极不相同,而这一事实的确会影响法官输出的判决。司法决策心理学试图以科学实证的方法回应这个争议。该领域的研究产生了很多具有影响力和解释力的理论模型。司法决策模型以隐喻的方式建构出某些特定的概念,用以解释司法决策的心理过程。前述已经提到过杰佛瑞·西格尔、哈罗德·斯皮斯所谓的"态度模型",以及菲利普·泰特洛克参照以赛亚·伯林经典论文定义的两种不同政治决策风格。国内以2013年浙江大学召开的第一届"法律与认知科学"研讨会为标志,也涌现出一批知名的司法决策心理学研究团队和研究成果。在这些研究当中较有影响力的是陈林林教授及其团队的一系列成果。包括对国外司法决策心理学模型的译介,对国内司法决策心理学研究意义、范式、进路等问题的反思,对司法决策心理学模型的评析,以及在司法决策心理学领域展开的实证研究。[1]

心理学的认知风格研究成果显示,每个人的认知偏好都有所不同。基于这一洞见,司法决策的客观要求就可能与法官个体认知风格差异的客观事实产生龃龉。为此,通过实证的研究方法判断法官群体是否存在认知风格上的差异,测定法官认知风格差异的大小,评估这种差异对事实和法律认定过程,乃至审判结果产生的影响,这一研究至少具有三重意义:在经验层面上,有利于回应法官认知风格差异是否影响"同案同判"的司法公正问题;在规范层面上,有利于从更广泛的维度来思考实质化审判、诉讼程序乃至法律职业发展等系统性制度的建构和完善;从理论层面上,有利于推动法学同其他学科的交叉。

---

[1] 参见陈林林、张晓笑:《认知的双重加工模型与司法决策》,载《浙江学刊》2014年第5期;陈林林、张晓笑:《裁判行为的认知心理学阐释》,载《苏州大学学报(哲学社会科学版)》2014年第4期;陈林林、杨桦:《基于态度的司法决策》,载《浙江大学学报(人文社会科学版)》2014年第3期;韩振文:《论认知风格对法官决策差异形成的影响》,载《中南大学学报(社会科学版)》2016年第6期;张晓笑:《法官决策的思维模型》,法律出版社2020年版;等等。

探讨法官认知风格的差异对审判可能造成的影响,该问题意识的展开思路不外乎是,在尽可能控制变量的情况下,将认知风格测量获得的法官认知风格数据作为自变量,将法官在模拟审判问卷中的决策结果作为因变量,分析两个变量之间的相关性。由于国别之间文化历史背景的差异对认知风格的测量有较为明显的影响,[1]所以国外相关研究的作用更多的是提供研究思路方面的参考,其结论并不一定能够直接适用于国内。即便如此,国内的相关研究仍然并不多见。国内外的研究现状决定了本书的研究价值。

在少量的研究当中,在思路方法方面与本书较为接近的是韩振文博士在2016年前后相对系统地展开的法官认知风格研究。韩振文博士用美国学者菲利普·泰特洛克基于"狐狸—刺猬"模型编制的认知风格量表(参见表2.2),对我国法官的认知风格进行过测试。[2] 该量表建立在以赛亚·伯林经典论文所使用的隐喻基础之上,并针对政治学和法学的学科特征,对量表内容进行了重新编制。接下来,他通过问卷的方式调研法官对于"安乐死"问题的态度,并在最后考察了认知风格变量和法官对"安乐死"态度变量之间的关联。

表2.2 菲利普·泰特洛克"狐狸—刺猬"认知风格测量条目[3]

编号	认知风格测试问题
1	作为狐狸或刺猬的自我认同
2	判断条件中比较常见的错误是夸大世界的复杂性
3	对政治过程的解释接近吝啬的程度超过许多人所想
4	政治更像云而不是钟

---

[1] 参见李力红、车文博:《认知风格分析测验(CSA)修订及大学生样本的划界尝试》,载《心理学探新》2006年第4期。其中谈到英国学生和中国学生在认知风格上有统计学意义的差别,并据此对CSA进行修订。
[2] 韩振文:《论我国法官认知风格的实证测验及其理性反思》,载《河北法学》2018年第1期。
[3] [美]菲利普·泰特洛克:《狐狸与刺猬:专家的政治判断》,季乃礼等译,中国人民大学出版社2013年版,第80—81页。

续表

编号	认知风格测试问题
5	决策中比较常见的错误是太快摒弃了好的想法
6	工作中具有明确的规则和秩序对于成功是必需的
7	即使做过决定之后,我仍想从不同的视角进行再思考
8	我不喜欢有多种答案的问题
9	我做重要决策时通常很快而且很有信心
10	在考虑多数冲突时,我常常能够看到双方可能正确的方面
11	听从别人犹豫不决时是非常烦人的
12	我喜欢与观点不同的人打交道
13	当我尝试解决一个问题时,常常能够发现如此多令人困惑的选择

虽然韩振文博士和本研究都在类似的问题意识下展开工作,但这却并不影响本研究的价值。第一章已经谈到,鉴于司法决策心理学的研究现状,零星的实证研究,哪怕是重复的实证研究,都是建立研究共同体信念,并推动下一步研究的基础。因为全面考察和判断认知风格差异对审判造成的影响,这需要大量基础的实证数据和重复实验才能得出结论。更何况,本书的研究设计在以下几个方面与已有研究存在很大不同:

第一,本书选择了同已有研究不同的认知风格模型。"客体表象—空间表象—言语表征风格"模型主要考察的是法官在认知的表征阶段显示出的不同表征风格。对认知风格的研究越是深入,认知风格呈现出来的过程就越是复杂。表征风格所构念的认知风格维度不同于"场独立—场依存"所构念的认知风格维度。易言之,"客体表象—空间表象—语言风格"同"场独立—场依存"并不是在同一个认知风格维度下的不同模型,前者是对表征风格的构念,后者是对认知风格的构念,表征风格是对认知风格的进一步细化。再有,"客体表象—空间表象—语言风格"力图描述的表征风格维度,也并不仅限于这一种模型。每一种模型和被证明具有良好信效度的测试工具,都具有独立的研究价值,都有必要独立地展开认知风格变量和审判变量的关联研究。

第二，本书采用了同已有研究不同的认知风格差异采集工具。"狐狸—刺猬"量表是一种基于自我问卷的主观量表。使用这种量表可以获得的优势在于，它已经有前置研究为基础，实验思路和工具的可靠性不必重复验证。而且当被试比较了解构念概念时，那他可以凭借着自己对测试的合理理解，给出信度较高的测试反馈。所以说，相较于客观量表，这种主观量表可能更适合小样本的调研方法，适合配合个案调研来使用。但是这种方法不太适合大规模使用，因为不能保证每个被试都能够充分理解心理学模型建构的概念。在不甚了解模型构念的情况下展开主观问卷测试的后果是，"他可能拣你想听的去说，而不是按照他自己所认为的事实去说，也可能甚至根本搞不清楚自己是个什么样的人"。[1] 但是，当一项实证研究期望获得一定外部效度的时候，增加样本量就成为必然选择，此时客观量表就有了更多用武之地。"客体表象—空间表象—语言风格"模型最开始是匹配 OSIVQ 问卷来测试的，随后之所以被后来的研究者编制成 OSIV-CS 客观测试工具，部分原因也在于这是扩大研究样本的必然要求。

第三，目前已有研究是基于小样本的研究，但本书的设计是基于一个大样本数据展开的。从统计学的角度讲，样本数据的显著性必须建立在样本数量足够的基础上。这是通过统计学方法的实证研究结论具有外部效度或者可推广性的一个重要前提条件。由于本研究的动机是想知道法官认知风格的差异总体上会对审判造成怎样的影响，其结论不能仅仅对样本负责，是以必须考虑到外部效度问题。采用大样本的研究可以使研究结论在一定程度上可以对总体负责。大样本一般可以被视为正态分布，可以使用以数据正态分布为前提的统计学公式；而小样本则要使用另一套方法。[2] 不同的研究目的和样本选择，使本研究同已有研究的具体过程截然不同。

---

[1] [英]R. 赖丁、S. 雷纳：《认知风格与学习策略》，庞维国译，华东师范大学出版社2003年版，第4页。

[2] [美]布莱洛克：《社会统计学》，傅正元等译，中国社会科学出版社1988年版，第83页。

四、研究样本的选取与偏性评估

严格的实证研究方法一般要求在总体中随机挑选被试,即简单随机抽样(simple random sampling)。这种方法通常要求在由总体构成的抽样框(sampling frame)当中,"为所有要素编一个号码,不可以漏掉一个要素。然后利用随机数表,或者计算机选择要素"。[1] 然而在现实生活中,这种概率抽样或随机抽样的方法通常是不可行的。比如当研究对象是大学生中的某种现象,样本总体是全体大学生时,概率抽样通常就不可行。一方面,抽样框的设计可能本身就是具有偏性的。若这项研究计划把抽样框规定为重庆市某大学,并从该校全体学生名单中随机选取样本——该思路在研究中非常普遍,但严格说来却并不严谨,在取样中就存在偏性。由于研究对象是大学生的某种现象,所以总体应当是全国的大学生,甚至包括过去或者未来的大学生,而不仅仅是某些一时一地的大学生。是以确定"总体"往往就带有地域偏性,学校学科偏性。这样的取样之所以仍然有价值,是因为该研究目的在于获取某种关联性阐释,这是一种方法论的个人主义。另一方面,在以上这个例子之中使用严格意义的概率抽样基本不具有可行性。按照 2020 年数据,全国共有普通高等学校 2738 所,普通本专科招生人数 967.5 万人,各类高等教育在学总规模达 4183 万人,[2] 针对这样庞大的人群设计抽样框基本不具有可行性。

在此背景下,非概率取样的方法是唯一可行的抽样方法,实际上也确实在研究中得到大量应用。只要研究人员能够证明取样的偏性并不会对研究目的和研究结论造成明显影响,那么略带偏性的取样方法所带的瑕疵,就远没有方便取样以及获得取样许可的优势那么令研究者

---

[1] [美]艾尔·巴比:《社会研究方法》,邱泽奇译,圣智学习出版公司2015年版,第132页。
[2] 参见中华人民共和国教育部《2020年全国教育事业发展情况》。

关心。[1]

对于本书而言,将全国约12.8万名员额法官视为全体,并从中随机挑选被试对象,这种方案基本上不具有可行性。再加上第一章已经谈到,由于法官特殊的价值中立地位、社会责任乃至职业风险,以法官为对象的调研会遭遇诸多困难,甚至获准调研和测试本身就已经非常困难。有符合条件的法官愿意配合调研已实属不易,遑论随机取样条件苛刻,严格遵守随机取样规则会指数级地增加调研难度。因此,本书必然采用"方便取样"的方法来选择样本。"方便取样"必然导致样本存在某种偏性——譬如说,如果本研究团队身处经济发达大城市,基于方便的理由,仅对自己熟悉的、同样身处经济发达大城市的法官进行调研,那么在设计与经济有关的研究项目和调研事项时,这些法官的认知和判断就极有可能无法代表偏远地区法官的认知和判断,自然也不能代表法官总体的认知和判断。所以本研究必须首先评估研究样本的偏性程度,及其对研究目的和研究结论的影响。

本研究在重庆、四川、江西、浙江、云南5省市的9所人民法院选取法官样本。[2] 整个研究周期,团队在1所高级人民法院,2所中级人民法院,6所基层人民法院之中共选取了130名法官,作为被试参与认知风格测试和模拟审判问卷调研。总计在高级人民法院选取被试2人,在中级人民法院选取被试34人,在基层人民法院选取被试94人。最终,在排除掉信息关联丢失或错误的数据,排除明显未尽到认真作答义务的样本之后,取得100份合格数据。在本研究当中,方便取样可能导致研究观察者的个人属性污染样本,具体的偏性风险包括:

第一,方便选择带来的人员属性偏性。课题负责人基于同学关系取样,导致样本可能存在性别、年龄、学历上的偏性。客观上,研究负责人

---

[1] [美]保罗·科兹比、斯科特·贝茨:《心理与行为科学研究方法》,张彤译,机械工业出版社2014年版,第96页。
[2] 广州某法院本来也在取样范围以内,但对参与研究的两名法官进行测试,结果并未获得符合要求的数据,因此并未把该法院计算在内。类似情况还有云南某法院和重庆某两所法院。

与他的同学在知识背景、智力认知水平等方面存在较大相似性。当研究者进一步要求他的同学们根据私人关系，根据自己的人际圈子寻找被试的时候，也容易因为"物以类聚、人以群分"的效应，导致被选择参与调研的被试在年龄、学历、气质、性格等方面存在类似性。这种偏性是客观存在的。研究负责人是1985年出生的男性，在法学院受过完整、正规的法学本科、法学研究生教育，而与其类似教育背景的法官在被试当中也是最多的。[1] 以这类法官为主的样本，显然并不能够代表全国法官以上属性的中位数或平均数。

第二，地域选择带来的偏性。研究选择重庆、四川、江西、浙江、云南5省市法院展开调研，研究没有选择北方法院。当然，为了尽量避免在一省一市取样，研究还是尽力扩大取样范围，在东部、中部、西部省市都展开取样。尽管如此，课题组也没有能力严格按照东、中、西部法官总体数量，呈比例地确定在各地的取样数量。比照这个严格的标准，那么本研究在法院地域选择上明显存在偏性，很难代表全国法院的总体情况。再加上我国经济发达地区和欠发达地区实际情况差别很大，各地法官在学历水平、收入状况等方面存在明显差别。所以本研究必须证明，是认知风格上的差异，而不是不同地域的法官整体上的差异，造成了模拟审判结果的不同。

第三，在各级人民法院中的取样比例同各级人民法院数比例不同带来的偏性。本研究在1所高级人民法院，2所中级人民法院，6所基层人民法院当中展开，在各级人民法院中取样的比例为1∶17∶47，在数量上大致符合全国各级人民法院法官人数多寡，但没有严格对应各级人民法院法官人数比例。同人民法院的地域差异类似，不同级别人民法院在法官构成上也存在差异。一般来说，级别更高的人民法院需要从基层人民法院遴选法官，法官的业务水平、学历背景等因素往往影响了遴选结果，导致业务水平更高、学历更高的法官向更高级别人民法院集中。从样本

---

[1] 参见附录一。

结构上看,本研究在中级、高级人民法院取样的比例大于中级、高级人民法院法官人数在法官总体中的比例,研究在取样中给予中级、高级人民法院更大权重,由此也可能造成了一定的偏性。

第四,选择将法官的外延进行拓展所造成的偏性。在员额制实施之前,我国法官数量大致在 20 万人左右。在员额制改革之后,员额法官数量被控制在 12 万人,之后数量变化不大。另外,全国各级法院审结的案子却在逐年上升,从 2017 年的 22,754,188 件,到 2018 年的 25,168,463 件,之后 2019 年为 29,022,356 件,2020 年为 28,705,181 件,一直到 2021 年为 30,104,241 件。[1] 考虑到员额法官人均办案量居高不下,结案压力越来越大,司法负荷过重,[2] 若本研究想要避免法官因日常工作繁忙所以仓促答题,就必须在完全不影响法官工作的情况下展开调研。而满足该条件有一定难度。完全符合调研条件的员额法官人数不能满足大样本的需要。另外,由于员额法官总体年龄偏大,不利于在年龄上做到样本的正态分布,不利于本研究排除年龄因素对认知风格差异的影响。出于以上两个因素的考虑,课题组也将法学本科以上学历毕业,通过法律职业资格考试(或司法考试),并在法院审判一线有两年以上工作经验的法官助理也纳入被试。[3] 总数在全部样本的 15%。将法官助理也纳入实验,可能会造成经验、专业等方面的偏性。

不过以上四方面的偏性从总体上看对本研究的影响并不大,属于可以被接受的偏性。首先,法官年龄、性别、学历方面的偏性严格说来是不

---

[1] 数据来自中华人民共和国最高人民法院网站司法统计。
[2] 参见龙宗智:《司法建设论》,法律出版社 2021 年版,第 154 页。
[3] 实际上除了以上客观条件,还会以"是否有能力独立办案"为主观判断依据。根据与 35 岁以上部分法官的交流,他们认为法官岗位招录其实已经通过设置法律职业资格、学历等前提条件,使法官助理具备了独立审判的潜能,所欠缺的无非是审判经验而已。大多数通过公务员招录进入法院的年轻人,在从事法官助理工作两年之后就完全有能力独立办案了。十多年前,他们自己也是这样走上审判岗位的。因此,满足"法学本科以上学历毕业,通过司法考试,并在法院审判一线有两年以上工作经验"条件,从实质上看已经是一名合格法官了,可以被纳入样本框。最重要的一点是,法官助理未来极有可能会成为员额法官,将他们纳入研究范畴也符合研究目的。

可避免的,只要是非概率取样,就总会存在这方面的偏性。更重要的是,认知风格领域的研究者们基本肯认一个共识,即有些认知风格是个体在成长初期进入某个特定领域之后逐渐形成的差异,这种差异在个体成熟之后趋于稳定,有些甚至是与生俱来的差异,也就是说,认知风格在成年以后就与性别、智力水平、年龄没有显著关联。从年龄方面看,虽然参与实验的法官以40岁上下的男性为主,但研究表明,各种表征风格在14—18岁就达到峰值,除非从事相关专业(如艺术、室内设计等),否则不会有较大变化。[1] 从性别方面看,心理学研究表明,认知风格的差异在性别方面也没有明显区别。[2] 加之我国法官总体之中,女法官的比例大约为30%,男法官数量明显多于女法官,本研究样本的性别构成也粗略地反映了总体的男多女少的特征。综合和性别有关的两方面因素,可判定性别偏性对研究结果不会造成多大影响。总之,由于这些个体差异同认知风格差异之间并无显著统计学相关性(下面论述将会对样本进行分析,进一步验证这个已经被其他研究多次证明的观点),遂可认定,方便取样造成法官在个人属性方面的偏性是被研究目的所允许的。

其次,课题组选择人民法院时曾考虑地区平均可支配收入乃至人均GDP的差异,在选择人民法院时优先考虑能够代表全国平均经济水平的地区。具体地讲,江西某地级市基层人民法院提供了25个有效样本;本身就是大城市和农村结合的重庆市主城区和市辖县基层人民法院,提供了60多个有效样本,两地总共提供了85%的样本。在选择不可避免带有偏性的情况下,课题组在地域选择方面采用了配额取样的方法,在一定程度上使取样的地域偏性得到了控制。

再次,法官专业水平没有客观的测量标准,人民法院级别的高低,学历水平、审判年限都只能在一定程度上反映法官的专业水平和经验,全

---

[1] 鲍旭辉、何立国、石梅、游旭群:《客体——空间表象和言语认知风格模型及其测量》,载《心理科学进展》2012年第4期。
[2] Riding, J., Burton, D., Rees, G., et al., "Cognitive Style and Personality in 12-year-old Children", *British Journal of Educational Psychology*, 1995, 65.

国法官的平均专业水平本身就是不可测的,也不存在中位数和平均数。从这个意义上讲,讨论样本在审判专业水平上相对于总体的偏性是没有意义的。不过,为了尽可能提高样本的代表性,研究还是分别在高级、中级和基层人民法院取样,并且保证基层人民法院法官取样数最多,高级人民法院法官取样数最少,并保证员额法官样本数量远多于法官助理,以便能够模拟总体的结构。

最后,为了控制样本在认知风格差异之外的其他变量,还在被试选择的过程中额外附加了几个条件。为了进一步控制专业水平差异这一变量,课题组根据模拟审判问卷的内容,在选择被试时基本保证所有法官都来自民事审判庭。[1] 其结果是,所有被试都对模拟审判问卷之中的民事法律关系非常熟悉,避免因为专业方向的差别对研究结果造成影响。当然,这一设计也大大增加了调研的难度。为了控制动机变量,被试是否认真细致进行心理测试和调查问卷,课题组在每个取样人民法院展开调研时,都首先确定该法院的联络人能够充分理解本研究,并充分愿意为调研提供帮助,然后再由联络人出面邀请法官,并在专用的计算机上逐一进行测试。测试结果将正确率不足 50% 的样本视为有瑕疵的样本,不予采用。这些措施最大限度地保证了样本的质量。

五、模拟审判问卷的设计

为了判断作为审判变量的法官认知风格差异在多大程度上影响了判决的输出,就必须在尽可能地排除其他变量干扰的情况下,测量两个变量的关联程度。通过在多所法院测试同属于民事审判庭的法官,本研究在被试个人属性的层面尽可能地控制了样本相对于总体的偏性。不过排除干扰变量的工作目前仅完成了一半。与取样偏性可能引入干扰变量类似,如果不能控制审判情境当中存在的各种变量,那么认知风格

---

[1] 由于部分基层人民法院员额法官数量较少,存在各审判庭轮值的情况,所以样本当中也包括几位并非专职在民事审判庭从事审判工作,但曾有长期民庭轮值经历的法官。

差异变量与判决变量之间的相关性数据仍然没有说服力。然而在第一章就曾提到,对法官展开的问卷调查会遇到诸多外部困难。因此本节将会论证,本研究设计模拟审判问卷都考虑了哪些因素,以及这些考虑将在多大程度上规避那些外部困难。

本研究在制订计划时遭遇的第一个困难是,问卷设计必须考虑到数据的全距或范围。如果数据的取值范围太小,体现不出差异,那么认知风格变量和审判结果变量之间的关联根本就无法被计算出来。事实上,在司法解释充分,证据规则明确的领域之中,不同法官输出的判决结果几乎很难出现差异。因为在经验现实当中,一般当法律明确时,法官会遵循法律,除非他们具有强烈的个人偏好,偏好与法律相反的判断。当法律不明确时,法官除了根据政治因素作出决定外别无选择。[1] 这意味着,如果问卷设计的问卷情境没有达到认知风格差异影响审判结果的阈值,那么认知风格差异对审判的影响就被遮蔽了。也就无法对不同法官不同判的现象给出法律现实主义之外的解释。所以说,为了避免全距限制,为了让数据呈现出差异,在设计问卷时最好选择那些司法解释未涉及,证据规则也不明确的疑难案件或者疑难问题。

不过一个相关的质疑也随之而来:如果说法律的形式主义和文本主义恰当地描述了司法过程的常态,即法律准确地规定了案件的处置办法,法官之间的差异被外部规范所消解,法官按照形式逻辑统一地输出结果;如果说疑难案件本身不是那么常见的,有些法官整个职业生涯都未曾遇到疑难案件,那么在疑难案件总体上是小概率事件的情况下,是否还有必要研究法官认知风格差异对审判造成的影响呢?答案仍然是肯定的。首先,具有较大争议的案件虽然不多,但这些个案对公众的法治信念、司法公信力影响极大,往往能够起到个案推动法治进步的效果。这意味着,即便疑难案件很少,在疑难案件中因法官认知风格差异造成

---

[1] Klarman, M., *From Jim Crow to civil rights: the Supreme Court and the struggle for racial equality*, Oxford University Press, 2004, p.4.

判决差异的情况更是鲜有,但此事仍然有很大研究价值。其次,研究认知风格差异对审判结果的影响,其意义也不只体现在疑难案件之中。任何案件的判断都涉及法官内心确信的,任何涉及法官内心确信的地方都可能与法官的认知过程有关,因此从广义上讲,任何案件都与法官的认知风格相关,理论上此类研究对任何案件都有意义。现实情况可能是,法律规定确实大幅度收敛了审判差异,法官认知风格的差异或许不能影响罪与非罪的判断,不能影响此法律关系非彼法律关系的认定,但仍然可能会现实地影响刑罚轻重、补偿赔偿金额多寡,等等。哪怕法官认知风格差异的影响微小,一直都没能超越法律一致性规定的阈值,哪怕法官同案不同判另有其他主要原因,但又如何可知认知风格造成的微小影响不是使其他主因突破阈值的"最后一根稻草"呢。从司法正义和理论完善的角度看,法官认知风格差异造成的隐性和显性影响都有研究的意义和价值。

第二个困难随第一个困难诞生。在疑难案件当中,法官往往无法严格按照法律文本的要求进行判断,相反,这些案子可能隐蔽地要求法官根据自己的道德立场、个人倾向等,选择接近的法律条文或法律原则来解决问题。于是,此类判决就会将法官的个人价值立场暴露出来,可能让法官本人遭遇舆论风险。司法心理测试在设计过程中必须尽量规避这一困境。心理学观测和实验常常从大学生之中选取被试,原因在于,大学生群体能很好理解实验程序,并且忠诚地对实验作出反应。[1] 选择大学生为样本,一般而言能够满足行为到心理状态的可推定性,大大降低因误解和欺骗(有意或者无意)产生的错误信号和杂音,减少从行为到心理状态的推定产生扭曲。但当司法参与者作为样本进入实证研究时,他们的处境与大学生相比显得更为复杂。立法者、政治人物、重要案件的司法参与者,这些政治人物的心理事件很难通过外在行动推定。甚至

---

[1] [美]保罗·科兹比、斯科特·贝茨:《心理与行为科学研究方法》,张彤译,机械工业出版社 2014 年版,第 96 页。

他们通常都不会接受学者们的问卷调查,即便接受也不能保证他们是否会诚实地描述自己的心理状况。[1] 如若问卷的问题涉及较大社会争议,比如性别对立、伦理冲突,那么法官就可能出于安全的考虑,有意识给出安全但不真实的判断。

第三个困难来自司法体系运行机制的掣肘。审结时限、对改判以及司法谦抑的考虑等诸多因素都有可能影响法官输出判决。法官可能在自己对案件事实、法律规范以及二者关系的认知中,对上述因素予以一定权重。这要求问卷最好能够设计一种不受审判制度约束的审判情境,能让被试在作答时不考虑司法运行时各机构和各制度之间的平衡、监督、约束,只考虑对信息的认知。

第四个困难来自认知风格的多维性与司法实践复杂性。脑神经科学表明,大脑不同区域负责不同的认知任务,比如前述提到颞叶区和顶叶区在机能上就有所区分。在人们面对认知任务时,他们可能会偏好激活大脑的不同区域,对应产生了不同的认知风格。然而,人们形成不同的认知风格并不代表着他们不偏好使用的某个大脑区域完全不具备相应的功能。即便有偏好上的差异,但人的大脑功能仍然是整全的。而这意味着,如果面对只能激活大脑特定区域的能力才能完成的任务,那么即便人们不偏好这一区域,也会调用该区域所负责的认知功能来执行任务。可以说,差异不在于人们有无某种特定的功能,而是人们习不习惯以特定功能来完成对应的任务。在这种情况下,大脑处理信息没有风格差异,但会有效率和成效的差异。但显然,不能因为有些对象和任务对特定认知风格不敏感,就否定认知风格差异在认知过程中的重要性。同理,鉴于法官的工作恰恰是处理无奇不有的大千世界中形形色色的问题,其中当然会有部分任务和对象于认知风格不敏感。这种情况也要在问卷设计中避免。

---

[1] [美]杰佛瑞·西格尔、哈罗德·斯皮斯:《正义背后的意识形态——最高法院与态度模型》,刘哲玮译,北京大学出版社2012年版,第291页。

综合考虑以上四个困难,研究所使用的调查问卷有针对性地设计了一种模拟审判的情境。本研究选择以目前尚未在全国铺开,仅在深圳实施的《深圳经济特区个人破产条例》为依据,设计了一部并不存在的"个人破产条例",以及一起涉及个人破产的虚构案例,以此来测量法官可能输出的差异判决。该设计的好处在于,首先,以尚未铺开的法律为依据设计问卷,有助于解决文本主义对差异判决的过度收敛(当然,这里所指的是从研究角度来看的过度收敛,而非法律实务意义上的过度收敛),有助于避免全距限制,避免收集到"分辨率"不足的信号。个人破产的相关法律规定并不完善充分(即便深圳特区制定了相应实施细则,但在尚未实施该条例的地区不具有约束力,深圳之外的法官对此也并不了解),这为被试输出有差异的"审判结果"提供了可能。个人破产案也不同于真正罕见的疑难案件。可以想象,个人破产制度一旦推开,个人破产以及财产豁免申请将会成为法官日常处理的常见案件,不存在真正意义上的疑难和特殊性。这有助于打消人们对认知风格影响审判结果的研究可能是"屠龙之术"的担忧。再加上这类案件事实和法律的基本构成要素,如债权、物权、抵押权等,也并未超出民事审判庭日常案件的范畴,法官们对此并不陌生。不会导致法官因为业务方面的不同侧重,输出不同的审判结果。综合以上论述,围绕个人破产涉及案例,一定程度上能解决问卷设计的第一大问题。

其次,个人破产案件也基本上不涉及敏感的价值判断,有利于规避法官问卷的动机难题。在涉及敏感的政治问题和道德问题时,被试可能难以诚实地回答问题,对法官来说尤为明显。但当问卷仅仅涉及一个虚构的案例,既不是真实案件又不存在较大社会争议时,这就在很大程度上为法官真诚参与问卷提供了可能。个人破产制度在开展调研时虽尚未在全国范围内实施,但其实理论界对我国《企业破产法》是"半部破产法"的认知不存在太大争议,个人破产免责也被视为个人破产制度中"不可或缺的组成部分"[1],且深圳率先推行个人破产制度已然是事实,法官大概率不会因为该案件中适用的法律本身是虚构的,或者不符合公序良俗、个人价值立场,因而拒绝参与调研。经过此番设计,法官可能不会诚实作答的风险被极大地降低了。

具体来说,研究选择设计一个虚拟的个人破产案件,这个案子仅要求法官对个人财产豁免作出相应的判断。案情非常简单,问卷由2组共计10个问题组成。每个问题都是选择题,2组中的每个问题都呈两两对应关系。问题都是要求法官判断,某种个人物品是否应当根据虚构"个人破产条例"的豁免财产条款(参照《深圳经济特区个人破产条例》相关条款设计),被裁定为豁免破产执行的个人财产。这样设计可以避免当问卷包含过于复杂问题时,被试难以准确地回答问题。此外,整个问卷仅用一张A4纸正反面打印,避免了问卷内容太多,问卷表太厚,或者开放式问题过多,导致被调查者产生"畏难情绪"。[2]

另外,虚拟案件的设计也能避免一些其他干扰因素,此处笔者进行一下说明。笔者从被调查者的立场出发,[3]在问卷中设置了多处安抚情绪的提示,比如"不存在上诉情况,所有材料均为虚构,图片源于网络"等,[4]力图尽可能地减少法官对参与调研可能产生的种种顾虑。此般设计好处在于,可以避免结案率、改判率、司法谦抑等因素影响法官对案件的判断,有利于法官真实地作答。

最后的问题是,问卷题型和答案的设计是否对"客体表象—空间表象—语言风格"认知风格模型敏感,以及项目设计能否表征这种差别。问卷设置了个人破产申请人主张对个人的5种生活必需品予以豁免的情境,要求法官们参照虚构"个人破产条例"对豁免财产的相关规定,对申请人申请豁免的个人财产予以认定或不予以认定。申请人申请豁免

---

[1] 徐阳光:《个人破产免责的理论基础与规范构建》,载《中国法学》2021年第4期。
[2] 风笑天:《社会调查中的问卷设计》(第3版),中国人民大学出版社2016年版,第93页。
[3] 风笑天:《现代社会调查方法》(第5版),华中科技大学出版社2016年版,第109页。
[4] 参见附录二。

的个人财产包括现金、首饰、玩具、汽车、乐器5项。模拟审判问卷指要求被试就问卷本身作出判断,操作方式与深圳目前的司法实践类似,都只是需要法官通过文本审查的方式来对破产人的财产豁免申请进行裁定。现实当中,申请材料之中信息往往会以言语、对象、空间场等不同的形式呈现,供法官认知、甄别、判断。问卷据此设计了10个问题,涉及文本概念、图片、场景等不同符号,企图以此方式衡量法官们对言语、对象、空间场的不同敏感程度,以及将信息表征为不同偏好形式的程度。

问卷首先罗列了根据《深圳经济特区个人破产条例》所设计的虚拟"个人破产条例"中关于允许个人破产申请人保留财产的7种具体情况,并根据其中的4种情况来设计问卷所涉及的申请豁免的具体物品,包括:(1)债务人及其所扶养人生活、学习、医疗的必需品和合理费用;(2)因债务人职业发展需要必须保留的物品和合理费用;(3)对债务人有特殊纪念意义的物品;(4)根据法律规定或者基于公序良俗不应当用于清偿债务的其他财产。另外3种可以予以豁免的情况,包括:没有现金价值的人身保险;勋章或者其他表彰荣誉的物品;专属于债务人的人身损害赔偿金、社会保险金以及最低生活保障金。它们的指向性非常明确,法官在认知和判断上可能存在的差异被消解掉了,无法被测量。因此模拟审判问卷并不根据这3种财产设计问卷题目。

法官在阅读虚构的"个人破产条例"豁免条款后,将会对这些条款形成相应认知。按照"客体表象—空间表象—语言表征"认知风格模型理论,个体会对认知对象进行加工,这个过程当中,信息会有不同的表征方式。根据不同的表征风格,有的个体倾向于用概念来表征信息,有的个体倾向于用高分辨率的对象图像来表征信息,还有的个体倾向于以空间场的方式表征信息。在问卷设计的情境中,法官就会根据虚构"个人破产条例"中的信息,形成关于"必需品和合理费用""有特殊纪念意义""职业发展""公序良俗"等信息的表征。这些表征将在个人的理解中按照不同言语、对象、空间场的不同风格被呈现出来。

接下来模拟审判问卷设计了第1组5项物品的认定。包括问题1

(Q1)："小额活期存款"及其对应申请豁免理由"债务人及其所扶养人生活、学习、医疗的必需品和合理费用"；问题2(Q2)："网约车一部"及其对应申请豁免理由"职业发展需要必须保留的物品"；问题3(Q3)："结婚戒指一枚"及其对应申请豁免理由"对债务人有特殊纪念意义的物品"；问题4(Q4)："钢琴一架"及其对应申请豁免理由"基于公序良俗不应当用于清偿"；问题5(Q5)："可折价的玩具"及其对应申请豁免理由"基于公序良俗不应当用于清偿"。Q4和Q5除了"钢琴""玩具""公序良俗"这些言语概念之外，还设计了"钢琴"和"玩具"所对应的具体物品的图片。以上5个问题之中的每一个都对应某类特定财产，询问法官是否认为该财产是破产申请人生活必需品或具有特殊纪念意义物品，是否认为如若强制执行将违反公序良俗，从而判断是否应该把这类财产认定为豁免强制清偿的财产。第2组5个问题(Q6—Q10)在问卷的背面，实际上是第1组Q1—Q5问题的对应问题。但问卷背面的5个问题分别在其对应的正面问题基础上，附加了一些新信息，将5类物品的信息描述得更加准确。价值信息在第2组当中都相对明确，而且第2组为Q7、Q8、Q9、Q10都配置了图片。这里实际上是对变量的进一步控制，意图考察在给出对不同表征风格敏感程度不同的信息之后，是否影响了法官认知和判断的形成，以及这种认知是否会导致判断结果上的变化。

问卷针对每个问题都设置了客观选项，法官们可以在"非常倾向于认定、倾向于认定、不倾向于认定、非常不倾向于认定"4个强弱有序的选项中进行选择。问卷没有简单设置认定和不认定两个选项，这是为了更准确地测定法官的真实想法。4个选项能够更贴近于对个体编码信息过程的模拟，又不至于因选项过多，让法官陷入自我评估和选择的困难。三维表征的认知风格模型认为，人们会在言语、对象、空间三个方面有着不同的表征和编码偏好。个体要么用心理图像(空间图像或对象图像)

来表征信息,要么用语词来表征信息。[1] 据此,法官在阅读条件信息之后(包括虚构"个人破产条例"给出的规范信息,以及个人破产申请人豁免财产信息),会依据自己的认知偏好,而形成对自己独特的关于关键信息要素的不同表征。而在问卷要求对申请豁免的财产做进一步判断的时候,法官就会调用这些表征,与新的表征信息比较。由于没有正确答案,这些判断本身只存在法律表征与事实表征的契合程度问题,"非常倾向于认定、倾向于认定、不倾向于认定、非常不倾向于认定"4个有序选项就是对契合程度的标度。

此外,选项的设置还基于三方面的考虑。第一,问卷全部由客观选择题构成,该设计有助于法官作答。整个问卷的完成时间控制在5分钟以内,不会对法官造成过重负担。第二,选项同法官日常裁定认定或不认定不同,多设置了倾向于认定和不倾向于认定的选项。这种设计能够进一步给法官营造一种非正式的情境,同时还能够更准确地描述法官的认知状态。如果单纯只设计认定和不予认定两个项目,则可能会丢失一些信息,造成后面相关性分析无法得出较强相关性数据。第三,有学者认为,"比较(赞同、认可、不认同等)""非常"等表示程度的词,在作为标度时可能会因为被试的反应风格(response style,RS),影响测量结果。这里的反应风格指的是,不论测试内容,也不论被试的实际想法,被试总是倾向于某种选择的现象。[2] 比方说保守的被试总倾向于选择"比较"选项,而不是"非常"选项。但对法官而言,其长期职业实践就是衡量自己是否形成"内心确信"的过程。如果反应风格强到影响判决的程度,则会有二审程序以及审判监督程序介入。也就是说,在涉及司法的问题上,法官职业训练和日常工作的特殊性,使法官对反应风格的干扰具有天然的抵抗能力。经过问卷试用,笔者认为4个选项已经能够较为合理地描述法官的判决倾向,没有必要设置更多项目。

---

[1] [英]R. 赖丁、S. 雷纳:《认知风格与学习策略》,庞维国译,华东师范大学出版社2003年版,第41页。
[2] 张缨斌、王烨晖:《反应风格的测量与统计控制》,载《心理科学》2019年第3期。

Q1 是依据问卷目的设计的一个策略问题。由于虚构"个人破产条例"中明文规定破产申请人的必要生活费用属于豁免财产,加之对于活期存款是否必要的判断,更多与存款数额有关,不与法官的表征风格有关,所以 Q1 和与之对应的 Q6 是进一步让法官感觉放松而设置的问题,在相关性分析中也会结合这一设计目的,对数据权重进行微调。

其余 8 个问题所涉及的物品都在一定程度上符合虚构"个人破产条例"规定。它们的复杂性在于,它们都不是可以裁定豁免的那种典型财产。它们都明确地传递给法官两类的信息;一类是概念类的语词信息,另一类是图片意象信息,包括相对不那么明确地被传递的"空间场"信息。设计的基本假设是,"车"(昂贵)、"营运"(必要)、"首饰"(奢侈)、"戒指"(纪念意义)、"乐器"(奢侈)、"玩具"(同情)可能同"经济型网约车的图像"(必要),"熠熠生辉的钻石戒指"(昂贵),"孩子钟爱的钢琴"(同情),"孩子的卡丁车玩具"(奢侈)发生冲突,一旦对财产性质的认知与对豁免条款的认知发生冲突,或者说,一旦两类信息表征差别过大,无法被统一起来,那么法官就会倾向于不认定豁免。对于同样的认知对象,法官可能生成言语表征,也可能生成意象表征。如果法官倾向于用言语来表征认知材料,且法律规范(语词概念)同申请豁免财物及其理由(语词概念)如果较为匹配,那么法官就倾向于认定豁免,反之亦然。如果法官倾向于用对象来表征认知材料,且法律规范的意象同财物描述(甚至就是图片)的意象较为匹配,那么法官也倾向于认定豁免,反之亦然。

总之,模拟审判问卷把与法律认定和事实认定有关的信息组织成了言语、对象两种模式。空间表征风格比较复杂,难以在书面材料审查之中体现出来,并且其主要影响科学、设计等空间敏感工作。后面的研究也表明,法官倾向于空间表征风格对问卷的影响不大。[1] 如果认知风格

---

[1] 但不排除在某些案件之中有较大影响的可能性。比如在访谈中,受访法官曾举例说,在一些涉及土石方、房屋等标的的案件中,在法官主观意志(包括结案压力、认真负责程度等)和形成内心确认阈值等条件差不多的情况下,有些法官倾向于实地走访,有些法官则认为实地走访并无多大意义。

测试与问卷调查结果这两个变量的相关性是明确的,那么在较大的样本下,就可以在一定程度上断定认知风格差异对法官裁判输出的确存在影响,应当予以重视。关于问卷的实际测试效果,以及同法官认知风格的关系,将在后面几章之中详细讨论。

第三章 法官认知风格测试结果与统计分析

本书使用华东师范大学心理学系李力红教授提供的认知风格测试软件,样本总计 130 例,以在民事审判庭工作的法官为主,以少量有过民事审判庭工作经历的各审判庭轮值法官,以及少量在民事审判庭工作的法官助理为辅,展开测试。部分法官认知风格测试与法官问卷的关联资料丢失,这些样本的认知风格测试结果不能与其问卷调查结果一一对应,不能被用于双变量的相关性分析,[1]再加上排除错误率过高的测试结果[2],总计收到 100 份合格测试结果。

一、认知风格测试软件介绍

本书所使用的表征风格软件测试包含两个部分(参见附录五),第 1 部分是探测题目,由 4—6 道练习题组成。设

---

[1] 虽然不可以用于双变量相关性分析,但是可以用于单变量相关性分析。这部分数据在单变量描述性分析时,结果同以 100 名法官为样本作出的分析没有实质性的差异。
[2] 严格来讲,即便是错误的、随意选择的答案也在一定程度上反映了被试的认知风格,所以只排除了错误率在 50% 以上的测试结果。

置探测题目是为了先让被试熟悉题目操作。该部分测试结果不计入正式统计数据。第 2 部分是正式统计题目,总计由 50 余道测试题构成。测试会按照随机顺序从题库中选择 36 道题,要求被试作答。每道题目的测试方式均一致:屏幕上将会显示 1 个大的,由数个相同大小的正方体构成的立体图形;在立方体能够被观察到的不同几何面上,将呈现 3 个词语或图片。对于测试之中的每 1 道题,被试都可以按照以下 3 个标准当中的任意 1 个标准,选择出 3 个词语或图片之中与其他两个不同的那个选项。第 1 个标准是比较三者在实际生活中的大小,如果其中两个大小相近,那么就把与它们大小差异较大的那个选项选出来。第 2 个标准是比较三者是自然长成的还是人工生成的,如果有两个都是自然长成的,或者都是人工生成的,但余下的那个不是,则把余下的那个选项选出来。第 3 个标准是比较三者在空间立方体上的位置。如果有两个是在同一平面上,那么就把不同平面上的那个选项选出来。

每个问题都没有唯一答案。同一道测试题,可能在不同维度上有不同的正确答案。[1] 测试要求被试尽可能快地回答问题,实际上被试将会选择自己在组织和表征信息过程中最为熟稔的方式作答,从而反映出被试更倾向于何种认知风格。在具有多个正确答案的题目当中,如果被试倾向于根据标准 1 来判断问题,即根据对象的大小来判断问题,软件则会判定被试在该问题上倾向于使用对象表征风格,意味着被试在此把信息表征为心理图像了;如果倾向于根据标准 2 来判断问题,即根据对象是人工生成还是自然长成来判断问题,软件则会判定被试在该问题上倾向于使用言语表征风格,意味着被试在此把信息表征为言语概念了;如果倾向于根据标准 3 来判断问题,即根据对象在三维立体图形中的相对位置来判断问题,软件则会判定被试在该问题上倾向于使用空间表征风格,意味着被试在此将信息表征为空间场了。表征风格测试原件测定的

---

[1] 有的题目会有唯一答案,这样的题目不会计入统计数据。唯一正解的题目有助于衡量被试参与测试的认真程度,有助于统计被试的反应速度。

是被试在"对象—空间—言语"三个维度上的偏好,并对反应时间予以记录。测试软件的编制实验表明,该软件有较好的信效度。[1]

课题组成员在同一所法院使用同一台计算机,一对一地采集被试数据。测试之前将由测试人员,向被试交代测试的目的、方法等信息,并提醒被试使用测试软件的相关注意事项。所有测试收集的数据和调研统计都将使用 IBM SPSS 26.0 软件分析处理。

二、法官认知风格测试结果的统计分析

"对象—空间—言语"认知模型认为,个体并非有且只有使用一种信息表征方式。该理论模型主张,人的信息表征过程是人的表征策略,即人们如何把有限的理智资源,分配给不同的认知表征风格。也就是说,某人是倾向于某种表征风格的个体,这一判断体现的并非是该个体固定使用某种表征的状况,而实际上是某种表征风格在整体任务之中占比较为突出。测试软件提供了 50 余道测试题,并从中随机抽取 30 余道题目。如果把这些题目视为一个总体,那么个体在完成这些任务时可能会激活不同的认知模块,从而表现出不同的认知风格。但在这个过程中,每个个体对认知资源的分配是不同的。所以单个任务并不能准确反映个体表征风格,必须结合一定数量任务,通过计算得出每一种认知比例在一个总体任务之中的占比,才能大概率判定个体的表征风格倾向,判定个体属于言语型、对象型、空间型、混合型信息表征认知风格。

当然,不同认知风格在总体之中的占比数据是一个定距数据,所承载的信息量远多于个人认知风格类型的定类数据。在后面测量认知风格和模拟审判结果时,将会使用定距数据。但为了明确直观,首先用定类数据,将法官风格描述归纳总结为几种类型(参见表3.1)。

---

[1] 参见王海匣:《客体表象—空间表象—言语表征风格测验的编制》,东北师范大学 2011 年硕士学位论文。

表 3.1 数据的类型及其信息

信息类型	定类数据	定序数据	定距数据	定比数据
= 或 ≠ 信息	●	●	●	●
> 或 < 信息		●	●	●
+ 或 − 信息			●	●
× 或 ÷ 信息				●

基于统计和描述的目的,可以按照取平均值的方式,粗略地定义法官认知风格类型。以下讨论基于如是两个假定:第一,典型的单一认知风格会把几乎全部理智资源分配给某种单一认知维度,典型的混合认知风格会将理智资源平均分配给 3 个不同认知维度,那么,各不相同的个体理智资源分配策略,就可以被归类为与之最为接近的那种典型认知风格。第二,测试当中各种风格的认知资源是大致相等的,测试对各种认知方式的涵盖程度是匀质的,不会出现过多偏向于测定某种或某两种认知风格的情况。

按照上面两个假定,典型的混合认知风格应当是对象表征风格、空间表征风格、言语表征风格各占 1/3 情况,典型的单一认知风格应当是有且仅有 1 种风格的情况。由此便可以进一步定义 7 种认知风格类型。软件测试的 3 种认知风格维度,分别是对象型风格(object imagery style),在软件统计中用 F 表示;空间型风格(spatial imagery style),在软件统计中用 N 表示;言语型风格(verbal style),在软件统计中用 W 表示。基于描述的目的,按照如下定义粗略地根据表征风格类型的差异,为 100 位法官进行分组:有一种认知风格占比超过 2/3,且其他两种认知风格的任意一种都不超过 20% 的被试,被视为具有单一型认知风格,包括 F、N、W;有两种认知风格占比都超过了 20%,且另一种认知风格占比不超过 20% 的被试,被视为具有由两种认知风格的混合型认知风格,包括 FN、FW、NW;这 3 种认知风格占比都超过 20% 的被试,就被视为是 FNW 混合型。[1] 100 名被试通过回答全部题目,统计出被试在不同认知维度的百分比,再根据以上分组方式进行分组(参见表 3.2)。

表 3.2 100 位法官认知风格统计

	认知风格	频率	百分比	有效百分比	累积百分比
有效	F	4	4.0	4.0	4.0
	FN	4	4.0	4.0	8.0
	FNW	24	24.0	24.0	32.0
	FW	18	18.0	18.0	50.0
	N	9	9.0	9.0	59.0
	NW	7	7.0	7.0	66.0
	W	34	34.0	34.0	100.0
	总计	100	100.0	100.0	

法官表征风格以言语型和言语与其他风格的混合型风格为主。言语表征风格(W)占比为 34%,远超其他两种单一认知风格(F 4%,N 9%)。以对象为主的认知风格(F、FN、FW)总计占比 26%,以言语为主的认知风格(FW、NW、W)总计占比 59%,以空间为主的认知风格(FN、N、NW)总计占比 20%,另外还有混合型认知风格(FNW)总计占比 24%。

本研究虽然并未将其他职业共同体设置为参照组,进行对比测试,但法官总体偏向言语表征风格的结论,还是体现了法律职业共同体的共性,与心理学家研究表明认知风格具有的职业(专业)特征相符[2]。从图 3.1 可以看出,代表 100 法官的认知风格散点,既体现了一定聚合性,即它们大多分布在正方体左侧较为靠外的部分,又体现了一定离散性。按照科热夫尼科夫的研究结论,视觉艺术家的认知风格会更偏向于对

---

[1] 当然,以 20% 来划定认知风格分组的标准是任意的,但能够较为简明直观地交代认知风格的离散程度。认知风格的具体百分比数据,可参见附录一。

[2] 根据科热夫尼科夫的研究,人文社会学科同科学、视觉艺术类学科在认知风格上差别较大。人文社会类在言语风格上得分较高,视觉艺术类职业在表象风格上得分较高,科学类职业在空间风格上得分较高。

象,其认知风格散点图应当更靠近正方体上部;工程师认知风格偏向于空间,其认知风格散点图应当更靠近正方体右部。虽然散点显示出大致的偏性,但不同法官的认知风格散点既大致集中,又明显分散,说明法官的认知风格除了存在共性之外,也存在差异。法官表征风格差异的客观存在,是本书整个研究得以成立的事实前提。

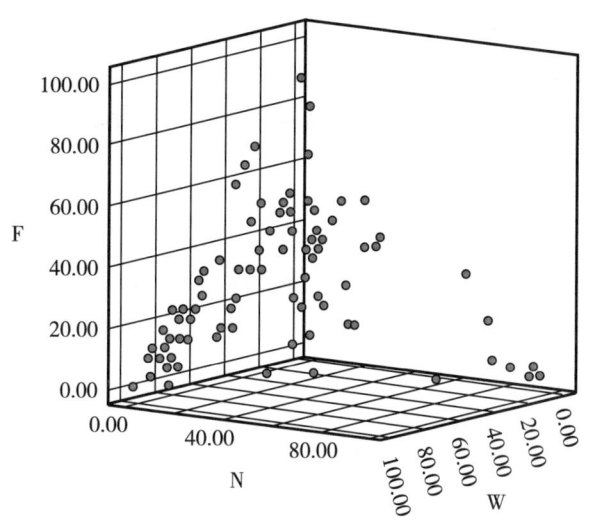

图3.1　100位法官认知风格占比三维散点图

按照空间、对象、言语的三维表征模型,3种风格代表了个体在信息表征中的不同策略。3种策略各自占用一定的认知资源,同时也影响其他风格在有限理智资源中占有的份额。照此假定,3种风格必然呈现负相关关系。用皮尔逊相关系数分析法官3种认知风的相关程度,数据显示(参见表3.3),法官对象表征风格与空间表征风格的相关系数为-0.240,相关性较小;与言语表征风格的相关系数为-0.515,相关性较大。法官空间表征风格与对象表征风格的相关系数为-0.240,相关性较小;与言语表征风格的相关系数为-0.708,相关性非常大。法官言语表征风格与对象表征风格的相关系数为-0.515,相关性中等,与空间表征风格的相关系数为-0.708,相关性非常大(参见表3.3)。总体上,言语表征风格与空间、对象表征风格的负相关性比较明显。这一现象可以从两个方面加以解释。一是三维表征风格模型的发展史。言语和对象曾被认为是在同一个层面上在调用理智资源，二者因为竞争认知资源的原因，从而呈现出明显的负相关性。随后认知神经科学又发现，人们表征对象时，可能基于形象来表征，也可能基于空间来表征，二者激活的大脑区域并不相同。[1] 三维表征模型完整名称为"对象—空间与言语"（object-spatial imagery and verbal）模型，其本身就暗示了这层意思，"对象"与"空间"的区分，处于"对象—空间"与言语区分的亚维度。心理图像和空间场的表征方式本身也存在一定重合，图像必然是空间中的图像，场必然是暗示了某种对象的场。再加之二者处于区分的亚维度，所以在测量三维认知风格时，"对象"与"空间"的相关程度远小于各自与言语维度的相关程度。二是法官总体更倾向于言语表征风格，言语表征风格占用理智资源也最大。因此法官认知策略当中，言语表征风格所占权重最大，其他两种风格受其影响也相对更大，呈现出较强的负相关性。

表3.3　3种认知风格之间的相关性关系

		F	N	W
F	皮尔逊相关性	1	-0.240*	-0.515**
	Sig.（双尾）		0.016	0.000
	个案数	100	100	100
N	皮尔逊相关性	-0.240	1	-0.708**
	Sig.（双尾）	0.016		0.000
	个案数	100	100	100
W	皮尔逊相关性	-0.515	-0.708	1
	Sig.（双尾）	0.000	0.000	
	个案数	100	100	100

＊．在0.05级别（双尾），相关性显著。
＊＊．在0.01级别（双尾），相关性显著。

---

[1] 参见第二章。

在实际测试当中,由于有些测试机器反应较为卡顿,还由于有些法官年龄较大,鼠标使用并不非常熟练,所以单个被试的反应平均时间存在很大差异,从1000毫秒到8000毫秒不等。但是每名被试参与测试的条件并没有发生变化。因此,研究不同被试3种风格平均反应时间的差异,这没有多大意义;但研究不同被试3种风格平均反应时间与他本人总体反应平均时间比值的差异,则显然具有价值。通过统计每名被试在3种风格上的平均反应时间,以及3种风格的平均反应时间与他的平均反应时间的比值,就能较为直观地反映个人在不同认知风格任务上的熟练度和效率是否存在差别。

从反应时间统计来看(参见表3.4),[1]3种风格的比值数据都超过了1。这是因为在反应当中,每道题所能节省的时间是有限的,但多耗费的时间却是无限的。虽然统计时已经尽量排除异常时间,但数学平均的方法仍然无法避免其本身自带的偏性。比方说题目1时间为2.2秒,题目2为2.3秒,题目3为2.5秒,题目4为2.9秒,题目5为5.1秒,5道题平均时间为3秒,反应时间少于平均时间的题目为4道。但显然,平均时间的统计方法没有很好地描述被试的反应时间。相反,中位数统计则能够较好地避免这种偏性。空间表征风格平均反应时间比值的中位数为0.99,对象表征风格平均反应时间比值的中位数为1.00,空间表征风格平均反应时间比值的中位数为1.02,标准差为0.25左右,说明3种表征风格的平均反应时间差别并不大。对被试而言,图片、文字、空间信息在难度上基本是匀质的。

---

[1] 参见附录四。由于测试周期比较长,中途会出现一些测试中断的情况。此时统计时间的偏差会比较大。进入统计的样本是测试数据较为匀质的样本。满足条件的样本为83个。

表3.4　3种认知风格平均反应时间与总平均反应时间的比值

个案数		N	F	W
	有效	77*	79	83
	缺失	0	0	0
平均值		1.016535692727761	1.048405904800926	1.083584612339190
中位数		0.991423670668954	1.002004008016032	1.026376146788991
标准偏差		0.248317157052650	0.255299585568192	0.230289446117970
方差		0.062	0.065	0.053

*.有效样本数目不一致是因为有些样本当中某种特定的风格反应为0,相关的比值也就不存在。

从反应时间数据来看,言语表征这种在法官当中占比较高的表征风格其实并不是平均耗时最短的一种。言语认知风格的反应平均时间在平均值和中位数两个指标上都超过了1,以反应时间的比值来比较,言语表征风格(策略)比对象表征风格(策略)慢了4%,比空间表征风格(策略)慢了6%(参见表3.4)。测试测定的是"输入→表征→加工→输出"全过程的时间,如果其他过程不存在差异,时间上的差异完全由表征环节造成,那么不同表征风格在效率实际上比上述差异更大。[1] 说明言语认知风格本身并不是一种经济的认知方式,只是因为法官本身的认知偏好以及长期以来的职业习惯,产生了较为固定的认知风格,才可能在不经济的情况下仍然偏好这种风格。

---

[1] 比方说,假定4个环节耗时相同。甲处理信息共耗时100 ms,包括表征在内的每个环节耗时25 ms,乙处理信息共耗时104 ms,表征风格耗时29 ms,其他环节与甲风格一致,都为25 ms。那么,总体上乙比甲慢4%,但从表征风格来看,乙的表征过程比甲慢16%。

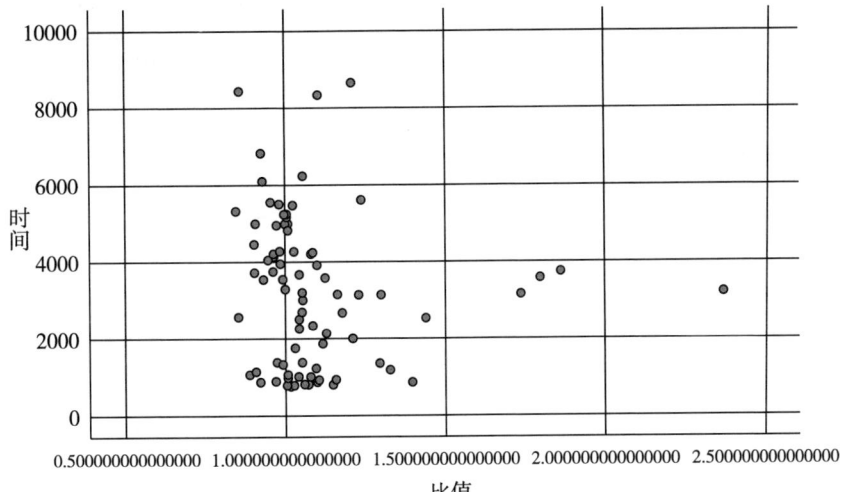

图 3.2　言语认知风格平均反应时间与总平均反应时间比值的散点图

当然,认知风格和认知水平虽然各自从形式和后果两个侧面考察认知全过程,但二者也并非完全割裂的。按照 3 种风格占比最多一种风格,将 83 个样本分为偏言语表征风格的样本和非偏言语表征风格的样本两类,再分别计算偏言语认知风格反应平均时间与平均时间的比值。数据显示(参见表 3.5),偏言语表征风格反应时间比值的中位数 <1,非偏言语表征风格反应时间比值的中位数为 1.08;同时,偏言语风格反应时间比值标准差仅为 0.08,非偏言语表征风格反应时间比值标准差为 0.30[1]。说明相比偏对象表征风格和偏空间表征风格的法官,偏言语表征风格的法官在符合言语表象的任务中略微有一些效率上的优势。这一点在其他相关研究上也得到了证实。[2]

---

[1] 标准差的差别可能是因为非偏言语风格的被试在测试中较少使用言语风格来处理问题,导致平均时间可能波动比较大。

[2] 赖丁等人开发的 CSA 测试工具,以及后来的各种改良工具,本身就建立在相关认知风格的偏好,将在对应任务之中表现较好,反应较快这一假定上。参见[英]R. 赖丁、S. 雷纳:《认知风格与学习策略》,庞维国译,华东师范大学出版社 2003 年版,第 41 页。

表 3.5 两类被试言语认知风格反应平均时间与平均反应时间的比值

个案数		偏 W	非偏 W
	有效	42	41
	缺失	0	0
平均值		1.006498130983631	1.162551251776592
中位数		0.999521714176392	1.078902229845626
标准　偏差		0.079295254414566	0.299402944780966
方差		0.006	0.090

通过对认知风格测试数据的初步统计分析，已经能够有较大把握来回答本研究的第一个关键问题，即作为法律职业共同体重要组成部分的法官，他们本身到底存不存在认知风格上的差异？专门的职业训练和长期的司法实践，是否收敛了法官的认知风格差异？答案是否定的。人文社科类专业相比工科和视觉艺术类专业，普遍在言语表征风格上占比更高。法官相比其他人文社科类人员是否存在明显差异，这需要进一步实证调研验证。但法官认知风格测试数据仍然显示，认知风格差异在法官职业共同体当中仍然是存在的。

三、法官认知风格测试结果与法官个人属性的相关性分析

法官们确实存在认知风格上的差异。但如果这种差异是由法官个人属性等其他因素造成的，那么从逻辑上看，即便能够用数据说明认知风格差别和审判差别之间的相关性，但导致二者之间因果关系的根本原因也可能在于影响认知风格差别的其他变量，而非认知风格本身。本研究若要意图验证"认知风格→审判结果"的因果链条，就必须先证明"未知因素→认知风格→审判结果"因果链条并不成立。所以，还需要分析法官的年龄（从一定意义上能够反映审判经验）、性别、学历等变量对认知风格的影响。当然，法官的生活环境、成长背景等因素都可能会影响

认知风格。这些因素之所以不在考察范围以内,是因为它们的影响已经内化为认知风格,且在司法过程中不是可量化、可操作、可控制的变量。但年龄、性别、学历因素则不然。它们作为可能会影响审判结果的变量是可量化、可操作、可控制的。

在开展相关性分析时,认知风格类型测试数据将从定类数据重新被定义为定距数据,以恢复被定类数据丢失的许多具体信息。认知风格测定的数据是3种风格的比例,本身属于定距数据,与认知风格同年龄、性别、学历进行相关性分析得到的结果,将适用皮尔逊相关系数分析方法。

首先,以法官年龄[1]为自变量,分别以3种认知风格在个体认知策略之中的占比为因变量,用皮尔逊相关系数表征3组数据之间的相关性。与对象认知风格年龄的相关性为0.065,与空间认知风格年龄的相关性为-0.059,与言语认知风格年龄的相关性为0.006。按照皮尔逊相关系数-1(负相关)到1(正相关)的取值范围,3种认知风格比例的皮尔逊相关性均约等于0(无关),均未达到具有统计学意义的显著性(参见表3.6)。3种风格与年龄相关性的散点图显示,散点排布没有线性规律(参见图3.3、3.4、3.5)。这表明至少对于样本来说,法官年龄与认知风格的3种偏好都没有明显相关性。

表3.6 认知风格与年龄的相关性

		F	N	W
年龄	皮尔逊相关性	0.065	-0.059	0.006
	Sig.(双尾)	0.598	0.628	0.961
	个案数	69	69	69

---

[1] 带年龄、性别和学历信息的有效样本为69个。

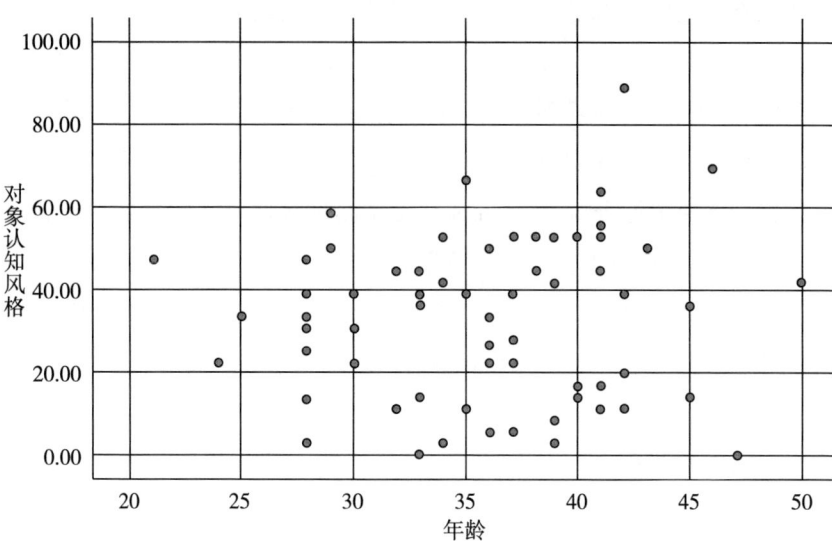

图 3.3　对象认知风格与年龄相关性的散点图

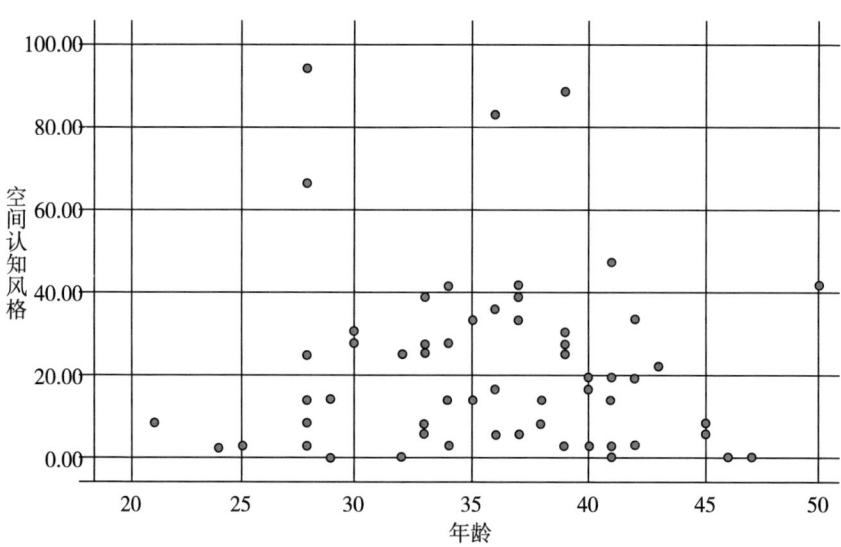

图 3.4　空间认知风格与年龄相关性的散点图

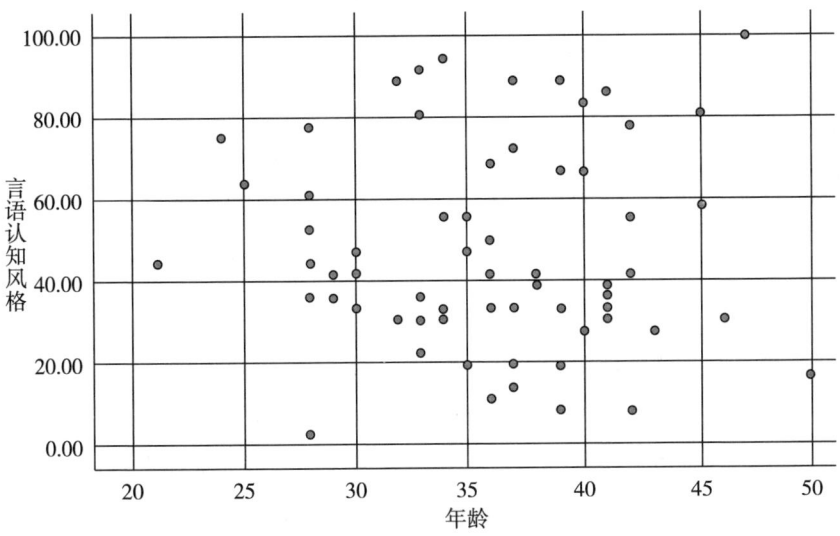

图 3.5 言语认知风格与年龄相关性的散点图

接下来,以法官性别为自变量,分别以 3 种认知风格在个体认知策略之中的占比为因变量,采用 Eta 方测试自变量和因变量之间的相关性。数据显示,对象表征风格与性别 Eta 平方数值为 0.004,空间表征风格与性别 Eta 平方数值为 0.003,言语表征风格与性别 Eta 平方数值为 0.008(参见表 3.7)。3 种认知风格与性别的 Eta 平方数值整体处于 0.003—0.008,远低于 0.06 这一具有统计学意义的临界水平。显著性水平分析数据显示,F 检验的显著性水平为 0.477—0.651,认知风格偏好水平的性别组间不存在明显相关性是大概率事件。综合来看可以认为性别与认知风格不相关。

表 3.7 性别与认知风格 Eta 方测试

	Eta	Eta 平方
F * 性别	0.063	0.004
N * 性别	0.055	0.003
W * 性别	0.087	0.008

表3.8 性别与认知风格相关的 ANOVA

		平方和	自由度	均方	F	显著性
F * 性别	组间	107.876	1	107.876	0.266	0.608
N * 性别	组间	86.882	1	86.882	0.207	0.651
W * 性别	组间	334.823	1	334.823	0.512	0.477

最后,以法官学历视为自变量,分别以3种认知风格在个体认知策略之中的占比为因变量。将学历变量视为定距变量计算与认知风格之间的相关性。严格地讲,学历变量本身是定序变量,也应当采用 Eta 方测试相关性。但 Eta 方测试实际上是把定序变量降格为定类变量,这种处理方式会丢失掉定序数据本身具有的有序信息。再加上样本之中只有3名博士,1名博士后,这两类法官的数据过少,Eta 方测试可能不能准确反映数据之间的真实关系。所以仍然近似地用皮尔逊系数来计算相关性。这种做法在当今社会科学实证研究中也是被接受的。[1]

测试数据显示,与对象认知风格学历的相关性为 -0.039,与对象认知风格学历的相关性为 0.006,与对象认知风格学历的相关性为 0.029。按照皮尔逊相关系数 -1(负相关)到 1(正相关)的取值范围,测试所得的皮尔逊相关系数的绝对值在 0.04 以下,约等于 0(无关),未达到具有统计学意义的显著性(参见表3.9)。

表3.9 学历与认知风格的皮尔逊相关系数

		F	N	W
学历	皮尔逊相关性	-0.039	0.006	0.029
	Sig.(双尾)	0.750	0.959	0.815
	个案数	69	69	69

---

[1] 张小山:《社会统计学与 SPSS 应用》,华中师范大学出版社2010年版,第261页。

为了严谨起见,在排除样本数量较少的博士和博士后被试之后,研究按照本科学历和硕士研究生学历将样本区分两个类别,又进行了一次 Eta 方测试。数据显示,对象表征风格与学历 Eta 平方数值为 0.019,空间表征风格与学历 Eta 平方数值为 0.000,言语表征风格与学历 Eta 平方数值为 0.011(参见表 3.10)。3 种认知风格与学历的 Eta 平方数值整体处于 0.000—0.019,远低于 0.06 这一具有统计学意义的临界水平。显著性水平分析数据显示,F 检验的显著性水平为 0.273—0.974,认知风格偏好水平的本科学历组和硕士研究生学历间不存在明显相关性是大概率事件。

表 3.10　学历与认知风格相关性的 Eta 方测量

	Eta	Eta 平方
F * 学历	0.138	0.019
N * 学历	0.004	0.000
W * 学历	0.104	0.011

表 3.11　学历与认知风格的相关性 ANOVA

			平方和	自由度	均方	F	显著性
F * 学历	组间	(组合)	488.634	1	488.634	1.222	0.273
	组内		25.192.814	63	399.886		
	总计		25.681.448	64			
N * 学历	组间	(组合)	0.460	1	0.460	0.001	0.974
	组内		27.217.902	63	432.030		
	总计		27.218.362	64			
W * 学历	组间	(组合)	451.512	1	451.512	0.684	0.411
	组内		41.562.907	63	659.729		
	总计		42.014.418	64			

综上,通过对法官认知风格测试数据的简单分析,表明法官的认知风格同法官的年龄、性别、学历没有太大关系。该结论同国内外学者对

成年被试的测试基本一致,[1]即成年之后,年龄、性别、学历对认知风格基本没有影响。明确这一点的理论意义在于,笔者将有把握断定,认知风格的差异更多在于法官个体本身,而非法官年龄、性别、学历等个人属性。其实践意义则在于,如果认知风格测试与模拟问卷在统计上能够具有明确的相关性,那么在控制认知风格变量时(假定有必要控制认知风格变量),就无法根据年龄、性别、学历来间接控制认知风格变量。具体来讲,若在组成合议庭时对认知风格变量予以考虑,或者说挑选某种特定认知风格法官执行特定任务,就不能以年龄、性别、学历为依据,只能依据认知风格测试结果本身。

---

[1] 参见 Riding, R., "On the nature of cognitive style", *Educational Psychology*, 1997, 17(1);李力红,车文博:《认知风格分析测验(CSA)修订及大学生样本的划界尝试》,载《心理学探新》2006 年第 4 期。

第四章 模拟审判问卷结果与统计分析

模拟审判问卷调研同样由课题组在各法院的联系人负责发放。模拟审判问卷共发放131份,其中31份要么丢失了与测试法官的关联关系,要么答题速度过快,没能计入有效问卷。除此之外,研究共计回收100份有效问卷。

模拟审判问卷在正式开始之前,都会由联系人提示本问卷为"模拟案例,假定不存在上诉情况,所有材料均为虚构,图片源于网络",并且告知问卷"不要求明确判断,只要求描述大致倾向"。目的是尽可能不让法官对问卷结果承担任何风险,只真实描述个人的判断倾向。

一、模拟审判问卷结果

对模拟审判问卷10个问题的各项目出现频次进行统计,数据显示(参见表4.1),所有问题的答案都具有一定的离散性。将"非常倾向于认定、倾向于认定、不倾向于认定、非常不倾向于认定"4个选项分别赋值1、2、3、4,以便统计10个问题的平均值和标准差(参见表4.2)。值得注意的是,1—4的赋值并不能准确地表示4个项目之间具有明确的等距关系。4 个项目之间的差异并不是匀质的。答案 2"倾向于认定"和答案 3"不倾向于认定"之间的跨度,可能会远大于答案 1"非常倾向于认定"和答案 2"倾向于认定"之间的跨度,以及答案 3"不倾向于认定"和答案 4"非常不倾向于认定"之间的跨度。1→2,3→4 是量的变化,但 2→3 却是质的变化。据此,分析数据时应适当考虑给予均值落在 2→3 区间的问题更大权重。均值在 2→3 之间的问题,相比均值在 1→2 或者 3→4 之间的问题,其离散程度更高。

表 4.1 问卷频次统计

选项	Q1	Q2	Q3	Q4	Q5	Q6	Q7	Q8	Q9	Q10
非常倾向于认定	34	26	26	19	28	44	15	12	10	29
倾向于认定	49	40	40	23	28	46	45	30	27	27
不倾向于认定	12	26	26	40	30	7	28	42	48	28
非常不倾向于认定	5	8	8	18	14	3	12	16	15	16
总计	100	100	100	100	100	100	100	100	100	100

由表 4.2 可知,Q1 的均值为 1.88,标准偏差为 0.808。根据上段论述的分析,虽然标准偏差反映了相当的离散程度,但由于均值落在了 1→2,因此 Q1 实际上并没有体现出较大的离散性,被试基本上都倾向于选择"非常倾向于认定"或"倾向于认定"。同样的情况也出现在 Q6。Q6 的均值为 1.69,标准偏差为 0.734,相比 Q1,Q6 的离散程度进一步降低。在第二章已经讲过,Q1 和 Q6 是策略性问题,题目本身的争议性不大,目的是让法官能够比较放松地进入问卷调研的状态。Q1 和 Q6 涉及的财产是少量现金,属于个人破产申请人的必要生活开支,在虚构"个人破产条例"里面已经详细规定可予以豁免的财产,在内涵和外延上基本没有争议和歧义,可能存在的问题仅在于金额。Q1 和 Q6 的差别在于,Q6 是在给出小额存款的具体数据和已经清偿金额的更明确背景之下,这进一步地收敛了法官判断的差异。

表 4.2　问卷各项目答案的平均值和标准偏差

问题	N	均值	标准偏差	方差
Q1	100	1.88	0.808	0.652
Q2	100	2.35	0.989	0.977
Q3	100	2.16	0.907	0.823
Q4	100	2.57	0.998	0.995
Q5	100	2.30	1.030	1.061
Q6	100	1.69	0.734	0.539
Q7	100	2.37	0.884	0.781
Q8	100	2.62	0.896	0.804
Q9	100	2.68	0.851	0.725
Q10	100	2.31	1.061	1.125
有效个案数(成列)	100			

除 Q1 和 Q6 之外的 8 个问题,均值在 2.16—2.68,全部位于离散度更高的 2→3,标准偏差读数范围从 0.851—1.061,表明法官对这些问题的判断都呈现出较为明显的离散性。尤其是在 Q5 和 Q10 这两个相关问题,标准差达到了 1 以上,说明法官对于这组问题的分歧尤大。

单看 Q2 和 Q7 这组问题,Q2 的均值为 2.35,标准偏差为 0.989,而对应的 Q7 均值为 2.37,标准偏差为 0.884。Q7 相较于 Q2 的变化在于,Q7 引入了一张网约车的图片,以及这部车的残值。Q7 相比 Q2 标准偏差小幅度下降,但是均值变化不大。从总体上看,法官的分歧小幅度减小。

单看 Q3 和 Q8 这组问题,Q3 的均值为 2.16,标准偏差为 0.907,而对应的 Q8 均值为 2.62,标准偏差为 0.896。Q8 相较于 Q3 的变化在于,Q8 引入了一张戒指的图片,以及这枚戒指的残值。Q8 相比 Q3 标准偏差基本没有变化,但均值略微有所增长。可以理解为,法官判断总体小幅度向"不倾向于认定"和"非常不倾向于认定"方向移动。

单看 Q4 和 Q9 这组问题,Q4 的均值为 2.57,标准偏差为 0.998,而对应的 Q9 均值为 2.68,标准偏差为 0.851。Q9 相较于 Q4 的变化在于,Q9 进一步突出钢琴"儿童"和"玩具"的属性。Q9 相比 Q4 均值略微小幅度增长,标准偏差小幅度减小。从总体上看,法官的判断小幅度向"不倾向于认定"和"非常不倾向于认定"方向移动,并且法官的分歧减小。

单看 Q5 和 Q10 这组问题,Q5 的均值为 2.30,标准偏差为 1.030,而对应 Q10 均值为 2.31,标准偏差为 1.061。Q10 相较于 Q5 的变化在于,Q10 进一步突出卡丁车"儿童"和"玩具"的属性。Q10 相比 Q5 均值略微和标准偏差都几乎没有变化。由此可以判断出,法官之间仍然存在较大分歧,并且基本上坚持了自己原来的看法。

以上结论虽然成组地反映了法官的立场,但是每组之间随着信息变量的引入而导致的变化,可能并不能简单地用总体数据来解释。针对每组问题设置的信息变量,可能对不同认知风格的法官造成了截然不同的影响,不过这些不同影响可能在总体数据之中被抵消掉了,不能体现实际情况。对于这个问题,将在相关性分析之中进一步论述。

二、模拟审判问卷的双变量相关性分析

法官的年龄、性别、学历可能都是影响他们在模拟审判问卷之中做出不同选择的变量。要测定认知风格对法官审判结果选择的影响,逻辑上讲应当要做偏相关性分析,或者独立对不同变量做两两一组的相关性分析。最终本研究选择了两两一组展开相关性分析,同时把"非常倾向于认定、倾向于认定、不倾向于认定、非常不倾向于认定"的定类(定序)变量视为定距变量,使用皮尔逊相关系数来测定变量之间的相关性。

皮尔逊相关性数据显示(参见表 4.3),除了 Q6 之外,在其他 9 个问题上,法官年龄与判断结果的皮尔逊相关系数都达不到有统计学意义的相关性程度,更不具有现实意义上的相关性。

表 4.3　年龄与模拟审判问卷调查结果的相关性结果

		Q1	Q2	Q3	Q4	Q5	Q6	Q7	Q8	Q9	Q10
年龄	皮尔逊相关性	0.076	0.166	0.138	−0.092	−0.097	0.242*	0.079	−0.006	0.105	−0.012
	Sig.（双尾）	0.535	0.172	0.259	0.452	0.429	0.045	0.521	0.958	0.390	0.924
	个案数	69	69	69	69	69	69	69	69	69	69

＊. 在 0.05 级别（双尾），相关性显著。

年龄和模拟审判问卷调查结果的相关性数据可以分成 3 种类型来具体分析。第一类数据是在 Q6 上测出的弱相关性。Q6 在 95% 的置信区间的相关性读数为 0.242，是一种弱的正相关性。对此的可能解释是，一方面前述已经提到，Q6 属于问卷中故意设计的策略性问题，在数据分析时可以将其排除。另一方面，Q6 相比 Q1 将偿还数额和小额存款的数额具体化了，影响法官判断的就不仅是对"小额""合理费用""生活必需"此类信息的表征，权重更大的信息为"4000 元"这一具体金额。就 Q6 对部分法官的访谈表明，有经验的法官（年龄大）接触此类案件更多，能更全面地了解债权人诉讼至法院要耗费大量成本（机会、时间、精力、经济等，但这些信息并未体现在模拟审判问卷之中，是法官凭审判经验从已知中合理推导出来的），更倾向于充分地让债权人获得清偿，因此更可能会认定"4000 元"并不合理。

第二类数据包括 Q2、Q3、Q9 所对应的 3 个数据。这 3 个问题与年龄的皮尔逊相关系数绝对值大于 0.1，但小于有统计学意义的 0.2。造成这种情况的原因有很多，但影响都非常微弱，可以忽略不计。第三类包括 Q1、Q4、Q5、Q7、Q8、Q10，这 6 个问题皮尔逊相关系数的绝对值约等于 0。可以认为在这几个问题当中，年龄和问卷选择没有相关性。

用 Eta 方测试法官性别与审判结果的相关性，结果读数范围为 0—0.042，大部分问题读数都在 0.020 以下（参见表 4.4）。所有问题与性别的相关性都很低，即便 Eta 平方读数最高的 Q8 也只在 0.042，低于一般认为具有统计学意义的 0.06。同时 ANOVA 表也显示,各项读数均未达到显著性水平(参见表 4.5)。据此判断,性别与模拟审判结果不具有相关性。

表 4.4　性别与模拟审判结果相关性的测量

	Eta	Eta 平方
Q1 * 性别	0.022	0.000
Q2 * 性别	0.064	0.004
Q3 * 性别	0.141	0.020
Q4 * 性别	0.026	0.001
Q5 * 性别	0.123	0.015
Q6 * 性别	0.004	0.000
Q7 * 性别	0.120	0.014
Q8 * 性别	0.204	0.042
Q9 * 性别	0.074	0.005
Q10 * 性别	0.119	0.014

表 4.5　性别与模拟审判结果相关性测量的 ANOVA

		平方和	自由度	均方	F	显著性
Q1 * 性别	组间（组合）	0.012	1	0.012	0.032	0.860
	组内	24.423	67	0.365		
	总计	24.435	68			
Q2 * 性别	组间（组合）	0.203	1	0.203	0.279	0.599
	组内	48.667	67	0.726		
	总计	48.870	68			
Q3 * 性别	组间（组合）	0.871	1	0.871	1.354	0.249
	组内	43.071	67	0.643		
	总计	43.942	68			

续表

		平方和	自由度	均方	F	显著性
Q4 * 性别	组间（组合）	0.042	1	0.042	0.046	0.830
	组内	60.161	67	0.898		
	总计	60.203	68			
Q5 * 性别	组间（组合）	0.891	1	0.891	1.029	0.314
	组内	57.979	67	0.865		
	总计	58.870	68			
Q6 * 性别	组间（组合）	0.000	1	0.000	0.001	0.971
	组内	23.217	67	0.347		
	总计	23.217	68			
Q7 * 性别	组间（组合）	0.580	1	0.580	0.972	0.328
	组内	39.971	67	0.597		
	总计	40.551	68			
Q8 * 性别	组间（组合）	2.127	1	2.127	2.904	0.093
	组内	49.090	67	0.733		
	总计	51.217	68			
Q9 * 性别	组间（组合）	0.223	1	0.223	0.364	0.548
	组内	40.995	67	0.612		
	总计	41.217	68			
Q10 * 性别	组间（组合）	0.891	1	0.891	0.963	0.330
	组内	61.979	67	0.925		
	总计	62.870	68			

将法官学历数据变量视为定距变量，将本科赋值为1，硕士赋值为2，博士赋值为3，博士后赋值为4，用皮尔逊相关系数测量学历与模拟审判结果变量的相关性。数据显示，学历与模拟审判问卷结果的相关性程度约等于0，只有Q8的读数为-0.206，存在较低程度的相关性，但该读数并不具有显著性，因此这种相关性可能只是因为博士和博士后样本数量太少所造成的偶然（参见表4.6）。皮尔逊相关性测试表明，学历与模

拟审判结果不具有相关性。

表4.6 学历与模拟审判结果的相关性

		Q1	Q2	Q3	Q4	Q5	Q6	Q7	Q8	Q9	Q10
学历	皮尔逊相关性	−0.119	−0.010	−0.075	−0.062	−0.009	−0.093	−0.027	−0.206	−0.101	−0.009
	Sig.（双尾）	0.330	0.934	0.538	0.612	0.940	0.449	0.828	0.090	0.407	0.941
	个案数	69	69	69	69	69	69	69	69	69	69

同样，由于博士和博士后的样本数量太少，把数量最多的本科学历和硕士研究生学历分为两组，再次以 Eta 方测量相关性。结果显示，Eta 平方读数为 0—0.048，其中读数最高的是 Q8，达到 0.048，但仍然没有达到有效统计学意义的 0.06 标准。ANOVA 表的显著性读数也均高于一般要求的 0.05 显著性水平，读数最低的 Q8 为 0.080（参见表 4.8）。

表 4.7 学历与模拟审判结果相关的 Eta 方测量

	Eta	Eta 平方
Q1 * 学历	0.021	0.000
Q2 * 学历	0.089	0.008
Q3 * 学历	0.013	0.000
Q4 * 学历	0.175	0.031
Q5 * 学历	0.084	0.007
Q6 * 学历	0.013	0.000
Q7 * 学历	0.047	0.002
Q8 * 学历	0.219	0.048
Q9 * 学历	0.167	0.028
Q10 * 学历	0.047	0.002

表 4.8　学历与模拟审判结果相关性测量的 ANOVA

			平方和	自由度	均方	F	显著性
Q1 * 学历	组间	（组合）	0.011	1	0.011	0.029	0.865
	组内		23.128	63	0.367		
	总计		23.138	64			
Q2 * 学历	组间	（组合）	0.359	1	0.359	0.499	0.483
	组内		45.394	63	0.721		
	总计		45.754	64			
Q3 * 学历	组间	（组合）	0.007	1	0.007	0.011	0.919
	组内		40.978	63	0.650		
	总计		40.985	64			
Q4 * 学历	组间	（组合）	1.750	1	1.750	2.001	0.162
	组内		55.111	63	0.875		
	总计		56.862	64			
Q5 * 学历	组间	（组合）	0.411	1	0.411	0.450	0.505
	组内		57.528	63	0.913		
	总计		57.938	64			
Q6 * 学历	组间	（组合）	0.004	1	0.004	0.011	0.917
	组内		22.150	63	0.352		
	总计		22.154	64			
Q7 * 学历	组间	（组合）	0.084	1	0.084	0.137	0.712
	组内		38.378	63	0.609		
	总计		38.462	64			
Q8 * 学历	组间	（组合）	2.215	1	2.215	3.172	0.080
	组内		44.000	63	0.698		
	总计		46.215	64			
Q9 * 学历	组间	（组合）	1.068	1	1.068	1.810	0.183
	组内		37.178	63	0.590		
	总计		38.246	64			

续表

		平方和	自由度	均方	F	显著性
Q10 * 学历	组间（组合）	0.138	1	0.138	0.141	0.708
	组内	61.800	63	0.981		
	总计	61.938	64			

综合以上两种统计方法可以认为,学历变量与法官在模拟审判问卷中的回答不存在相关性。从数据上看,Q8 与学历也没有统计学意义,但其读数相对其他问题更接近于有弱相关性的标准。这可能与模拟审判问卷 Q8 的设计有关。Q8 给出了一枚戒指的图片以及虚拟价值。戒指的问题可能涉及更多变量,比方说法官们对情感的认知和权重各不相同,对应偿还额度和戒指价值的比例判断不同,这些差异可能会间接与学历变量相关。当然,社会生活是普遍联系在一起的,变量之间也并非完全孤立,不可能实现完全的变量控制。后面在分析认知风格与模拟审判相关性时将会酌情考虑。这一现象从侧面也反映出,司法过程的复杂性和司法心理测量间接性本身就决定了验证的因果关系即便存在,可能在实验中也难以测出非常强的相关性数据。

综上,年龄、性别、学历对模拟审判问卷结果的离散分布并不具有解释力。所以可在一定程度上排除 3 种变量对模拟审判结果的相关性影响。这为下一章法官认知风格测试结果与模拟审判问卷结果的相关性分析奠定了基础。

第五章　法官认知风格测试结果与模拟审判问卷结果的相关性分析

本研究将既可能影响相关性分析，又可以被控制的相关变量排除之后，便可以开始测定分析法官认知风格变量与模拟审判变量之间的相关性。同此前的做法一样，鉴于模拟审判问卷的各选项属于定序数据，并带有类似于定距数据的信息，因此仍然采用皮尔逊相关系数来测定二者之间的相关程度。将法官3个维度上的认知风格占比数据，即法官在三维表征模型之中的偏好程度，分别与他在模拟审判情境中可能作出的判断关联起来，得到3组相关性数据(参见表5.1)。在相关性分析中，法官的对象表征风格、空间表征风格、言语表征风格，即F、N、W分别被视为自变量，法官在模拟审判问卷10个问题中的作答被视为因变量。

表 5.1　认知风格与模拟审判结果的相关性

风格		Q1	Q2	Q3	Q4	Q5	Q6	Q7	Q8	Q9	Q10
F	皮尔逊相关系数	-0.363**	-0.376**	-0.394**	-0.271**	-0.339**	-0.291**	-0.386**	-0.362**	-0.179	-0.335**
	Sig.(双尾)	0.000	0.000	0.000	0.006	0.001	0.003	0.000	0.000	0.074	0.001
N	皮尔逊相关性	0.054	-0.041	0.010	0.091	-0.003	0.051	-0.009	-0.027	-0.018	-0.002
	Sig.(双尾)	0.596	0.689	0.920	0.368	0.978	0.615	0.928	0.788	0.861	0.982
W	皮尔逊相关性	0.217*	0.311**	0.282**	0.119	0.251*	0.167	0.290**	0.290**	0.150	0.248*
	Sig.(双尾)	0.030	0.002	0.004	0.236	0.012	0.096	0.003	0.003	0.135	0.013
	个案数	100	100	100	100	100	100	100	100	100	100

*. 在 0.05 级别(双尾),相关性显著。
**. 在 0.01 级别(双尾),相关性显著。

相关性研究显示,在同等条件下,倾向于对象表征风格的法官,会有更大的可能性在模拟审判问卷中,选择对破产人的财产豁免申请予以认定。倾向于言语表征风格的法官,总体上更倾向于不予认定。对此结果,根据对象表征风格和言语表征风格的心理学理论构念,可作出一种初步的解释,认为对象表征风格法官更倾向将信息转化为一种对象情境或者图形情境,判断过程实际上是两种情境之间的比较;言语表征风格法官更倾向于把信息转化为符号和概念体系,判断过程实际上是对两个符号概念体系的比较。所以两种风格对同一个问题呈现的相关性水平不同。空间表征风格则没有显示出明显关联。在模拟审判问卷的设计阶段,就已经充分考虑到使用"对象—空间—言语"测试工具进行测量的前提,即问卷内容必须在以上3个维度具有区分性。为此,问卷为除Q1和Q6组之外的所有问题都设计了一套统一的策略。所有申请豁免执行的财产都具有一些共同特征,即它们的一部分特征符合虚构"个人破产条例"豁免条款的规定,但它们的另一部分特征却不符合该规定。

一、对认知风格差异与模拟审判问卷结果相关性的总体解释

从总体上看,法官认知风格差异与模拟审判问卷具有显著相关性。其中,对象表征的认知风格与模拟审判结果的相关性水平最高,接近中度相关;言语表征的认知风格与模拟审判结果的相关性水平居中,达到了弱相关;空间表征的认知风格与模拟审判结果的相关性不明显。基本可以认为,空间表征的认知风格对模拟审判问卷中提供的信息并不敏感。

对象表征的认知风格总体同模拟审判结果呈负相关,即法官越是倾向于对象表征风格,则在各项题目中,越倾向于认定个人破产人所主张的财产为豁免破产执行的财产。言语表征的认知风格总体同模拟审判结果呈正相关,即法官越是倾向于言语表征风格,则在各项题目中越倾向于不认定申请人的主张。对此总体倾向有两种可能的解释:一是基于认知资源竞争的解释。这种解释认为,法官的对象表征倾向占比越高,

就越是挤占其他认知风格在有限理智中所分有的资源,同时也更倾向于在理解中以生动形态建立表征,不倾向于以言语概念的方式建立表征。但三维表征风格模型并不是说个体只能胜任一种维度的表征工作,而是强调在多种信息表征模式共存的情况下,个体更偏向于、习惯于使用哪种表征方式。极度偏好对象表征风格的法官同样可以胜任言语表征任务,只是在表征的熟练、清晰、准确程度上有所区别。也就是说,更偏好对象表征风格的法官分配给言语表征风格的理智资源较少,因此较少的言语表征符号便足以满足判断。由于每道题目的设置都存在言语概念上的一定程度的契合性,加之对象表征风格对契合程度的要求不高,所以对象认知风格的法官会更倾向于认定各题目之中的对象为豁免财产。

但这种解释实际上将所有风格对法官的影响都建立在言语认知风格和模拟审判结果的相关性之上。易言之,对象表征风格之所以和模拟审判结果呈相关性,是因为持这种风格的法官对于言语表征风格不偏好,更利于他认定财产豁免,而不是对象认知风格本身更利于他认定财产豁免。如果按照这一逻辑,由于空间表征风格也同言语表征风格一道竞争有限的认知资源,那么法官的空间表征风格偏好也理应会导致其对于言语表征风格的不偏好,也理应有助于他认定财产豁免。如果这种解释正确地描述了事实,那么,空间认知风格也应当与模拟审判结果呈明显的相关性,数据也应当能够显示这种相关性。由于该解释主要围绕言语表征风格展开的,那么从相关性程度来讲,言语认知风格的相关程度理应更高。对象认知风格是借助言语认知风格间接与模拟审判结果联系在一起的,二者的相关程度理应更低。但数据表明,空间认知风格与模拟审判结果关系不大,且言语认知风格与模拟审判结果的相关程度低于对象认知风格与模拟审判结果的相关程度。根据以上两点,这种解释不能成立。

二是围绕对象表征和言语表征的心理学理论构念展开,对信息表征过程的内部建立机制进行阐释。对象表征风格倾向于将图案、文字等信息都表征为心理图像;言语表征风格倾向于将各类信息表征为言语概念。心理图像编码主要依据水平性思维,信息被呈现为同一类型的具体形象的水平集合。言语概念编码主要依据抽象思维,信息被呈现为一系列抽象程度不同的概念集合。[1] 例如模拟审判问卷中出现的"结婚戒指"信息,对象表征风格的法官更有可能将该信息组织为一组鲜活的"结婚戒指"形象,这组形象包括"黄金戒指""铂金戒指"等一系列形象,各形象之间呈水平关系。同时,此类法官把申请理由中的"有特殊纪念意义的物品"信息,表征为一系列和其自身经历有关的水平序列情境。这是一组开放的平等形象集合,相对比较容易接纳"银戒指""K 金戒指""钻石戒指"等组外的新形象。相反,言语表征风格的法官更有可能将信息组织为抽象程度不同的一组概念,比如"结婚戒指"概念就可能包括"贵金属""婚恋习俗"及其相关解释概念,比如"价值""合理""非资产属性"等。这是一组甚至可以无限拓展的概念集合,如"合理"概念就可以再次拓展为"习惯""平均经济水平"等概念。是以抽象概念集合相比对象集合有着更长的判断链条,更难以接纳新信息。根据第三章的统计,偏向言语表征风格法官在平均反应时间上会更长,这间接证明了言语表征风格更难以作出同一性判断。从统计上看,基于言语差别作出的反应,比基于对象差别作出的反应,平均慢了 4%。这是包含了接收信息、输出信息以及编码和处理信息的全过程。接收、输出信息所需的时间实际上稀释了二者之间的差异。因此,对象表征任务和言语表征任务实际上耗时差异可能更大。说明言语认知风格所依赖的抽象思维耗费认知资源更多。上述心理表征的建立过程可以解释该现象,因为基于言语表征风格作出判断实际上是要依据更长的概念链条。越是偏向于对象认知风格,便越是容忍有待判断对象之间的差别,从而作出同一的判断;越是偏向于言语认知风格,其建立的抽象概念体系便越是庞杂,同时也越倾向于突出有待判断对象之间的抽象差异。其结果是,对象表征风格的

---

[1] 参见[英]R. 赖丁、S. 雷纳:《认知风格与学习策略》,庞维国译,华东师范大学出版社 2003 年版,第 19 页;Harvey, O. J., Hunt, D. E., Schroder, H. M., *Conceptual Systems and Personality Organisation*, Wiley, 1961.

法官倾向于认定财产符合豁免执行之规定,而言语表征风格的法官倾向于不认定财产符合豁免执行之规定,空间表征风格法官则对本情境不敏感。因此该结论符合统计数据,是一种更为合理的有效解释。

二、法官对象表征的认知风格与模拟审判结果的相关性分析与解释

法官对象认知风格与模拟审判问卷的相关性数据显示,法官在 Q1、Q2、Q3、Q7、Q8 的作答,与法官对象表征风格的皮尔逊相关性水平,其绝对值在 0.01 的显著性水平上均超过了 0.35,并在 Q3 上达到峰值0.394;Q4、Q5、Q6、Q10 与对象表征风格的皮尔逊相关性绝对值,在 0.01 的显著性水平上处于0.25—0.35。Q9 与对象表征风格的皮尔逊相关系数为 -0.179,相关性水平比较弱,并未达到显著性要求(参见表 5.1)。

一般认为,皮尔逊相关系数如果处于 0.4—0.6,则证明双变量之间存在中度相关性,如果处于 0.2—0.4,则证明存在弱相关性。Q1、Q2、Q3、Q7、Q8 的相关性读数超过了 0.35,已经非常接近 0.4 的中等相关性标准。考虑到司法决策过程异常复杂,影响司法决策的变量几乎不胜枚举,各种因素相互干扰和冲抵,变量与变量之间相互关联和影响,这些情况都会影响相关性数据。实际中测定的数据近似于中等程度相关,但极有可能反映了两个变量更紧密的相关性。因此可以适当考虑对数据的意义进行修正,降低中等相关性的判定标准,近似地认为认知风格的对象表征风格与法官在 Q1、Q2、Q3、Q7、Q8 上的决策存在中等程度的相关性。

从总体上看,法官对象表征风格占用个人认知资源的程度,与其模拟审判结果呈负相关,即法官越倾向于"对象表征"这种认知风格,那么他就越有可能在模拟审判中选择对破产人申请豁免的财产予以认定。在模拟审判问卷所设计的情境之中,法官的对象认知风格对法官的具体判断产生了明确、实质性的影响。再有,结合 10 个问题给出的读数,除了 Q9 之外,所有问题与认知风格的相关性结果都一致地呈现出显著负相关,而不是时而正相关,时而负相关,时而无关,这不仅再一次证明对象表征风格本身具有明确的构念效度,是对个体认知过程和认知方式的有效构念,而且也从侧面再一次证明对象表征风格对法官在模拟审判问卷中的判断产生了确切影响。

以下将把 Q1 与 Q6,Q2 与 Q7,Q3 与 Q8,Q4 与 Q9,Q5 与 Q10 分为 5 组,分别结合每组之间提供的信息变量,进一步探讨法官的对象表征倾向认知风格对法官具体判断造成的影响。

(一)Q1 与 Q6 组

由对 Q1 与对象表征风格之间的皮尔逊相关系数以及散点图可知,对象表征风格占法官整体理智资源的比重越大,那么法官在 Q1 上就越倾向于认定个人破产申请人的小额活期存款可以豁免破产清偿(参见图 5.1)。Q1 与对象表征风格 F 之间的皮尔逊相关性读数达到了 -0.363,根据上述对相关性的总体分析,可以认定二者之间具有相当程度的相关性。对此的一种可能解释是:为 Q1 设置的信息主要为"小额""活期存款""生活必需"等,偏好对象表征风格的法官倾向于把这些信息组织为心理图像,心理图像的具体内涵有赖于法官本人的经验——即他在个人经验中,与"小额""活期存款""生活必需"等相关的那些故事和形象[1]。同时,法官对虚构"个人破产条例"之中豁免财产条文第 1 款之规定,即"债务人及其所扶养人生活、学习、医疗的必需品和合理费用",产生了相应的心理图像;对"小额""活期存款""生活必需"也形成了心理形象。法官判断申请豁免财产是否符合虚构"个人破产条例"规定,其实质就是对这两个心理形象之间的比较,判断二者是否能形成同一。一旦法官在认知中对"生活合理费用""学习、医疗必需"建构的心理形象,与法官在认知中对"小额""活期存款""生活必需"建构的心理形象重叠起来、同一起来,那么法官就倾向于认定该财产符合豁免条款之规定,并

---

[1] 正如认知风格测试之中,全部由文字组成的题目仍然可以表现出对象表征风格偏好,被试在接触文字信息之后,仍然将其编码为心理图像。参见附录五。

作出对应判断。

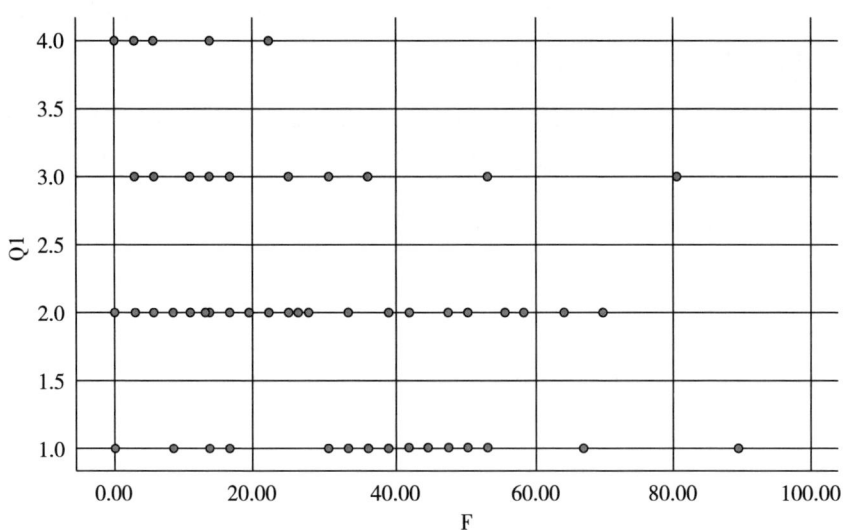

图 5.1　Q1 与 F 相关的散点图

由对 Q6 与对象表征风格之间的相关系数以及散点图分析可知，与 Q1 的情况类似，对象表征风格占法官整体认知资源的比重越大，那么法官越可能在 Q6 上倾向于认定个人破产申请人的小额活期存款可以豁免破产清偿(参见图 5.2)。当 Q6 给出的信息越来越充分的时候，法官虽然仍然保持着对象认知风格与审判结果负相关的总体趋势，但是总体而言相关性减弱，皮尔逊相关系数从 Q1 与对象表征风格之间的 0.363(绝对值)，下降到 Q6 与对象表征风格之间的 0.291(绝对值)。对此的解释可能是，为 Q6 设置的信息除了 Q1 已经提出的"小额""活期存款""生活必需"等，还包括总体债务的额度，已清偿和未清偿的额度，以及小额存款的确切数据。前述已经讲过，由于法律文本、证据规则、一般司法经验等一系列因素的限制，法官只可能在法律没有确切规定的地方，才会作出有差异的判决。Q6 的答案均值从 Q1 的 1.88 下降到 1.69，标准偏差从 0.808 下降到 0.734，说明法官在给出了更多条件之后，不仅更倾向于认定豁免，而且法官之间的差异也得到收敛(参见表 4.2)。也就是说，在 Q6 给出的情境之下，所有法官判断趋同，认知风格差异起到的作用被更为确切的法律规定所消解,因此,法官判断与法官认知风格的关联减弱,对象表征风格与模拟审判结果的相关性自然也减弱了。

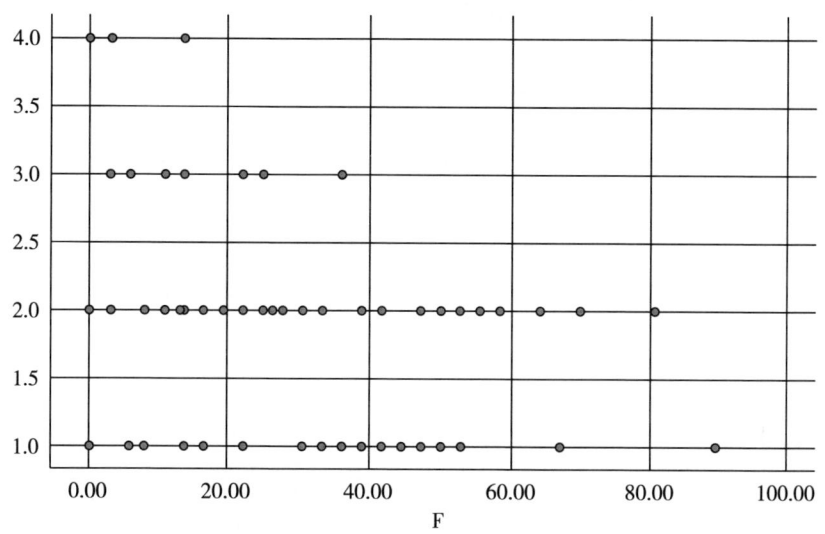

图 5.2　Q6 与 F 相关的散点图

(二)Q2 与 Q7 组

由对 Q2 与对象表征风格之间的皮尔逊相关系数以及散点图可知,对象表征风格占法官整体理智资源的比重越大,那么法官在 Q2 上就越倾向于裁定对个人破产申请人的网约车财产予以豁免执行(参见图 5.3)。Q2 与对象表征风格之间的皮尔逊相关性读数为 -0.376。同 Q1 的情况类似,Q2 提供的关键信息是"网约车""职业必需"等。对于把更多认知资源分配于对象认知风格的法官来说,这些信息更倾向于被他们表征为一系列特定"劳动者—生产工具"心理图像。而倾向于该认知风格的法官也更倾向于把豁免条款所规定的第 2 种类型财产,即"因债务人职业发展需要必须保留的物品和合理费用",表征为一系列不特定的"劳动者—生产工具"心理图像。一般而言,网约车司机为常见职业,网约车也是常见的生产工具。因此,对象表征风格法官更容易把"网约车"的特定"劳动者—生产工具"心理图像,融入该风格法官对该条款形成的不特定"劳动者—生产工具"心理图像,判断"网约车"是职业所需的必要物品,从而认定该财产属于应被豁免的财产。所以总体上 Q2 同对象表征风格存在相当程度的负相关性。

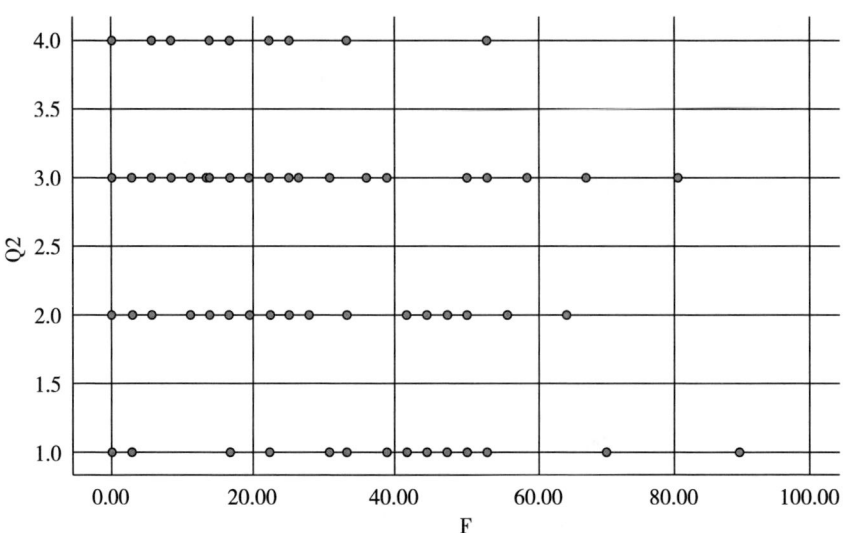

图 5.3　Q2 与 F 相关的散点图

由对 Q7 与对象表征风格之间的相关系数以及散点图分析可知,与 Q2 的情况类似,对象表征风格占法官整体认知资源的比重越大,那么法官越可能在 Q7 上倾向于认定个人破产申请人的网约车可以豁免破产清偿(参见图 5.4)。Q7 在条件上的变化在于,该题目引入了两个变量,一是一张印有"××出行"的常见网约车图片,二是这部车的残值 5000 元。结果显示 Q7 与对象表征风格的相关性程度较 Q2 还有所提升,从 0.376(绝对值)上升到 0.386(绝对值)。这组问题在所给信息上的变化实际上非常明显地体现出法官认知风格差异可能对法官判断造成的影响。原因在于,根据第四章问卷统计数据显示,Q7 相比 Q2 均值变化不大(Q2 为 2.35,Q7 为 2.37,参见表 4.2),但比较 Q2 和 Q7 的散点图可知,法官分歧的缩小在于 Q7 坐标轴上左下角位置。Q7 在这一位置的散点相比 Q2 大幅度减少,但右下角散点数量明显增加。说明侧重对象表征风格的法官在 Q7 更倾向于认定这部车为豁免财产。又因为 Q7 均值不变,说明对象表征风格以外的法官在引入变量后更倾向于不认定这部车为豁免财产。与此相对的是,侧重言语表征风格的法官在 Q7 上相关性减弱,分歧更小(参见表 5.1)。综合以上信息,合理的解释为,侧重对象表征风格的法官对图片信息更为敏感,图片隐含的"生产工具"信息对其影响较大;同时,侧重对象表征风格的法官对 50000 元残值隐含的"价值"信息的敏感程度没有显著异于 Q2 给出的语言信息,由此作出了更倾向于认定财产豁免破产清偿的判断。不侧重对象风格的法官同时受到图片和 50000 元残值的影响,由于其侧重的表征方式对图片中隐含的"生产工具"信息并不敏感,且 50000 元残值隐含的"价值"信息的敏感程度没有显著异于 Q2 给出的语言信息,所以法官作出的判断和个人认知风格关联不大。仅仅是因为引入了与裁判相关的核心信息,法律文本发挥的作用更大,法官判决结果更具有收敛性。

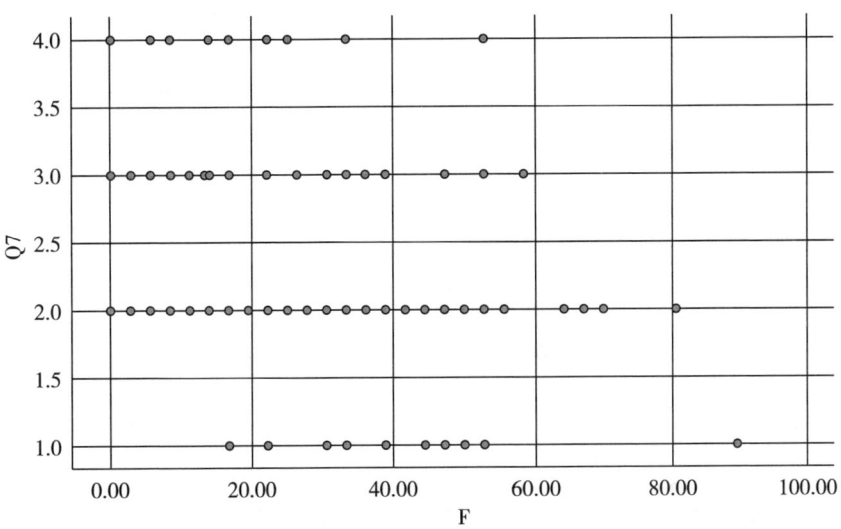

图 5.4　Q7 与 F 相关的散点图

(三) Q3 与 Q8 组

通过考察 Q3 与对象表征风格之间的皮尔逊相关系数以及散点图可

知,对象表征风格占法官整体理智资源的比重越大,那么法官在 Q3 上就越倾向于认定个人破产申请人的戒指可以豁免清偿(参见图 5.5)。Q3 与对象表征风格之间的皮尔逊相关性读数为 -0.394,非常接近 0.4 的中度相关的标准。按照前述提到调整权重的理由,可以认为 Q3 的信息设置对倾向于对象表征风格的法官来说相当敏感。Q3 提供的关键信息是"特殊纪念意义""结婚""戒指"。对于把更多认知资源分配于对象认知风格的法官来说,这些信息更可能会被表征为一种特定的"结婚纪念""人生大事"心理图像。偏好对象表征风格的法官倾向于把虚构"个人破产条例"豁免条款所规定的第 3 种类型财产,即"对债务人有特殊纪念意义的物品",表征为一组不特定的"人生大事"心理图像的集合。因此,对象表征风格法官更容易把人生特定阶段的纪念物——"结婚戒指"图像,融入该风格法官对该条款形成的不特定"人生大事"图像集合,判断二者具有同一性,判断"结婚戒指"是对债务人有特殊纪念意义的物品,并裁定准许豁免清偿。所以总体上 Q3 同对象表征风格呈负相关。

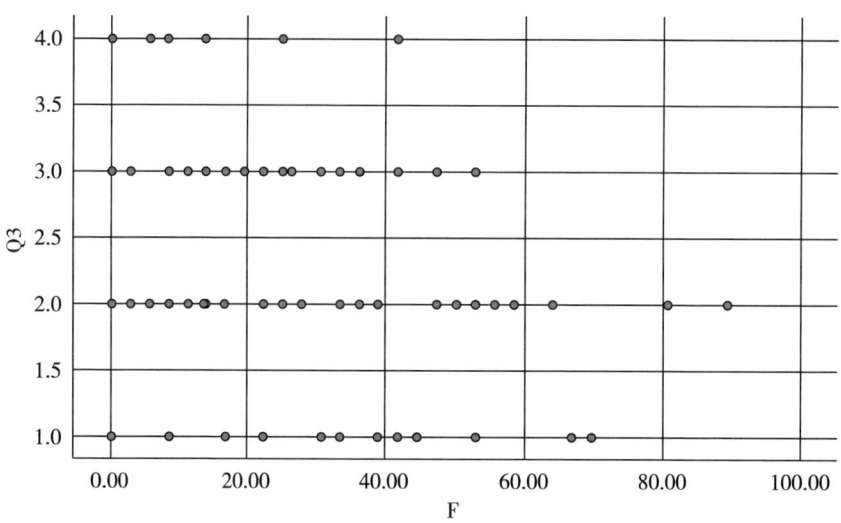

图 5.5　Q3 与 F 相关的散点图

对 Q8 与对象表征风格之间的皮尔逊相关系数以及散点图展开分析可知,与 Q3 的情况一致,对象表征风格占法官整体认知资源的比重越大,那么他越可能在 Q8 上倾向于认定个人破产申请人的结婚戒指可以豁免破产清偿(参见图5.6)。Q8 给出的条件变化是两条具体信息,一是一张钻石戒指图片,二是这枚戒指的残值70000元。结果显示,Q8 与对象表征风格之间的相关性较 Q3 有所下降,从 0.394(绝对值)下降到 0.362(绝对值)。Q3—Q8 的变化也可以根据前述的总体解释来理解。模拟审判问卷的均值,从 Q3 的 2.16 大幅度上升到 Q8 的 2.62,但方差变化不大,说明法官们的判断整体向"不认定"方向移动(参见表4.2)。当法官们按照言语风格排序时,Q3—Q8 相关程度变化不大,整体上更倾向于"不认定";当法官们按照对象表征风格排序时,Q3—Q8 相关程度变小,整体上更倾向于"不认定",同时他们的判断却没有多大程度的收敛,相关程度下降但方差变化不大,意味着法官们在该问题上并没有形成一致,反而更偏向于随机,或者受对象认知风格外的其他因素影响(参见表 5.1)。对此的合理解释在于,该问题给出的两个信息变量暗示了不同的判断信息。戒指70000元价值对应1克拉戒指的市场价,价值偏高,但还在合理范围以内;然而图片中戒指放置于红丝绒之上,戒指顶端一颗硕大、瑰丽的钻石熠熠生辉(明显超过1克拉),暗示这枚宝石戒指不菲的身价,换句话说,图片所呈现的图像,一定程度上超越了对象表征风格法官对"结婚戒指"信息可能形成的那一组心理图像,并可能和对象表征风格法官对"奢侈品""珠宝"形成的心理图像更为接近。由于以上两类信息给出了"同一"和"差异"两种方向的指示,所以法官在 Q8 倾向于更为随机的答案,Q8 与对象认知风格的相关性也随之减弱。从 Q3—Q8 的复杂变化的过程只有在这个意义上才可以被合理解释:钻石戒指图片与价值残值暗示的信息不同,且不同法官有着认知风格上的不同偏好,加之不同认知风格偏好法官对具有不同类型信息敏感程度不同,导致在方差不变的情况下,法官对象表征风格倾向与法官对 Q8 给出的回答,二者的相关性减弱。

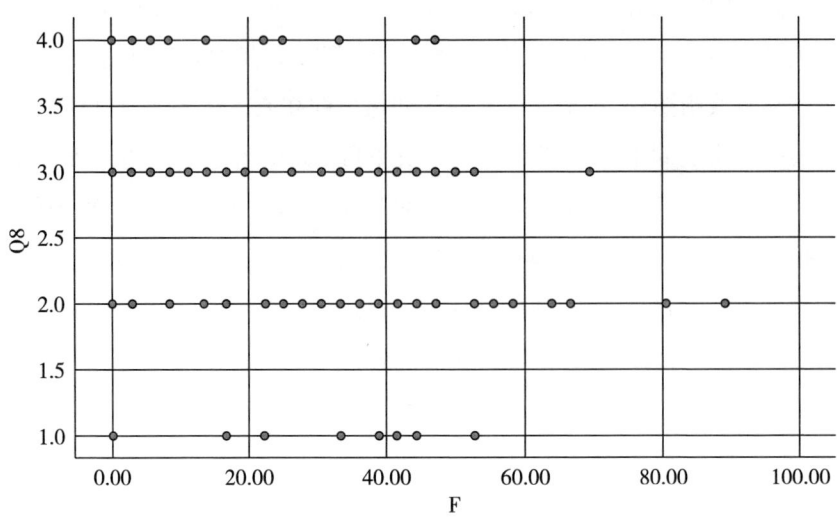

图 5.6　Q8 与 F 相关的散点图

(四) Q4 与 Q9 组

由对 Q4 与对象表征风格之间的皮尔逊相关系数以及散点图可知,对象表征风格占法官整体理智资源的比重越大,那么他在 Q4 上就越倾向于认定个人申请人的钢琴可豁免破产清偿(参见图5.7)。Q4 与法官对象表征风格之间的皮尔逊相关性读数为 -0.271,在 Q1—Q5 当中相关性水平最低。即便如此,按照前述所说的理由,仍然可以认为 Q4 的信息设置对对象表征风格的法官来说具有相当程度的敏感性。Q4 提供的关键信息是"违反公序良俗""钢琴",以及一张钢琴图片。对于把更多认知资源分配于对象认知风格的法官来说,由"钢琴""粉色节拍器""Hello Kitty"构成的图片,暗示了一种情境,并易于形成与儿童相关的心理图像,找到其中的同一性因素,从而在一定程度上将图片信息之中反映的那台钢琴,划归于儿童生活情境,并进一步与"公序良俗"的心理图像联系起来。所以总体上 Q4 同对象表征风格的倾向呈现负相关。但这种依据图形信息来联想和判断同一的倾向不是特别强烈,因为哪怕是在心理图像上看,法官根据虚构"个人破产条例"豁免条款规定的第 7 种豁免物品形成的对象表征,即"根据法律规定或者基于公序良俗不应当用于清偿债务的其他财产"形成的对象表征,对其中"公序良俗"形成的对象表征,大概率都不包括"钢琴"这一特殊的形象。信息表征的总体模式能够很好地解释 Q4 的独特性:对象表征风格倾向于水平式的表征信息,"钢琴"本身并不能很好地契合"公序良俗"的心理图像,但"钢琴"之外的水平信息构成了与儿童有关的心理图像。也就是说,并非"钢琴"图像契合"公序良俗"图像,而是钢琴所处情境构成的"儿童保护"的心理图像与公序良俗的心理图像更为契合。所以二者在数据上仍呈现出一定的相关性,但相关性却不强。

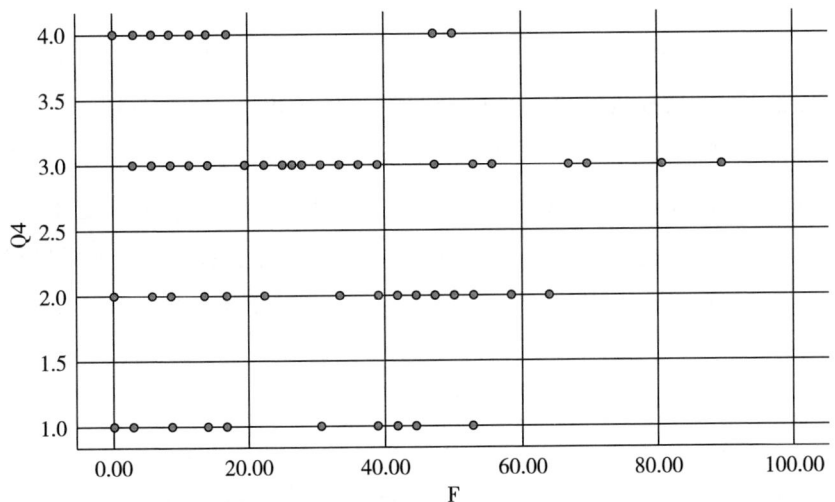

图 5.7　Q4 与 F 相关的散点图

由对 Q9 与对象表征风格的皮尔逊相关系数以及相关散点图的分析可知,与 Q4 的情境并不相同,Q9 的相关性读数为 -0.179,大大低于 10 个问题与法官对象表征风格相关的平均读数(参见图 5.8)。从统计学角度讲,对象表征风格与 Q9 判断结果的相关程度不明显。Q9 相比 Q4 的变化是引入了两个变量,一是钢琴残值 10000 元的信息,二是申请人申请豁免的具体理由:申请人认为钢琴是用于孩子玩耍的,属于孩子玩具。Q9 引入的变量对法官的影响从整体上看并不算大:模拟审判问卷 Q4 和 Q9 的均值分别为 2.57 和 2.68，100 位法官在 Q9 问题上比 Q4 略微更倾向于不认定钢琴为豁免清偿的财产，但是 Q4 和 Q9 问卷结果的标准差分别为 0.998 和 0.851，有了比较明显的收敛，法官之间的分歧明显减小（参见表 4.2）。从相关性这一层面来看，Q4 到 Q9 存在断崖式下降，从图 5.7 和图 5.8 对比可知，Q9 当中横轴（F）右边的散点明显在纵轴（Q9）上位置提升，并呈现离散发布的状况；同时，横轴（F）左边的散点在纵轴（Q9）上的位置明显下降。这可以理解为不同认知风格类型的法官对不同类型的信息敏感，同时，不同信息又承载着完全相反的信息，最终造成"一升一降"的结果，数据上反映为相关性和标准差都减小。Q4 所给出的信息对于那些不倾向于水平信息加工，因而对图片信息不敏感的法官而言，[1] 并不足以作出准确裁判。理由是 Q4 的均值 2.57 和标准偏差 0.998 反映出较强的离散水平，加之空间表征风格和言语表征风格同 Q4 的相关性读数分别为 0.091 和 0.119，都达不到显著性程度，说明空间表征风格 N 和言语表征风格 W 的法官对 Q4 给出的裁判较为随机（参见表 4.2、5.1）。相比之下，对象表征风格法官在 Q4 上呈现出较高的相关水平，证明对象表征风格越明显的法官，就越是倾向于将基于虚构"个人破产条例"豁免条款构建的心理图像，与图片的心理图像统一起来。但通过前述分析，Q4 图片构建起来的心理图像实际上同 Q9 主张的"玩具"概念没有太大关系，钢琴也很难被构想成一个与"玩具"意象相关的心理图像。Q9 新给出的"玩具"信息被构建的心理图像，不仅没能强化 Q4 形成的"保护儿童"或"生活、学习"必需品心理图像，反而与之冲突了。"残值 10000 元"这个信息对于一台用于教育、练习的钢琴来说完全合理。从图 5.8 上可以看到，有不少对象表征风格占比较低的法官在 Q9 选择认定该钢琴豁免财产清偿。

---

[1] 当代哲学认为语言和声音以历时性的方式呈现信息，信息接收者也更倾向以垂直的认知方式去考察信息，更利于反思这类思维方式；相反，绘画、舞台艺术等可以以共时性的方式呈现信息，更利于信息接收者以水平的认知方式去考察信息。当人们适应不同的认知和思维方式时，他们对以不同方式呈现的信息，就会有不同的敏感程度。

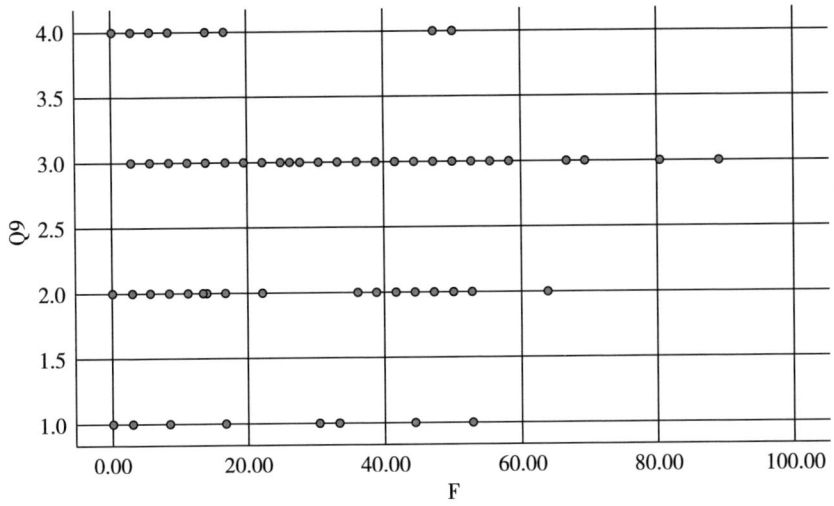

图 5.8　Q9 与 F 相关的散点图

(五) Q5 与 Q10 组

分析 Q5 与对象表征风格相关的皮尔逊相关系数以及散点图可知，法官在 Q5 上的选择与其对象表征风格偏好的皮尔逊相关性读数为 -0.339，说明对象表征风格占法官整体理智资源的比重越大，那么他在 Q5 上就越倾向于认定个人破产申请人的戒指为豁免财产（参见图 5.9）。从相关性水平上看，Q5 的信息设置对对象表征风格的法官来说仍就相当敏感。Q5 提供的关键信息是"根据法律规定或者基于公序良俗不应当用于清偿债务的其他财产"，以及一张儿童驾驶玩具卡丁车的图片。对于把更多认知资源分配于对象认知风格的法官来说，由"四五岁儿童""卡丁车"等主要元素构成的图片，较为明显地勾勒出一种小孩游戏的场景，因而有较强动机将卡丁车视为元素，融入以"玩具"为名的一系列不特定心理图像。对儿童玩具的强制执行当然不利于儿童身心健康，也有悖于"扶老携幼""老吾老以及人之老，幼吾幼以及人之幼"的传统美德，不难想象该心理图像亦可以被"公序良俗"的心理图像所吸收。所以总体上 Q5 同对象表征风格呈负相关。Q4 和 Q5 有一定相似之处，形式上都是由一张图片信息,配上虚构"个人破产条例"之中的相关豁免理由。相比对象表征风格法官在 Q4 上建立的"钢琴—学习生活用品—公序良俗"心理图像,他们在 Q5 上建立的"卡丁车—玩具—公序良俗"心理图像更为牢固,图像与图像之间的匹配程度更高,法官也更容易认定同一性。因此,Q5 的负相关程度高于 Q4 的负相关程度。

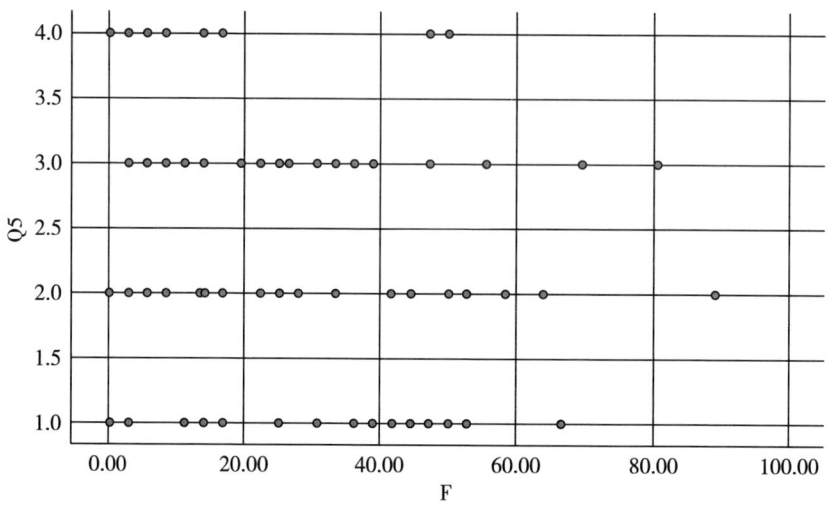

图 5.9　Q5 与 F 相关的散点图

由对 Q10 与对象表征风格的相关系数以及相关散点图分析可知,与 Q5 的情况类似,对象表征风格占法官整体认知资源的比重越大,那么他越可能在 Q10 的情境中,倾向于认定个人破产申请人的玩具卡丁车可以豁免破产清偿。Q10 相比 Q5 的变化在于,它引入了两个新的变量,一是卡丁车的"玩具"属性,二是这辆玩具卡丁车的残值 1000 元。数据显示,在 Q10 下,法官对象表征风格占比与其具体判断之间的相关性读数为 0.335(绝对值),较 Q5 的 0.339(绝对值)基本没有变化。对这一现象的解释是:由于法官的对象表征风格在其整体理智资源之中占比越高,信息越倾向于被编码为心理图像,那么 Q10 引入的两个变量也就越倾向于被编码为心理图像。由儿童自行车、遥控车等组成的"玩具车"意象并不排斥价值 1000 元左右的卡丁车意象。也就是说,对比 Q5 和 Q10,新引入的两个变量对于偏好对象表征风格的法官而言,其实并不是新信息,也并不是足以改变其心理图像的有效信息。Q5 形成的心理图像其实已经包含了 Q10 提供的信息。对 Q5 和 Q10 影响较大的不是"儿童玩具"和"1000 元残值卡丁车"两个心理图像之间的比较,而是"儿童玩具"和"公序良俗"两个心理意象之间的比较。也正是因为这个原因,Q5 和 Q10 两个问题的相关性程度差别不大。

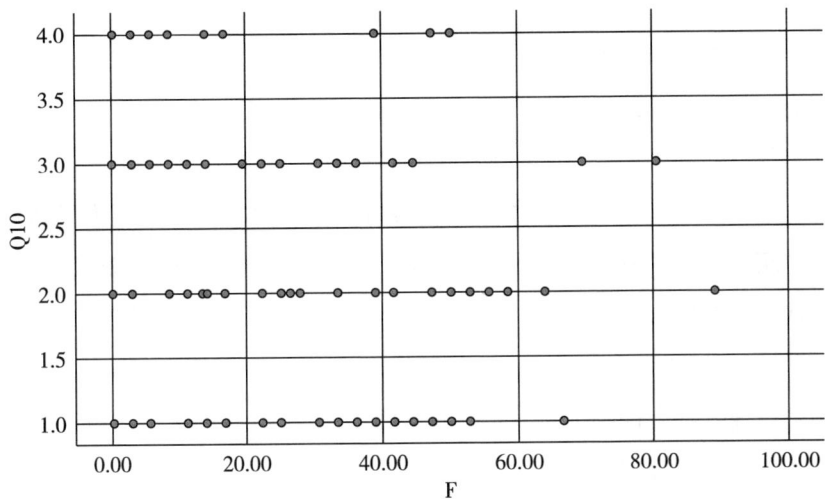

图 5.10　Q10 与 F 相关的散点图

三、法官空间表征的认知风格与模拟审判结果的相关性分析与解释

法官空间表征风格与模拟审判结果的相关性数据显示,法官空间表征风格与模拟审判结果的皮尔逊相关性取值范围为 0.002(绝对值)—0.054(绝对值)。法官的空间表征风格与模拟审判结果相关性最高也仅仅达到 0.054 水平,在大部分问题上,相关性水平都近似为 0。按照皮尔逊相关系数一般公认的 0.2 弱相关性临界线来看,可以认为法官空间表征风格与模拟审判结果在所有 10 个问题上都不存在明确的相关性。[1]

---

[1] 散点图参见附录六。

对此现象存在两方面解释。首先，被试空间表征风格在其认知资源之中的占比本身就难以被测量工具测量出来，这一问题在编制测试软件时就已经存在了。三维认知风格模型或许能够较为准确地构念了人们不同的认知习惯和认知倾向，但是目前根据三维认知风格理论编制的测试软件却不能较好地体现出空间维度的作用。[1] 这有待更进一步地改善测试软件的编制。不过，鉴于本研究并不是为了验证测试软件本身的信效度，也不是为了验证三维认知风格理论，而仅仅是为了明确认知风格差异对法官审判到底有无影响，初步测定影响的程度，并不要求穷尽所有可能的认知风格维度，因此即便软件不能很好地测定法官空间风格在整体认知和表征资源之中占据的比例，也并不影响本研究的结论。

其次，本研究设计的模拟审判问卷并不能很好地发挥空间表征风格法官组织信息的偏好，法官的空间表征风格并不对这些信息要素敏感。前述已经多次谈到，不同类型的任务有促进不同类型偏好的作用，是以文学社科类、工程科学类、视觉艺术类职业的偏好大体上是不一致的。而且职业实践会进一步因为人们各自偏好的表征风格，在与该风格相契合的任务当中表现得更好。总体来说，法官处理的信息更多与抽象概念有关，"善意""要件""公平""时效""举证责任"等，这些信息虽然可以对象化、空间化，但这种表征任务，特别是空间表征任务，在多数要求表征和理解法律文本的任务中往往要付出更大成本，却不见得有更大收益，甚至相反。当然，人的生活不只工作一面，法律工作也不只言语信息一种类型，法官也不会完全只使用一种表征方式来处理法律事务，并不能因为空间表征风格同研究所使用的模拟审判问卷相关性不高，进而全盘否定空间表征风格对法官的影响。

严格来讲，空间表征风格偏好上的差异同法官审判结果无相关性，这一判断只能适用于本研究测试案例。法官司法实践之中会遇到形形

---

[1] 参见王海匣：《客体表象—空间表象—言语表征风格测验的编制》，东北师范大学2011年硕士学位论文。

色色的案件,其中一些案件也涉及适于空间表征的信息。例如在重庆某基层法院调研过程中,课题组旁听的一个案子涉及以土石方计算的工程款。当事人出示施工图纸作为证据,空间表征风格法官显然对该证据更为敏感。法官在对象表征、言语表征风格上的差异可能对审判造成的影响,法官在空间表征风格上的差异也极有可能会对证据认定,不同证据之间的权重排序等产生影响。事实证明的确如此。在与办理上述案件的法官进行交流时,对本研究的推测表示认同。在类似的案件中,有些法官可能在看现场之后方才形成内心确信,有些法官则在看图纸之后才能形成内心确信。除了认知能力的差异之外,认知风格的差异是解释这一现象的重要维度。

所以这里需要重申,司法决策的心理学需要由大量零星工程构成。本研究测定出法官对象表征风格和言语表征风格在个人破产申请案之中的相关性,也是一种零星工程,是司法决策心理学研究的组成部分,本研究仅适用于特定法律关系与特定标的。本研究的相关性可能也仅仅能适用于与生活日用品相关的民事案件。对认知风格如何影响审判的更全面认识,需要不断重复类似测试才能实现。

四、法官言语表征的认知风格与模拟审判结果的相关性分析与解释

最后,根据表 5.1 的数据显示,法官在 Q1、Q2、Q3、Q5、Q7、Q8、Q10 上的判断与其言语表征风格存在具有统计学意义的相关性。法官在 Q4、Q6、Q9 这 3 个问题上的判断与其言语认知风格偏好之间的皮尔逊相关性读数分别为 0.119、0.167、0.150,未达到统计学一般意义上的弱相关性,但同时明显比法官空间认知风格偏好与审判结果之间从 0.002(绝对值)到 0.054(绝对值)的皮尔逊相关系数的读数高。具有统计学意义相关性的 Q1、Q2、Q3、Q5、Q7、Q8、Q10 这 7 个问题又可以分为两类情况:一类是 Q1、Q5、Q10 这 3 个问题,它们的皮尔逊相关性读数分别为 0.217、0.251、0.248,在 0.05 级别上达到了显著性,相关性比较弱;另一类是 Q2、Q3、Q7、Q8,它们的皮尔逊相关性读数分别为 0.311、0.282、

0.290、0.290,在 0.01 级别上达到了显著性,相关性较之第一类更强。相比对象表征风格相关性的两种情况,即 Q4、Q5、Q6、Q10 的相关性在 0.01 的显著性水平上处于 0.25—0.35,Q1、Q2、Q3、Q7、Q8 的相关性读数超过 0.35,非常接近 0.4,可以认为,法官言语表征风格与审判结果之间的相关性更弱。但考虑到言语表征风格本身发挥作用的心理机制,即言语表征风格的认知者倾向于垂直思考,将判断建立在一系列概念链条之上,该机制本身就是通过一系列的相关因素实现的,因此相关性减弱的现象大概率是由过多干扰因素导致的。所以,不能片面地根据相关性数据偏低这一现象,就认为言语表征风格对法官审判影响较小的结论。在这一节当中,将不仅根据相关性绝对值,而且要根据题目之间相关性的变化,以及 5 组问题相关性水平的变化,来解释法官言语表征风格对判断的影响。

从本研究所设计的具体情境看,法官言语认知风格的偏好水平总体上与其模拟审判结果呈正相关。法官的言语表征风格占用其认知资源越多,那么他就越有可能在模拟审判中选择不认定相关财产可以豁免破产清偿。在模拟审判的情境之中,法官言语认知风格偏好程度的差异对法官判断产生了明确、实质性的影响。同对象表征风格影响模拟审判结果的方式类似,除了 3 个相关性不高的问题之外,所有问题与认知风格的相关性结果都一致地呈现出显著正相关,而不是时而正相关,时而负相关,也再一次证明言语表征风格本身是有效的心理学构念,具有明确的构念效度,而且也从侧面证明该风格对法官在模拟审判问卷中的判断产生了确切影响。

同样,将 Q1 与 Q6,Q2 与 Q7,Q3 与 Q8,Q4 与 Q9,Q5 与 Q10 分为 5 组,分别结合信息变量,探讨法官言语表征的认知风格对法官在模拟审判问卷中的表现产生的影响。

(一) Q1 与 Q6 组

由对 Q1 与言语表征风格之间的皮尔逊相关系数以及散点图的分析

可知,言语表征风格占法官整体理智资源的比重越大,那么他就越倾向于在 Q1 所给出的情境当中,不认定个人破产申请人的小额活期存款可以豁免破产清偿(参见图 5.11)。Q1 与言语表征风格之间的皮尔逊相关性读数为 0.217,达到了有统计学意义的相关性。根据前述对相关性的总体分析,对此的一种可能解释是:言语表征风格最为倚仗的表征手段是抽象,越是偏向言语表征风格,法官表征信息的抽象程度就越高,抽象概念的链条就越长。模拟审判问卷为 Q1 设置的信息主要为"小额""活期存款"等,偏好言语表征风格的法官倾向于把这些信息组织为一系列抽象概念以及证成这一系列概念的概念链条。比如"活期存款"的抽象概念,其内涵是进一步通过"灵活取用""通货"等概念来表征的;"小额"概念的内涵是进一步通过"生活水平""债务相对清偿数额"等概念来表征的。同时,法官也会把虚构"个人破产条例"中关于豁免财产条文第 1 款之规定,即"债务人及其所扶养人生活、学习、医疗的必需品和合理费用",表征成抽象言语概念,比如"生活""学习""必需""合理"等。同理,"必需"和"合理"这类概念又需要通过"当地最低生活标准""平均工资"等概念来被进一步地表征。于是,法官最终在这个问题上的判断,实际上就是关于"小额活期存款"这一信息的概念链条,与"学习生活必需合理费用"这一法律概念链条的比较。因此,法官越偏向于言语认知风格,其用以判断同一性的概念链条就越长,相应地,法官也就越难以确认两个抽象概念系列链条之间的完全契合,也就越容易否定(或者怀疑)两个概念之间存在的同一性。于是,数据上便反映为法官言语表征风格占比份额与 Q1 模拟审判结果成正比。但因为本题设计的初衷就是用相对比较明显、争议较小的事实,让法官有一个较为宽松的作答环境,属于依据策略而设计的题目,所以法官在对 Q1 给出的信息进行抽象之后,两条由言语表征风格形成的抽象链条并不存在非常明显的分歧,因此整体上保持了较低的相关性。

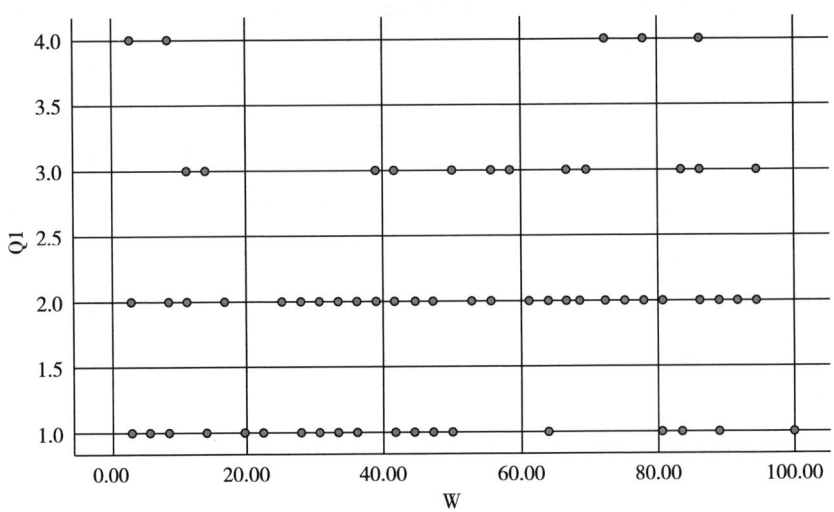

图 5.11　Q1 与 W 相关的散点图

由对 Q6 与言语表征风格之间的皮尔逊相关系数以及相关散点图分析可知,与 Q1 与言语表征风格之间呈现正相关不同,法官在 Q6 上的作答主要集中于"倾向于认定"和"非常倾向于认定",从散点图上看,大部分散点在纵轴(Q6)上取值为 1 或 2,且相对均匀地分布在横轴(W)上(参见图 5.12)。Q6 与言语表征风格 W 之间的皮尔逊相关系数读数为 0.167,反映出法官的回答已经较为明显地收敛为两个选项,且和法官言语表征风格倾向没有太大关系。为 Q6 设置的信息除了 Q1 已经提出的"小额""活期存款""生活必需"等,还包括对案件背景更为具体的描述,包括总体债务的额度,已清偿和未清偿的额度,以及小额存款的确切数据。100 位法官对 Q6 回答的均值从 Q1 的 1.88 下降到 1.69,标准偏差从 0.808 下降到 0.734,证明法官更倾向于认定豁免(参见表 4.2)。对此的解释是,在给出条件更为确切的情况下,所给信息进一步弥合了事实概念链条和法律概念链条的断裂,表现为法律起到的作用更大,个人认知风格影响变小,判决差异得到收敛。把法官的言语表征风格倾向视为自变量,把法官在 Q6 上的作答视为因变量的相关性分析显示,此时言语表征风格变量发挥作用的空间已经基本上被完全挤压掉了。相反,按照以法官对象表征风格倾向为自变量来组织的相关性模型显示,虽然法官们整体集中在"倾向于认定"和"非常倾向于认定"两个选项,但法官具体在这两个选项上怎么选择,还是同对象风格的偏好程度有关。对此的解释是,当 Q6 引入的新信息被表征为言语时,能够促进同一性,但该信息被表征为对象时,并未大幅度改变法官在 Q1 形成的心理图像,所以法官虽然仍然保持着对象认知风格与审判结果负相关的总体趋势,只不过总体而言相关性减弱。

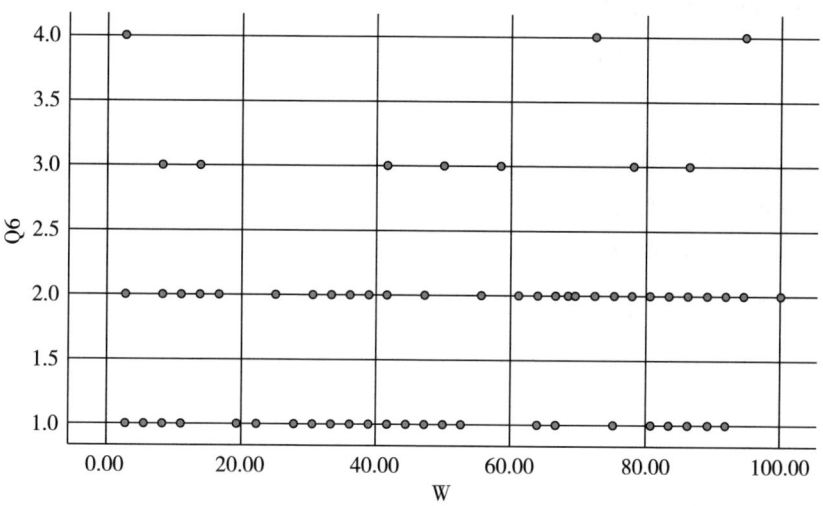

图 5.12　Q6 与 W 相关的散点图

具体来说,Q6 引入的新信息在被表征为抽象言语符号时,大幅度地改变了法官在 Q1 形成的抽象概念链条。在 Q1 当中,言语表征风格的法官将"活期存款""小额"信息表征为抽象概念,该概念又进一步以"灵活取用""通货""生活水平""债务相对清偿数额"等概念来构成。同时,虚构"个人破产条例"中的相关概念,包括"生活""学习""必需""合理"等,则进一步通过"当地最低生活标准""平均工资"等概念来构成。Q6 情境引入的背景信息是"总计负债 500 万元人民币""唯一自住房已经出售,房款 250 万元用于清偿债务""活期存款 4000 元用于租房",这些信息可能由以下抽象概念链条构成,包括债务人的"善意",相对于情境符合情理的"生活成本"等。这些概念弥合了 Q1 在事实概念链条和法律概念链条上的断裂,法官在判断上的差异得到了收敛,结果使得言语认知风格变量在 Q6 的同一性判断过程中没有发挥作用的空间。

(二) Q2 与 Q7 组

由对 Q2 与言语表征风格之间的皮尔逊相关系数以及散点图展开分析可知,Q2 与言语表征风格之间的皮尔逊相关系数读数为 0.311,表明言语表征风格占法官整体理智资源的比重越大,那么他在 Q2 上就越倾向于对个人破产申请人的网约车财产不予豁免破产清偿(参见图5.13)。同对 Q1 的解释类似,Q2 提供的关键信息是"网约车""职业必需"等。对于把更多认知资源分配于言语认知风格的法官来说,这些信息将用一系列抽象概念来限定和表征。这一系列概念包括"职业性质"(专职还是兼职),"营运性质"(个体营运还是资质租赁),"车辆性质"(包括残值、属性等)。并且,倾向于言语表征风格的法官也将把虚构"个人破产条例"豁免条件第 2 款"因债务人职业发展需要必须保留的物品和合理费用"理解成包含"职业保留物品""职业合理费用"概念等在内的一系列抽象概念。言语表征风格法官在 Q2 问题上的判断过程,就是将"网约车""职业必需"及其对应的事实概念链条,与豁免条件第 2 款"职业保留物品""职业合理费用"及其对应法律概念链条进行同一性比较。越是倾向于言语表征风格,这种概念链条比较的倾向越明显,甚至概念链条也越长,也就越难以形成同一性判断。具体在 Q2 这个问题当中,由于没有交代清楚"网约车"价值属性,"职业"属性等情况(比方说没有说明债务人是否是网约车司机,还是雇用司机从事网约车服务的网约车所有人),所以偏重言语表征风格的法官会更难以认定"网约车"豁免执行。从数据上表现法官在 Q2 上的回答与言语表征风格呈正相关。

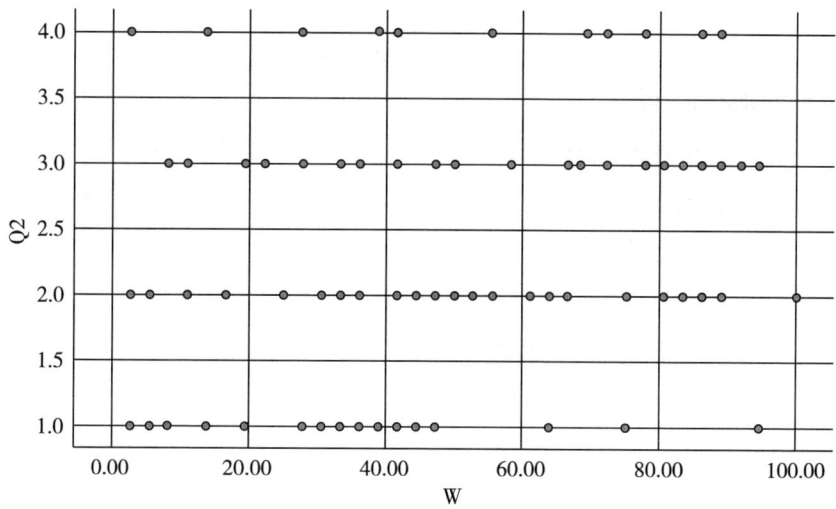

图 5.13　Q2 与 W 相关的散点图

由对 Q7 与言语表征风格之间的皮尔逊相关系数以及相关散点图分析可知，与 Q2 的情况类似，言语表征风格占法官整体认知资源的比重越大，那么他越倾向于在 Q7 上不认定个人破产申请人的网约车财产为可以豁免破产清偿（参见图 5.14）。Q7 相对于 Q2 在情境的变化在于新引入的两个变量，一是一张印有"××出行"的网约车图片，二是这部车的残值。结果显示，其相关性程度较 Q2 有所下降，从 0.311 下降到 0.290（参见表 5.1）。在分析对象风格对法官在 Q7 上的判断造成的影响时，笔者曾提到，对象表征风格与法官 Q7 判断结果的相关程度相较于 Q2 还有所提升。新引入的变量一致，但以不同表征风格为自变量，相关性数据的绝对值发生了一升一降两种截然不同的结果，这非常明确地表明法官信息表征风格对审判结果的影响非常明确。问卷统计数据显示，Q7 相比 Q2 均值变化不大，但分歧有所收敛（标准偏差从 0.989 下降到 0.884）（参见表 4.2）。对比图 5.3 和图 5.4 可知，侧重对象表征风格的法官在 Q7 更倾向于认定这部车为豁免财产，但由于模拟审判问卷在 Q7 上的均值不变，说明不偏向对象风格的法官在引入变量后更倾向于不认定这部车为豁免财产。对比图

5.13和图5.14可知,Q2和Q7的主要差异在于,不侧重言语表征风格的法官受到新信息影响更大,图5.14左下侧的散点大量减少,但右部散点变化不大,说明Q7相关性读数的差别主要由左侧变化造成。这佐证了在分析对象风格时的结论,即Q7的信息变量对侧重对象风格的法官影响较大。同时也说明,由于不同认知风格对不同信息敏感,不同认知风格在处理相同信息时,抓取、识别、表征信息的方式不同,Q7新引入的图片信息,对侧重言语风格的法官影响较小。虽说Q7加入了车辆残值信息,一定程度上收敛了法官的判断差异,但在偏向于言语表征风格的法官看来,该信息仍没有从根本上解决该情境之中"网约车"与"职业保留物品""职业合理费用"之间同一性的沟壑,仍然有赖于对申请人"职业性质"与车辆"营运性质"的进一步规定。也正因为如此,散点图在右部的变化并不明显,法官仍然倾向于不认定该车辆可以豁免破产清偿。

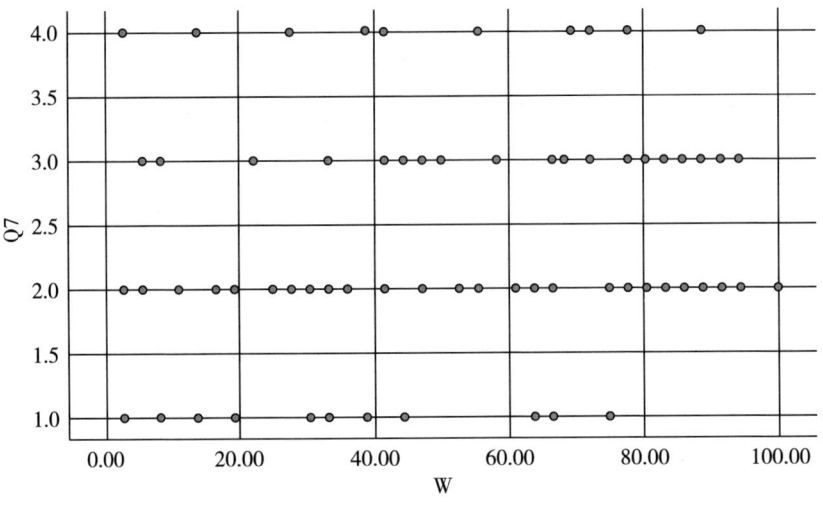

图 5.14 Q7 与 W 相关的散点图

(三) Q3 与 Q8 组

分析Q3与言语表征风格之间的皮尔逊相关系数以及散点图可知,

言语表征风格占法官整体理智资源的比重越大，那么他就越倾向于在Q3上不认定个人破产申请人的戒指可以豁免破产清偿(参见图5.15)。Q3与言语表征风格之间的皮尔逊相关系数读数为0.282。在与言语表征风格具有相关性的问题之中，相关性居中。Q3提供的关键信息是"结婚""戒指"，以及虚构"个人破产条例"中第3类豁免财产，即"对债务人有特殊纪念意义的物品"。由言语表征风格表征信息的过程可以了解，法官越倾向于言语表征风格，就越是倾向于把信息组织成作为大前提的法律前提和作为小前提的事实前提两套抽象概念体系。从事实层面上看，偏向于言语表征风格的法官对抽象水平的要求更高，更容易用"数量""价值"两个概念进一步限定"结婚戒指"的范围；而"数量"又可能需要用"嫁妆""信物""财力象征""唯一性"等概念来限定，"价值"可能需要以"合理""公认"等概念来限定。从法律层面看，言语表征风格为主的法官倾向于将"具有特殊纪念意义的物"进一步用"人生大事""稀缺性""不可复制性"等概念来表征。言语表征风格越是明显，这两个链条就越长；而事实和法律的概念链条越长，便越不容易形成同一性。具体地讲，在Q3当中，言语表征风格较高会使法官进一步究问戒指是否满足"唯一性"，是否具有"信物"的特征，是否彰显"财力"的普通婚嫁用品。Q3所提供的信息并未对此给出相应说明，那么言语表征风格占比高的法官在认定结婚戒指符合"特殊纪念意义之物品"时，自然会更加慎重。所以反映在相关性数据上，法官言语表征风格总体上与模拟审判结果呈现正相关。

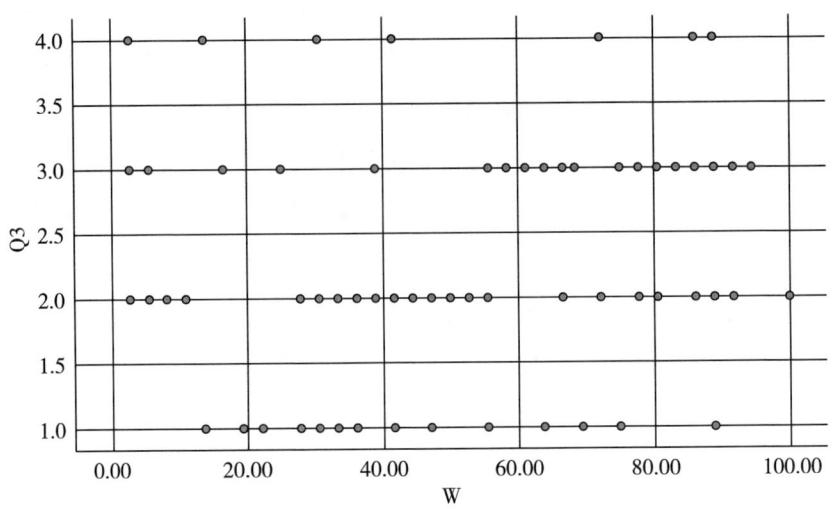

图 5.15　Q3 与 W 相关的散点图

由对 Q8 与言语表征风格之间的皮尔逊相关系数以及相关散点图分析可知,与 Q3 的情况类似,言语表征风格占法官整体认知资源的比重越大,那么他越可能在 Q8 上倾向于不予认定该结婚戒指可以豁免破产清偿(参见图 5.16)。Q8 相较于 Q3 的变化在于,它引入了两个新的变量,一是一张钻石戒指图片,二是这枚戒指的残值。结果显示,Q8 与言语表征风格之间的相关性程度较 Q3 略微上升,从 0.282 来到了 0.290(参见表 5.1)。法官在模拟审判问卷中对 Q3 作答的均值从 2.16 大幅度上升到 Q8 的 2.62,方差变化不大,说明法官们的判断整体向"不认定"方向移动(参见表 4.2)。本章已经分析过,Q8 对对象表征风格法官影响较大,因为 Q8 引入的图片并不能被根据 Q3 信息形成的心理图像所吸收,加上法官整体更倾向于"不认定",判断有了一定程度的收敛,所以 Q3—Q8 相关程度变小。相反,由于言语表征风格为主的法官并不偏好把信息表征成心理图像,他们抓取信息的方式也不同于对象表征风格的法官,图片中那些不易于被概念化的信息,比如"熠熠生辉""珠光宝气",不大可能大幅度影响言语表征风格的法官。另外,言语表征风格的法官从图片中获得的信息主要是"钻戒",以及从文本信息中获得的残值信息。从 Q8 提供的信息来看,"嫁妆""信物""财力象征""唯一性""合理性"等一系列有待判断的问题仍旧悬而未决,因而法官们的分歧并未被有效收敛,从数据上看依然保持着与言语表征风格偏好的正相关关系。

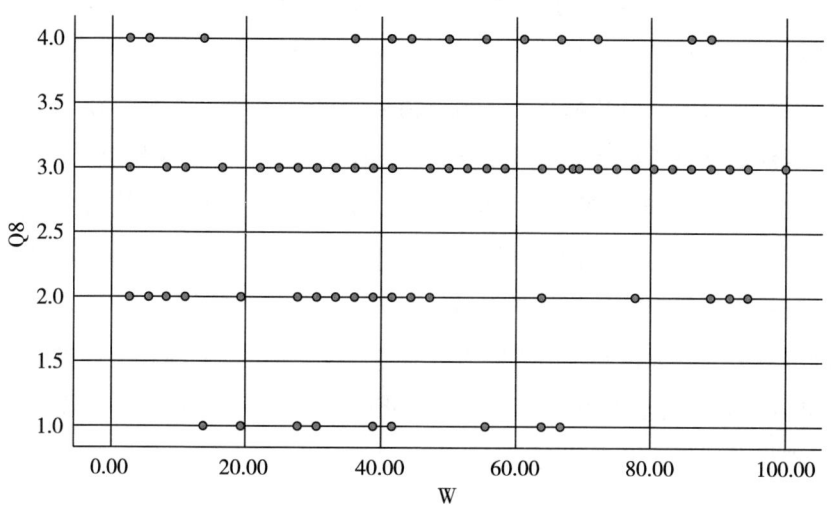

图 5.16　Q8 与 W 相关的散点图

(四) Q4 与 Q9 组

分析 Q4 与言语表征风格之间的皮尔逊相关系数以及散点图可知,法官对言语表征风格的偏好程度,与他在 Q4 作出何种判断基本上不存在具有统计学意义的相关性(参见图 5.17)。Q4 的皮尔逊相关性读数为 0.119,位于 0.1—0.2 的极弱相关性区间。法官的判断在图 5.17 横轴(W)和纵轴(Q4)基本上呈现了平均分配的态势,仅在横轴的 40—80 区间,非常倾向于认定财产豁免、倾向于认定财产豁免的法官数量较少,除此之外,横轴的 0—20、20—40、80—100 区间都可以被认定为平均分布。Q4 提供的关键信息是"违反公序良俗""钢琴",以及一张钢琴图片。由此可见,将对象表征风格视为自变量并考察法官判断时,法官判断是有迹可循的。因为对象表征风格形成的心理图像具有更大范围的水平维度,"粉色""Hello Kitty""花格子布"等信息共同建构了一个情境。但是当把法官的言语表征风格视为自变量并考察法官的判断时,法官的判断更多呈现出随机的、弥散的性质。言语表征风格的法官面对一张由钢琴、布娃娃、节拍器组成的图片,虽然他们也能将该图片表征为言语信息,但由于图片没有直接提供任何明确的抽象概念,所以他们表征的言语信息也是弥散的,可以是"钢琴"也可以是"日常生活用品",或者是"杂物"等概念。当以对象表征风格为自变量进行考察时,法官在该图片的基础上形成了与该图片高度类似的心理图像,再与"公序良俗"的心理图像比较后,呈现出明显的相关性联系。但当以言语表征风格为自变量进行考察时,法官从图像中提炼出的概念就差别甚大,与"公序良俗"的抽象概念进行比较的可能根本就不是对同一个概念的不同言语表征程度。对象表征风格和言语表征风格在 Q4 上与模拟审判问卷呈现出截然不同的局面,恰是因为对象表征风格处理信息的模式,同言语表征风格处理信息的模式差别较大。对象表征风格是扁平水平的,类似于以"场"的方式编码信息;言语表征风格是高低垂直的,对特定概念信息的表征差别往往在于抽象程度的高低,而在对一个扁平图片信息提取言语概念信

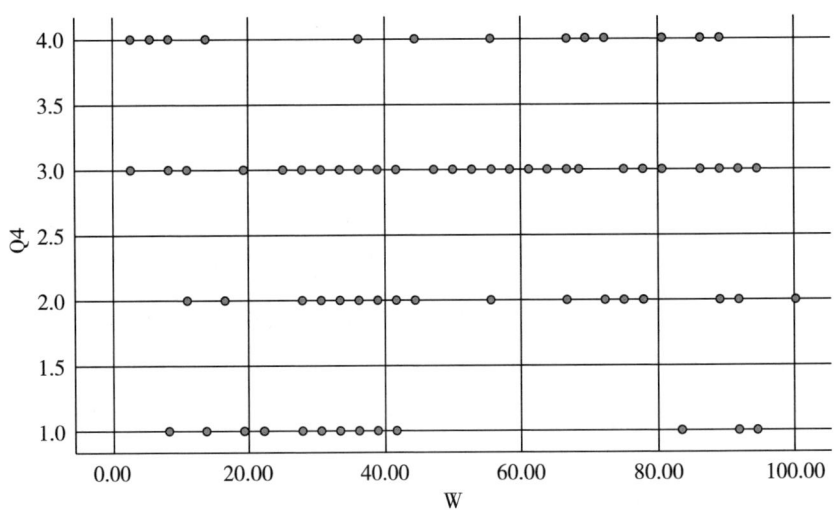

图 5.17　Q4 与 W 相关的散点图

息时,除了抽象程度的高低,还存在针对图片"场"之中不同信息节点进行抽象的差别。所以,法官在 Q4 当中的言语表征风格偏好程度不是一个变量,而是多变量(不同概念,不同概念的不同抽象程度),此时散点图自然呈现出随机分布的特征。

由对 Q9 与言语表征风格之间的皮尔逊相关系数以及相关散点图分析可知,Q9 的总体特征与 Q4 相仿(参见图 5.18)。Q9 的皮尔逊相关性读数为 0.150,从统计学的角度上讲,言语表征风格与 Q9 判断结果的相关程度不明显(参见表 5.1)。相比 Q4,Q9 的变化在于两个变量的引入,一是钢琴残值 10000 元,二是申请人申请豁免的具体理由,除此之外,图片信息和法律依据都没有变化。申请人的申请理由为,钢琴主要用于孩子玩耍,属于孩子玩具,强制执行孩子的玩具有悖于公序良俗。Q9 引入的变量对法官的影响从整体上看并不算大:模拟审判问卷 Q4 和 Q9 的均值分别为 2.57 和 2.68,100 位法官在 Q9 问题上比 Q4 略微更倾向于不认定钢琴可以豁免破产清偿。但是 Q4 和 Q9 问卷结果的标准差分别为 0.998 和 0.851,有了比较明显的收敛,法官之间的分歧明显减小(参见表 4.2)。但从相关性这一层面来看,从 Q4 与言语表征风格之间 0.119 的相关性水平,到 Q9 与言语表征风格之间 0.150 的相关性,二者在极弱相关的范围内有较为明显的变化。从图 5.17 和图 5.18 对比可知,Q9 当中横轴(W)40—100 的散点相比 Q4 的对应区间,明显在纵轴(Q9)上位置提升。这解释了 Q9 相对于 Q4 在极弱相关性区间以内存在较大变化。如前所述,Q4 所给出的信息,对于那些不对图片信息敏感的法官而言,不足以作出准确裁判,加之 Q4 的均值 2.57 和标准偏差 0.998 反映出的离散水平,说明言语表征风格法官对 Q4 给出的裁判较为随机(参见表 4.2)。Q9 与言语表征风格之间相关性水平的总体状况表现为两个方面,一方面是相对于其他题目,Q9 的相关性没有达到 0.2 以上;另一方面是 Q9 相对于同组的 Q4 相关性又有所提升。对此的可能解释是:Q9 新增了概念信息,包括"残值"和"玩具"两个概念,这使得 Q9 相对于 Q4 更能体现出言语表征风格的一般特征,即往往与模拟审判结果呈现正相关关系。不过,由于 Q9 的主要事实信息仍然要从图片中提取,因而 Q9 同样也面临着与 Q4 相同的问题,法官回答的离散性和随机性较强。虽然因为确定概念信息的引入,使得言语表征风格的作用开始显现,出现了正相关态势,但这种关系仍然极弱。

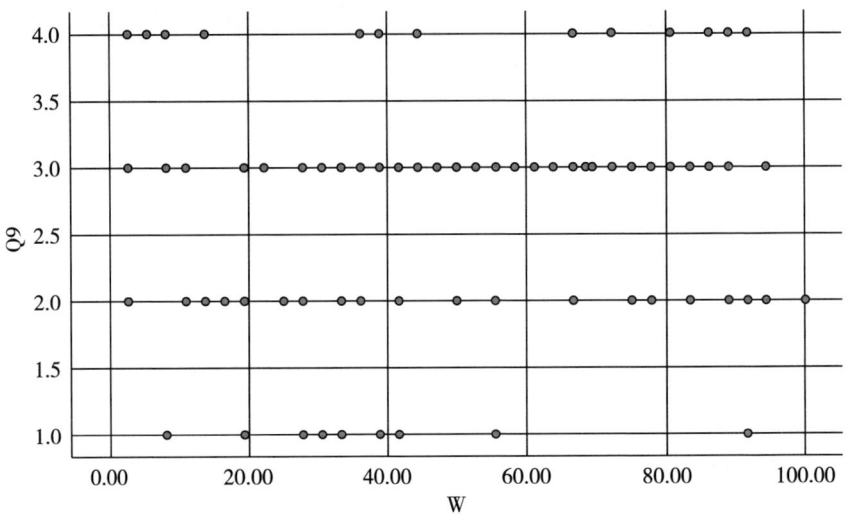

图 5.18　Q9 与 W 相关的散点图

(五) Q5 与 Q10 组

分析 Q5 与言语表征风格之间的皮尔逊相关系数以及散点图可知,Q5 的皮尔逊相关性读数为 0.251,表明言语表征风格占法官整体理智资源的比重越大,那么法官就越倾向于在 Q5 上不认定个人破产申请人的卡丁车玩具可以豁免破产清偿(参见表 5.1、图 5.19)。Q5 提供的关键信息是"根据法律规定或者基于公序良俗不应当用于清偿债务的其他财产",以及一张小孩子驾驶玩具卡丁车的图片。相比于 Q4,Q5 的图片指涉的信息更为明确。由"四五岁小孩""卡丁车"构成的图片明显地突出了"玩具""儿童"等概念。也就是说,偏好言语表征风格的法官在回答 Q5 问题时,其处境同 Q4 截然不同。偏好言语表征风格的法官就 Q4 可能根本就没有提取出相同的概念信息,是以数据不可能呈现相关性。而在回答 Q5 问题时，法官的处境更类似于他们在回答 Q1、Q2、Q3 问题时的处境——他们处理的是同一个言语概念。而只有在处理相同的言语概念时，法官言语表征风格偏好程度差异，才有可能成为自变量，与法官的判断结果关联起来。"玩具卡丁车"虽然明确，但言语表征方式将会把这一信息进一步表征为抽象程度不一的概念链条，包括但不限于"价值""必要性""数量"等。这个概念链条将同"公序良俗"的概念链条相比较。与 Q1、Q2、Q3 问题情况类似，越是偏向言语表征风格，抽象的概念链条就越长，两个链条之间就越难以达成同一性。相关性数据反映了二者的正相关关系。

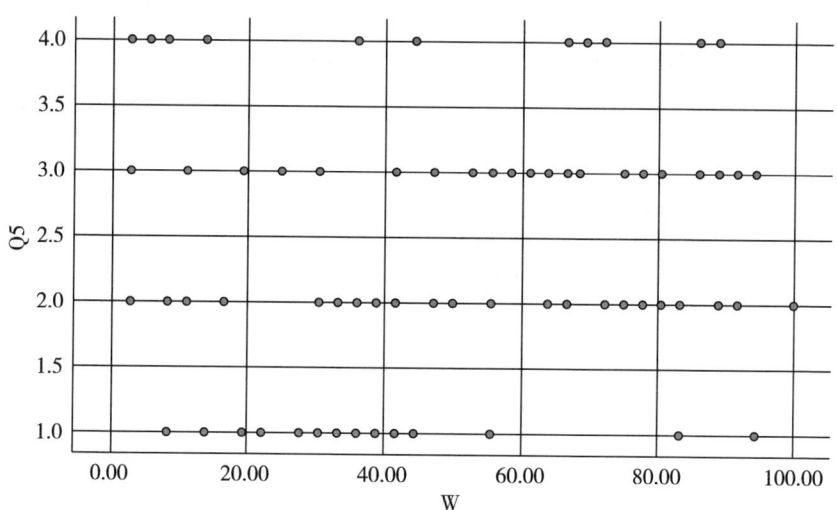

图 5.19　Q5 与 W 相关的散点图

由对 Q10 与言语表征风格之间的皮尔逊相关系数以及相关散点图分析可知，与 Q5 类似，言语表征风格占法官整体认知资源的比重越大，那么他越可能在 Q10 上倾向于不认定个人破产申请人的"玩具卡丁车"可以豁免破产清偿（参见图 5.20）。Q10 的变化在于两个变量的引入，一是卡丁车的"玩具"属性，二是这辆"玩具卡丁车"的残值 1000 元。数据显示，Q10 与法官言语表征风格占比的相关性读数为 0.248，相比 Q5 的 0.251 基本没有变化（参见表 5.1）。这仍然可以根据认知过程中的表征阶段内部形成机制来解释该现象。由于法官的言语表征风格在其整体理智资源之中占比越高，信息越倾向于被编码为抽象语词概念，那么 Q10 引入的两个信息在偏好言语表征风格的法官那里，将优先被表征成抽象概念的链条。从 Q5 到 Q10 模拟审判统计结果的均值 2.30—2.31 和标准差 1.030—1.061 来看，Q10 给出的两个信息并未有效收敛法官的判断（参见表 4.2）。原因在于，新引入的两个信息其实已经较为明确地包含在 Q5 图片给出的信息之中了。"卡丁车"概念明确指向了玩具概念，这般大小的玩具市场价普遍在千元上下，因而 Q10 的两个信息由此丧失了有效性，并未对法官的判断造成实质性影响。不论以对象表征风格还是以言语表征风格作为自变量，法官在模拟审判问卷中的判断都没有产生太大变化，相关性水平也基本上同 Q5 保持一致。

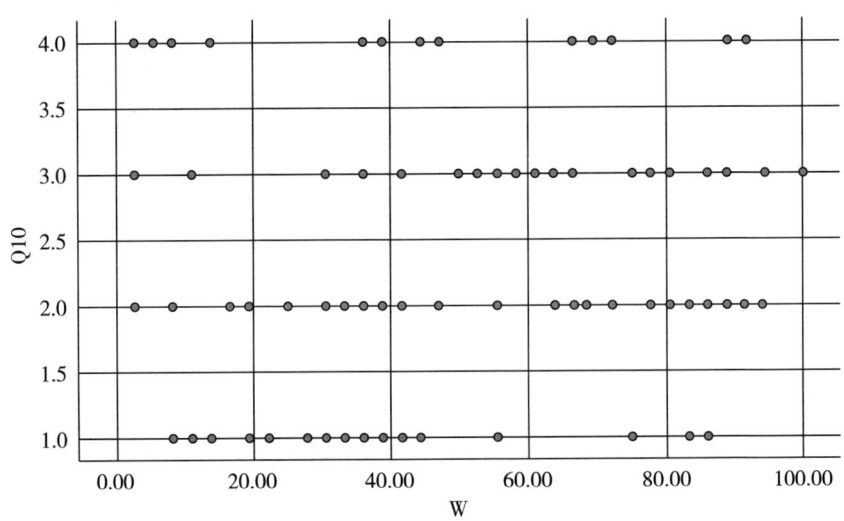

图 5.20　Q10 与 W 相关的散点图

五、本章小结

从 Q1—Q5 互不相关的 5 个共时性问题再到控制变量，与 Q1—Q5 一一对应的 5 个历时性相关问题，共时性和历时性两类问题设计都可以证明，法官三维表征风格的认知风格差异，与法官在模拟审判过程中的具体判断存在明显相关性。由此可以依据赖丁所描述的"对象—言语"两个维度的各自特点,结合数据分析结果,尝试在"对象—言语"表征风格的理论框架下,对司法决策在表征过程中的具体活动进行解释。

赖丁认为,个体在"对象—言语"上的差异表征了人们在使用认知资源时的不同策略。如果说智力水平高低同个体认知资源总体数量多寡相关,那么认知风格便与使用这些资源的偏好相关。对象表征风格倾向于将信息编码成心理图像。这种风格主要依据水平性思维,信息被呈现为同一类型的具体形象的水平集合。这种组织和编码信息的方式,优势在于能够同时编码很多信息要素,并以特定方式将它们置于关联之中。而且这种信息编码的方式运算速度普遍较快,它对图片类信息将以"扁平化"的方式组织起来的载体较为敏感。对象表征风格本身的特点,既是其优势的基础,也是其劣势的原因:该风格偏好以扁平化的策略组织起信息,信息表征速度虽然全面迅速,但其内部结构并不稳定,不利于信息的证成,也不利于信息表征的稳定。

言语概念的编码主要依据抽象思维。此时信息被呈现为一系列抽象程度不同的概念链条。这种组织和编码信息的方式,优势在于能够抓住某个核心概念,并以该概念为基础,进一步建立抽象概念的垂直意义体系。而且这个链条之中的每个环节都可以相互证成、结构稳定、正当性确切。这种信息表征方式往往对特定目标的表征更为深入,具有较好的稳定性和可重复性,并对以言语、概念、符号等抽象形式出现的信息更为敏感。该策略的劣势在于,它的计算速度比较缓慢,判断倾向于保守,不同信息内部较为封闭,信息之间的关联程度较低。

从本研究的结果来看,越倾向于对象表征风格的法官,越容易"大度地"对申请人的申请予以认定,承认标的物为豁免强制执行的个人保留财产。对这一类型的法官来说,信息在个体的认知过程当中,是以具体的高分辨率形象被个体表征、调用、加工的,丰富的细节使得不同信息之间的勾连成为可能。加之扁平化策略使更多信息处于关联状态,那么法官更倾向于作出积极的肯定判断。然而,由于对象表征风格的信息中介没有以抽象概念来建构稳定的内部结构,心理图像在理解之中并不是那么稳固,所以在引入新变量的情况下,对象表征风格与法官模拟审判结果的相关性波动也比较大。相反,越倾向于言语表征风格的法官,对申请人的申请越是小心谨慎。他们更倾向于不认定申请人主张的个人财产为豁免强制执行的保留财产。对这一类型的法官来说,信息环环相扣、层层证成。概念的抽象过程将丰富的细节摒除,残留下来的信息非常稳定,是信息的核心组成部分,也恰恰是使该信息区别于其他信息的关键特征。因为科学定义就是"属加种差",也就是概念之间彼此区分开的"边界和差异(distinction)"。这使得不同信息之间的同一性难以形成,那么法官更倾向于作出消极的否定判断。同时,由于言语表征风格的信息中介以抽象概念的方式建构稳定的内部结构,言语概念在理解之中的表现异常稳定,在引入变量的情况下,言语表征风格法官的模拟审判结果波动较小。

综上,测试结果证实了设计问卷时的假定。对象认知风格占比较高的法官倾向于将标的物和法规都视为对象,并将其放置到一个故事、一个情境中来理解。而言语认知风格占比较高的法官更看重"必需品""合理费用""汽车""戒指""大件商品""奢侈品"等概念,并以此作为是否对破产人申请豁免财产予以认定的依据。总的来说,对象表征风格的法官相比更敏感于信息之中的共性,偏好叙事方法,更为感性;言语表征风格法官相比则更敏感于信息之中的差别,他们更偏好理性证成的方法,更强调逻辑。对象认知风格法官考虑问题更全面,言语认知风格法官更能把握关键性问题。这些粗略的区别可能会导致法官在不同任务当中表现不同。除了对模拟审判造成影响之外,还极有可能在调解、刑事案件、民事案件等不同领域,造成程度各不相同的影响,甚至导致不同认知风格法官在不同任务中表现优劣有别。譬如,在与模拟审判类似的部分复杂民事案件中,对象认知风格的法官可能在调解中会有更好表现,言语认知风格法官可能在审判一致性方面更优;而在其他案件中,善于抓住关键问题的言语认知风格法官可能在复杂案件中会有更好的表现,对象认知风格法官的判决可能更符合"实践智慧"。当然,这种猜测还需要大量实验数据支撑的情况下才能证明,这里只是基于本研究的一种合理推测。

第六章 法官认知风格测试研究的数据推论及相关讨论

至此,所设计的实验和数据分析已然全部完成。认知心理学的"对象—空间—言语"三维表征风格模型,根据心理学、脑神经科学发现的"对象—言语"两个维度,以及"对象"维度之下"对象—空间"的亚维度,总结构念出对象表征、空间表征、言语表征3种表征风格。作为一种聚合模型,这3种风格很大程度上是对认知风格之中传统模型的进一步整合和发展。

本研究以三维表征风格的构念为基础,并使用根据三维表征风格模型编制的测试工具。三维表征风格测试工具的原理在于,不同个体在测试中,倾向于对同样的信息形成不同形式的表征;而不同形式的表征最终会影响到认知结果。如果被试在认知风格测试中受图片、文字等信息刺激,倾向于围绕这些符号组织起以形象为特征的信息表征,此时个体就会在对象表征风格上积累更多分数。被试"对象"维度得分较高,意味着被试更倾向利用对象的形象表征,将对象构想为于环境适配的整体意向,以此方式来推进理解、判断、推理等认知思维过程。相反,"对象"维度得分较低,则意味着被试不太倾向于以此方式认知。而当被试认知风格测试中受图片、文字信息刺激,并围绕符号本身所具有的某个具体属性(测试之中根据物品属于"人造物"或者"自然物"来判定不同选项之间的差异)来组织信息,以此方式判定3个选项当中与其他两个选项不同的那个选项,此时被试就会在言语表征风格上积累更多分数。被试"言语"维度得分较高,意味着被试更倾向于根据局部的抽象概念为识别、提取、加工信息的锚定点,以此为根据来表征信息。

认知风格测试结果表明,法官确实在"对象""空间""言语"表征的偏好上存在差异;模拟审判问卷工作状态良好,达到了预期目的,在数据体现出较好的区分度;更重要的是,认知风格差异和模拟审判问卷也体现出相关性。实验数据对一系列问题给出了答案,表明实验设计成功地验证了总体猜想:法官在认知风格上的确存在差别,而这种差别也的确会对审判产生影响。当然,实验设计本身还是存在诸多不足,在实验过程中逐渐地被暴露出来。本章将在探讨研究结论的基础上,反思实验设计存在的不足之处,为未来进一步研究总结经验。

一、法官认知风格测试研究的数据推论汇总

根据第三章、第四章和第五章的数据统计和数据分析结果,就法官认知风格差异可能影响审判过程和审判结果的猜测,可以得出如下结论:

第一,法律人的法律思维虽然能够在一定程度上保证他们在认知、判断和推理存在一些共性,但并未将认知过程和认知结果上的差异完全收敛。法官作为法律人,作为法律职业共同体的组成部分,他们仍然在认知风格上存在明显差异。这个问题是全部研究所假定的起点。数据结果最终对一开篇提出的首个问题作出了肯定回答。

第二,法官认知风格差异可以在法律不明确时,对法官审判结果产生明确影响。法官认知风格差异对法官司法行为产生的影响是终身的、持续的,只不过在法律明确时,法律条文为这种影响设置了较高的阈值,使这种影响处于潜在状态。在现实中表现为法官受到法律规定的严格约束，其中既包含形式约束，又包含实质约束，这一事实令认知风格的潜在影响难以被有效地测定出来。可以结合法律现实主义的主张合理推定，只要这种影响超过了法律规定的阈值，即便法律有明确规定，仍然可能识别出认知风格对司法的影响。即便认知风格对审判造成的影响总是潜在的，但仍有可能结合其他潜在影响因素，产生能够实际影响审判的巨大合力，因此仍有研究必要。

第三，虽然言语表征风格在法官职业共同体中占据的认知资源比重最高，是法官最偏好的一种风格，但在本研究当中，对象认知风格对法官审判的影响最大，在统计学上几乎达到了中等程度的相关性。由于心理学测试之中存在大量不可控因素，这种程度的相关性非常可观。言语认知风格对法官审判的影响也很明确，只是在数据上显得不那么直观。一种合理的解释是，不同认知风格对不同类型的信息敏感程度不同，本案中的信息更有利于对象表征风格突破影响法律约束的阈值。然而，不同类型的案件往往涉及类型完全不同的信息，因此对象认知风格对法官审判造成的影响最大，这个结论只能适用于本研究。言语认知风格对法官的影响依然是未来需要重视的核心问题之一。由于案件的差别很大，很难找到某种具有代表性的案件，一次性地探明认知风格差别对法官司法的具体影响，得出适用于全体的结论。逻辑上只能通过零星的方式，一砖一瓦地补全认知风格影响审判结果的理论拼图。

第四，在本研究当中，法官在空间表征风格上的偏好差异并未对法官在模拟审判中的判断产生实质性影响。同样，这个结论只能适用于与本研究中的审判情境类似的其他情境。本研究所涉及的模拟审判情境，主要是判断某种个人财产是否符合豁免破产清偿的法定条件，此类判断仅仅是复杂法律关系之中非常有限的一面。其他认知风格维度和认知风格模型，可能在特定类型的案件中，可能在涉及不同类型标的物的情况下，对法官认定事实和法律的司法认知过程有着更强的解释力。

第五，在个人破产财产豁免申请的模拟案件情境当中，对象认知风格在个人认知偏好中占比较高的法官,有较大可能性对破产人申请豁免清偿的个人财产予以认定;相反,言语认知风格在个人认知偏好中占比较高的法官,对上述财产不予豁免的倾向较为明显。尝试解释认知风格差异如何造成了这样一种局面,对于将本研究的结论推广到类似案件和领域十分必要。笔者将这一现象理解为,法官在司法活动之中偏好不同的信息编码过程,导致了最终判断结果的差异。当然,基于方法论的个人主义,笔者的解释可能并不是唯一的解释,甚至可能也不是正确的一种解释。但本研究的价值在于提供一种就目前而言,能够对法官在接受信息到输出信息之间,那个不可见未知过程进行合理说明的解释。这有助于我们更为准确地把握认知风格差异在司法过程中如何发挥作用。由于法官的司法决策过程类似于"黑箱",不同认知风格如何影响着本就未知的过程便更难以洞悉。研究本身也提供了对司法决策过程的一种解释,在司法决策心理过程的"黑箱"大白于天下之前,任何合理解释都是有价值的。所以在这个问题上目前只有采取"认识得更多,才能认识得更好"的策略。

二、法官认知风格测试研究的不足

本书在第一章就强调,用实验来验证司法决策的心理过程困难重重,原因不仅在于可使用材料较少,调研难度比较大,更在于司法决策本身的复杂性。这导致司法心理测量的实验设计必须顾及方方面面,很难周全。总结下来,本研究存在以下几个方面的不足:

第一,由于研究的总体时间成本和物料成本限制,有助于提升研究严谨性的一些对照实验,在研究设计阶段便被有意识地省略了。本研究试图回答的第一个问题是,法律职业共同体在认知、判断、推理存在一些共性,那么在以类似的方式进行专业训练,以类似思维方式从事司法工作之后,法官在认知风格上是否存在明显差异。研究通过法官认知风格测试回答了该问题。数据显示,法官认知风格确实存在一些共性,但是法官个体之间的认知风格差异仍然十分明显。这里显然存在一个问题,即研究未能用数据直观地指出法官共同体的共同性程度和差异程度。国内外认知风格研究都曾指出,不同职业由于长期从事的工作不同,所以对不同认知风格会有所偏重。但是国内外研究结论并未涉及所有职业类型,尤其并未涉及中国法官。所以严格地讲,断言法官职业同其他职业存在认知风格偏好上的整体差别并不稳妥,断言法官职业共同体的整体偏好与司法活动之间存在因果关系也并无直觉之外的其他理由。

第二,本研究的实验设计对被法律文本有效约束的司法决策过程并不敏感。法律文本主义和法律现实主义虽然各自主张法律就是法律条文本身,或者法律就是法官的判决,而不是别的什么东西。但从司法实践来看,法律既不纯然是法条,也不纯然是法官个人的判断。法律条文对判决的规范作用是非常明显的。为了规避法律文本的约束作用影响法官认知风格发挥作用,我们设计了模拟审判的方式,来检测法官认知风格差异在法律不明确时对法官判断可能造成的影响,并推定在法律文本明确时,认知风格也在发挥作用,只不过该作用可能被法律规范约束,以至于不能体现出来。甚至可以进一步推定说,即便法律文本的约束作用存在,法官认知风格差异会持续地对法官判断造成影响。很显然,这样的推定虽然在逻辑上能够成立,不仅缺乏对应的实证证据证明,也缺乏确切数据表明,在法律比较完备的情况下,法官认知风格对法官审判能够造成多大影响。而这恰恰是我们最想搞清楚的问题,毕竟,在法治日渐完善的背景下,有法可依的情况是法官司法的常态。

第三,本研究没有设计检验实验工具信效度的环节,也没有建立回归模型的计划。从研究内部来看,由于时间和精力的限制,本研究并没有对测试工具的信效度进行验证,也没有设计参照组和重复测试环节。数据统计完毕之后,也没有依照数据建立回归模型。对此本书曾给出的一种解释是,研究使用的测试工具已经经过了信效度检验。不过严格来说,由于被试差别较大,对法官这一被试群体专门设计信效度检验也是有必要的。至于回归模型缺失的解释是,由于本研究的目的在于回答认知风格对审判结果是否有影响,并测定该影响的大小和程度,所以研究并不要求根据对每个法官进行认知风格测试的结果,推定该法官未来将会对在类似案件中作出何种判断(甚至案件本身就是虚构的),因而不需要对变量之间的相关性做回归分析。

第四,实验的外部效度有待验证。必须强调一点,研究根据数据作出的推测性质的解释也存在明显不足。实验已经表明,在处理个人破产财产豁免申请时,法官个人的认知风格偏好同其的判断结果具有明确相关性。但是这一结论是否可以推广到其他法官,是否可以推广到其他标的,甚至是否可以推广到其他类型的案件,这一外部效度的问题其实并未得到实证数据支持。这里的效度问题实际上分为两个层面:一是关于"人"的外部效度,二是关于"事"的外部效度。由于实验采取了方便取样,并未按照随机取样的方法,虽然样本数量超过了 100 例,但严格来讲从样本推定总体仍然存在一些问题。

此外,本研究的问卷调查只涉及复杂法律关系和法律事实的很小一部分,结论也只能作为此类问题的参考,不能推广至其他民事诉讼、刑事诉讼,乃至行政诉讼等领域。法官在日常司法活动处理的事项种类繁多。如果将法官处理的所有事项视为总体,把模拟审判问卷涉及的个人破产申请视为总体之中的一个项目,那么从统计学的意义上讲,单一项目也无法代表总体。事实上,法官处理的各种法律关系本身就难以视为总体。各种法律关系可能截然不同,比如商事法律关系、家事法律关系,它们是否存在足够多的相似性,以至于被视为总体,这本身就是存疑的。从统计学和司法实践两个方面都表明本研究结论都不满足推广到其他类型法律关系的条件。

再有,本研究只使用了一个认知风格模型,而认知风格领域的重要模型还有很多。实验依据"对象—空间—言语"的三维表征风格模型,测定三维表征风格差异对法官判断的影响,然而信息的表征只是认知过程当中的一个环节,认知过程的其他环节也有对应的理论模型来解释。三维表征模型能够在一定程度上解释模拟审判问卷情境下法官的司法决策心理过程,但并不表示其他模型也能够解释该案,也能够得出类似的结论，更不能表示其他模型也能够在其他类型的案件中提供同样有效的解释。

第五，测试工具和对应法律关系对空间表征风格不敏感。神经认知科学研究已经证明，空间表征风格是由特定神经结构作为载体的明确认识风格。但是目前的测试工具，以及针对空间认知风格所设计的信息表征认知任务，其实都不能很好地反映空间表征风格如何影响个体完成具体任务。从实验数据上看，测试工具对被试的空间表征风格具有一定的敏感性，能够甄别出被试的空间偏好。但是空间表征风格占比较低，目前难以判断是因为法官职业本身的原因，还是由于测试软件项目在编制时存在设计缺陷。模拟审判问卷所有问题都与空间表征风格无关，虽仅能说明模拟问卷设计对被试的空间表征风格不敏感，并不必然说明被试的空间表征风格在此类案件当中不发挥作用，但是在小范围的访谈和试发放问卷当中，也暂时没有找到能够确定反映空间表征风格影响法官判断的具体事例。这导致本研究对于空间表征风格是否影响法官判断的问题，既无法从数据上给出肯定回答，也无法从数据上给出否定回答。

第六，模拟问卷的设计有待进一步优化。鉴于可参与调研的法官样本资源捉襟见肘，以至于在模拟问卷的设计中，更多地考虑了问卷调研的经济性，问卷调研的严谨性则被放在了次要位置。在问卷过程中，出于经济性的考虑省略了多个有助于提升问卷严谨性的调研环节。一是没有设计大规模问卷预发放。课题组在组内法官成员之间进行小范围预发放测试，但规模很小，导致问卷项目设计缺乏有效论证，问卷项目中的许多潜在问题没有被发现。比如在经过正式测试之后，发现了没有必要设置放松题目，Q1 和 Q6 可以被某些对空间表征风格更敏感的信息代替；Q10 引入的变量信息并未超出 Q5 所给出的信息，所以 Q10 的测试效果并不理想，没有达到控制变量预想的测试目的。这些问题都为今后的问卷设计提供了宝贵经验。二是考虑到被试回答问题的负担不能过重，问卷将问题压缩到 10 个。在题量不足的情况下，只能在一道题当中尽可能地引入多个变量。然而，这种设计显然会造成变量之间相互影响，无法准确测量单一变量的影响。

第七，法官认知风格变量之外的其他变量可能也对实验造成了实质性影响，但研究设计总体上没有能力将这些变量排除，或者单独测定这些变量本身的影响程度。比如作为变量的性别因素，虽然在实验中并未发现性别对认知风格的影响，但相关研究表明，男女在认知风格差别上或许并没有显著差别，然而性别却是影响男女不同认知风格转化成效的重要因素。研究表明，混合型认知风格的男性成绩最好，不过同样属于混合型认知风格的女性则成绩最差。[1] 如果转化成效上的差异在司法领域也确实存在，那么严格说来，这对结论也会造成一定的影响。我们的研究力图表明，认知风格差异能够对法官审判结果产生影响，并且基于对此影响的认知，法院能够有针对性地在组织人事、职业发展等方面作出优化，使法院工作能够更高效地铺开。而一旦性别结合认知风格差异发挥作用，那么单独以认知风格来分类处理就反而可能降低工作效率；此时有必要将性别也作为需要被控制的变量，分别统计男性和女性的认知风格差异和在不同任务上的比较优势，从而得出更为细致的分组依据。

第八，对司法决策心理过程的解释是高度隐喻的。这个过程没有办法直接用实证的方式来研究，目前只能通过间接手段来表征司法决策的认知过程，并以各种构念来解释。法官的表征风格差异是否真如所解释的那样——对象表征风格法官倾向于建构扁平的心理图像来表征信息，言语表征风格法官倾向于建构垂直的抽象概念链条来表征信息，这仅仅是通过隐喻方式建构出来的解释。隐喻的基础是实验和数据，但实验数据所对应的隐喻并非唯一，对隐喻的解释也不见得是唯一，也不能因为其具有一定的解释力，就掩盖了其猜测的性质，更不能排除其他合理的隐喻，排除对该隐喻的其他合理解释。

---

[1] 参见李力红：《认知风格的理论与实证研究》，东北师范大学出版社2007年版。

三、下一步法官认知风格研究的方向

揭示本研究存在的诸多不足，既是对研究本身的反思，也是对未来进一步研究提出建设性意见。基于本研究的种种不尽如人意之处，未来的研究可以着重围绕以下几个方面展开：

第一，需要进一步严谨设计研究的整体环节，补完缺失的部分。一方面，本研究直接断言作为法律职业共同体成员的法官，在认知风格上具有有别于其他职业的倾向，但却没有设计相关验证测试。为了验证这一点，未来应当追加设计两个方面的对照测试。一是共时性的测试，即对不同职业共同体展开测试，证明相对固定的职业可以形成相对固定的认知资源调动模式，能够对个体总体的认知风格模式造成影响，使个人认知风格发生对应方向的转换。二是历时性的测试，即对法律职业共同体的形成过程开展测试。具体来说，就是对法科不同年级的学生，乃至刚进入法律行业工作的年轻人展开测试，验证是否专业培训时间越长，不同个体认知风格的差异就越存在收敛的趋势，用以证明法律工作和个体认知风格变化之间是否存在因果关系。

另一方面，实验应当设计信效度检验。认知风格测试软件虽然针对学生做过重复测试，但法官本身职业的特殊性可能使适用于学生的结论并不一定适用于法官群体。因此，针对法官的重复测试就存在必要。重测可以保证法官的认知风格偏好具有稳定性，减少敷衍答题的样本对实验结果造成干扰。虽然研究目的是寻找收敛法官差异对影响判决的办法，或者是在不能控制这种影响时，尽可能地让因认知风格差别而在不同任务中获得比较优势的法官，从事与比较优势相对应的工作，换句话说，虽然研究目的并不是为了通过已知的法官认知风格，预测法官在某项任务中可能作出何种倾向的判断，但是建立回归模型仍然具有检验外部效度的价值。

此外，新的模拟审判问卷在使用之前应当设计预发放程序。预发放程序有利于及时调整问卷项目，使有限的题目准确反映设计者的实验目

的。预发放程序使实验者能够对引入的各项变量予以评估,避免无效变量、双变量、多变量影响结论的逻辑性和科学性。

第二,需要优化研究设计,优化改善每个环节的实施过程。根据认知心理学的一般结论,推定认知风格是持续发挥作用的,哪怕是在法律条文约束的情况下;但实验能够验证的问题仅在于,在某些特定情况下,认知风格的差别就可能会突破法律条文的约束。实际上,我们是在用部分推定整体,但这一推定并未达到可推定的条件。接下来的研究应当优化实验设计,构思新的测试装置,测定那些单纯在司法判决输出端无法被测定的数据。一种可能的思路是,将司法过程视为由诸多步骤和环节组成的链条。法律条文的作用并不是一次性的,法官的司法过程是事实和法律不断互动的结果。将司法过程拆分成若干步骤和阶段,就可能在法律条文将法官判断完全约束之前,测量出认知风格差别对每一个环节造成的影响。认知风格差别影响的环节数量越多,即表示法官认知风格上的差别就越可能会影响到他们输出的判决结果。以此方式,就能判断认知风格的确是持续发挥作用的,并依据认知风格影响环节数量的差别,量化认知风格在不同条件下对不同类型的案件造成的影响。

第三,需要优化取样手段,针对不同法律关系重复展开实验。由于本研究设计在外部效度上并不明确,对此应当在两个方面进行有针对性的优化。一是增加样本,或者使用更严谨的概率采样方法。不过这要求更多部门更密切地配合,可能需要在更高的层面上才能开展,即由司法部或最高人民法院牵头,各级人民法院配合,才能实现大样本和概率采样。二是将本实验的基本设计,重复地适用于不同法律关系。重复实验的目的在于,即便能够将各种异质性的法律关系视为具有某种同一性的总体,那也需要足够的实验数据才能作出全称判断,即法官认知风格差别对法官审判确实能够造成影响,并在此基础上测定具体风格造成的具体影响。况且本书在第一章也讨论过,由于司法活动的特殊性,很难把缺少共性的各法律关系视为总体。于是重复实验的价值更多是安于零星工程,安于零星的个别判断,安于已知领域内的有效性,而非从样本推定总体,试图对总体中的未知领域作出判断。在零星工程理念之下,数量便成为研究效用程度的重要标尺。再有,司法决策异常复杂,不可能穷尽并控制影响法官决策的所有变量,心理学测试也无法达到绝对意义上的科学性,所以司法决策心理学的结论应当是开放的,任何结论都不具有排他性和终局性。本研究的结论也不例外。

第四,选取新的认知风格模型以及新的认知风格测试工具,重复开展研究。本研究在整个研究周期中,就曾经更换过认知风格模型和测试工具。原本计划用"场独立—场依存"模型来表征法官之间的认知风格差异,并用镶嵌图形来测试这种差异。此后又计划采用 CSA 测试工具来测试法官认知风格。最终出于新颖性、适用性等方面的考虑,选择了更新的三维模型和对应的测试工具。但这并不意味着其他模型是没有解释力的,也并不意味着其他测试工具没有信效度。相反,根据认知风格的构念以及对法官司法决策的猜测,有一定的理由认为,在不同的法律关系当中,按不同模型来测定法官认知风格可能会更有解释力。

第五,重新评估空间表征风格可能对审判造成影响,有针对性地设计凸显法官空间表征风格的表征认知任务。空间表征风格在实验中同法官决策关系不大,这并不能说明空间表征风格本身的构念存疑。更可能的情况是,实验者设计的情境对空间表征风格不敏感。目前我们对此也没有较为合适的方向和猜测,未来将通过大量重复实验找到适合空间表征、对空间表征风格敏感的信息。

第六,在有条件的情况下,细化实验设计,控制样本中有可能影响结论的各种变量。在被试选择和问卷设计过程中,课题组曾反复斟酌选取法院和法官的标准,思量问卷的选题和选项设置,力图尽可能地避开可能对模拟审判造成影响的各种变量,包括地域文化、经济水平、学历差异等。尽管如此,每个法官都由无数独特的生活背景所构成,可能影响审判结果的变量基本不可避免。譬如本章第二节中提到的性别变量,它可以通过认知风格的差异影响任务执行的效果。然而,这项任务无疑是非常困难的。因为不仅变量复杂多变,且又很难说明哪些变量已然固化为个体的认知风格,或者说被认知风格变量所吸收,而哪些变量是与认知风格无关的独立变量。这样一来,不仅变量难以被控制,甚至界定变量都存在巨大困难。因此,为了更精确地将认知风格测试的结果转化应用,未来研究对于控制复杂变量难题的解决方案也似乎只有一种,即大量开展类似的重复实验。

总之,与在第一章基于司法心理测量困境,从而在逻辑上提出的零星工程思路一致,对现实实验过程的反思也提出了类似主张。解决实验大部分缺陷和不足的最为可行方案在于重复多次实验。用大量数据来为隐喻和构念提供支持,这是在无法用经验直接达到研究目的的情况下,最为合理的解决方案。在未来的很长一段时间内,大量实验和数据仍然是在司法决策心理学领域内建立起一套信念的前提。

第七章　法官认知风格差异对审判影响确切背景下的对策与建议

通过对5省市9所法院共计100名民庭法官展开的认知风格测试和模拟审判问卷调研,以及随后的相关性分析,我们得出了关于法官认知风格差异对审判影响的初步研究结果。数据显示,法官在"客体表征—空间表征—言语表征"三个认知表征风格维度上的确存在明显差异。法官认知风格的差别同法官的学历、性别、年龄并无显著相关性。在模拟审判所涉及的民事案件领域,法官认知风格中的"客体表征"维度同审判结果近似具有中度相关性,"言语表征"维度具有低相关性,"空间表征"没有相关性。结论认为,法官认知风格对审判结果有确切影响,偏好不同认知风格类型的法官在对应案件中的表现会存在差异。研究进一步推测认为,根据认知风格是人一般行为模式差别的主张,三维表征风格差异大概在其他类型的案件中也与法官判决结果存在相关性,依据其他认知风格构念来表征的法官认知风格差异,也可能影响法官的判决。

对于这一事实,必须首先强调,为了实现公平正义所要求的"同案同判",法官认知风格差异影响审判结果必须被控制在合理限度内。本书开篇就曾申明,认知风格差异对法官审判造成实质性影响,如果不是在法律规定模糊,司法解释和证据规则不充分的情况下,就可能会有僭越了法官的权限。一旦法律非常明确,那么法官应当遵从法律规定。例如在本研究当中,迷惑性 Q1 和 Q6 涉及的物品,其内涵和外延都没有超出虚构"个人破产条例"的相关规定,所以这两个问题的答案在离散程度上明显不如其他有争议的问题。这也从侧面证明了法律的明确性是收敛因法官认知差异造成审判差异的关键。是以在我国全面推进依法治国和司法改革的进程当中,完善法律体系仍然是非常重要的一环。

然而仅仅强调通过完善法律法规来规避法官个体偏好对审判结果的影响,这并不能解决所有问题。"即便立法者慧海无边,他们也会受到语言的限制。"[1]法律规定再完备,也终究由有限法律规范组成,它与无限的具体法律关系、法律现象之间总会存在规范的真空地带,总会为法官的主体能力留下空间。而且,虽然法官过度发挥主体能力从权力划分和民主的角度看这不是一件好事,但从法律发展和灵活性的角度看,这也不见得就是一件坏事。正视法官认知风格差异所致"同案不同判",正视这种现象可能无法完全消除,挖掘这一现象背后的积极因素,这可能是应对该现象的一种更为积极的态度。

大量相关工作可以围绕以上结论展开。在司法体制综合配套改革的背景下,重视提升司法公信力,重视凸显司法公平正义的社会效果,都要立足于法官能力提升,立足于理顺司法机构"人""事""奖惩"之间的逻辑关系。比如2016年年初的中央政法工作会议以及年中的中央全面深化改革领导小组第二十五次会议,都反复明确并强调要以审判为中心,进一步推进司法制度的改革。以审判为中心的诉讼制度改革,针对

---

[1] [美]彼得·萨伯:《洞穴奇案》,陈福勇、张世泰译,生活·读书·新知三联书店2012年版,第147页。

的是形式化审判的倾向,这在目前我国的司法实践当中,特别是在刑事审判当中,较为明显。以审判为中心的诉讼制度改革,有助于查明事实、认定证据、保护诉权、公正裁判,是我国法治化进程当中重要的一步。而以审判为中心的司法改革,在实践中的抓手就是更高素质、更强能力的司法干部队伍。因为这是"一种在本质上有别于传统法庭调查的事实认定逻辑"[1]的崭新司法模式,如果法官、检察官专业素养、认知和判断能力不足,那么正义就可能被混乱的修辞和诡辩所歪曲。古希腊雅典民主被智者派所败坏就是明证。从提升法官认知和判断能力的角度上看,以审判为中心的司法改革,逻辑上要求深入研究法官认知规范、证据,乃至事实的心理过程,这不仅有助于审判的科学化、客观化、透明化,也有助于审判的一致性和司法公正,意义十分重大。

司法体制综合改革是系统性的改革,是"从构建司法人员选任制度、实现司法权力优化配置、发展多元化纠纷解决机制以及建立科学的司法改革评价体系等"[2]多方面,全面完善司法体制配套措施。可以说,司法体制综合改革自2013年以来,就是沿着全面性、精细化、创新性的路径展开的。全面、精细、创新之所以可能,很大程度上又要依赖于管理学、心理学、信息技术等相关社会科学的研究成果进入关于司法的法理学之中,使司法改革有了新领域、新方法、新目标。本研究已经表明,认知风格差异对法官认定事实和法律存在明确影响,那么,着眼于法官能力和审判效果的司法改革就理应根据法官认知风格差异的客观事实作出反应。将对法官心理决策过程的考察纳入司法改革的考量范围。因为这恰恰体现了司法改革的全面性、精细化、创新性。因此,我们有理由认为,基于法官认知风格差异能对审判结果造成确切影响这一事实,当下的司法改革,甚至未来很长一段时间的司法改革实践,在司法决策心理学得到系统研究和广泛认同的前提下,可以在人事管理、司法公平正

---

[1] 左卫民:《庭审实质化改革实证研究——以法庭调查方式为重点》,法律出版社2021年版,第357页。

[2] 郭志远:《司法体制综合配套改革:回顾、反思与完善》,载《法学杂志》2020年第2期。

义、司法制度设计等诸方面,融入基于认知风格理论乃至司法决策心理学的研究结论,包括但不限于下面具体提到的几个途径。

一、重视和发展法官认知风格乃至司法决策心理学的研究

在将认知风格心理学研究范式作为司法研究的重要方法,把认知风格影响司法过程的研究成果作为司法改革的重要依据,并在此基础上提出一系列意见建议之前,逻辑上首先需要重视法官认知风格乃至司法决策心理学对司法正义的促进作用。这种作用并非偶然,其根本逻辑在于当下对于司法正义的社会承认,与司法决策心理学的价值取向之间存在天然契合性。司法正义的重要评价维度恰恰在于社会承认:近10年来,"司法机关持续拓展民主参与、民主监督机制,开辟人民群众直接参与司法、监督司法的新路径;积极探索沟通交流机制,促进司法决策与社情民意的良性互动",[1]社会对于司法公信力供给的诉求不断提升,平民性或者人民性仍然是司法改革的重要且合理逻辑起点之一。[2] 其次,对法官认知风格差异影响审判结果的研究,本身就旨在维护正义的说服能力,旨在以澄清司法心理决策过程的方式,促进社会对审判结果的承认。是以大力发展司法决策心理学研究,是顺应当前司法改革大背景的合理思路。

重视和发展法官认知风格乃至司法决策心理学研究,首先必须系统地推进司法决策心理学研究主体的多元化,提升研究的组织能力和执行能力。目前,法官认知风格研究主要由学者基于研究兴趣来推进。但是学者主导的司法决策心理学研究存在诸多力有不逮之处:实证调研程序烦琐,法官缺少参与调研的动机,研究随着课题结束而结束,缺乏持续性,等等。这些"先天"的缺陷导致学者主导的研究无法构建起司法决策

---

[1] 张硕:《人民司法中的全过程人民民主:传承、创新与发展方向》,载《武汉大学学报(哲学社会科学版)》2022年第6期。
[2] 孙笑侠:《司法职业性与平民性的双重标准——兼论司法改革与司法评估的逻辑起点》,载《浙江社会科学》2019年第2期。

心理学的庞大拼图。只有转化研究的主体,让法院或司法行政部门成为研究的主体,让学者辅助参与研究,才能从根本上克服以上困难,建立持久、完善、覆盖面广的司法决策心理学研究体系。而只有在大量成体系的研究和研究成果的基础上,基于法官认知风格乃至司法决策心理学来影响、改善、推动司法改革才具有正当性。

重视和发展法官认知风格乃至司法决策心理学研究,落脚点在于自上至下地推行创新,敢于在传统法律教义的基础上,广泛引入各学科的研究成果。当前司法改革的困境之一在于,"基层司法改革极易被设定革旧创新的条条框框,限定了改革创新的空间;或者客观上缺乏改革创新的条件、基础和能力,局限了改革创新的成效"[1]。司法改革真正改出成效,切实满足人民和社会需求,让司法提供公平正义的司法产品,必然要求司法理念、方法、制度等各方面,凭借创新取得巨大突破。心理学方法的局限性以及司法的特殊性使得司法决策心理学在信效度上天然存在一定的不足,基层司法改革几乎不可能主动将必然存在某种程度或然性的结论应用于司法实践。即便应用于实践,也可能会面临边界、限度、风险等方面的诘难。但任何科学知识都存在或然性,都无法宣称其具有永恒不变的客观性,仅因为司法决策心理学存在瑕疵就放弃该理论明显有益的洞见,大有"因噎废食"之嫌。基于理论成本和理论收益的计算,最佳的方案是由上至下地、系统有序地、渐进地推动司法决策心理学结论转化为实践依据之一。自上至下地推进司法决策心理学结论的应用,能最大限度地减少基层畏难情绪和后顾之忧,解决基层在应用心理学研究成果时,基础和能力的不足,并且为基层实践中的经验反馈,乃至进一步创新,提供制度和动力学机制的保障。系统有序并且渐进式地推动心理学结论在司法实践中的应用,也需要自上至下协调一致,总体评估某种心理学结论的信效度,并规划与之匹配对应的适用规模和权重。

---

[1] 谢进杰:《基层司法改革存在的四大挑战及解决之道》,载《人民论坛》2020年第3期。

二、法院在组织人事方面应适当考虑法官认知风格偏好

"人尽其才"是组织人事工作重要的原则之一。法院的组织人事工作也不例外。我们已经发现,法官认知风格的差异不仅会影响审判结果,还会影响审判工作的效率和优劣。根据认知风格偏好以及认知风格偏好所致工作效率高低、工作成效好坏,组织开展法院人事工作,是实现"人尽其才"的重要手段。

法院组织人事工作对法官认知风格差异影响审判结果的事实作出反应,首先可以体现在招录和培养制度上。具体方案可以是在法院人事组织方面给予司法决策心理学研究成果一定的权重。有学者提出,法院、检察院可"试行分类招录、分别培养制度,采取灵活多元的人才引进方式",以完善员额遴选制度。[1] 分类招录和分别培养,可以细化人员的专业素养,以进一步分工的方式,强化司法人员在能力上的比较优势,以便提升司法人员的能力业务水平。但是分类招录和分别培养的标准是什么呢?在司法改革进行了一个阶段之后,司法人员在形式上实现了"分类",但仍然存在诸多不符合司法规律的问题,[2]并没有真正实现有理有据的"实质分类"。专业、学历当然是分类招录和分别培养的区分标准,但仅仅依靠这两个标准细化人员职业发展方向,这样的措施能称得上精细化,也仍然谈不上全面。司法决策心理学为全面的分类招录和分别培养制度提供了一种具有实效和可操作性的标准。根据本研究所主张的观点,即法官认知风格对审判确实存在影响,特定认知风格在特定领域会有较为优异的表现,那么为了提升审判质量,法院的人事组织可以适当考虑把心理测试也当成一个指标,在招录和培养人员时,综合考虑个人意愿和心理测试结果,安排人员的职业方向,实现人员的有效分类。实施方式类似于公司在员工入职之前普遍实施的智商、情商测验。

---

[1] 龙宗智、吕川:《检察机关人员分类管理的问题、矛盾与应对》,载《国家检察官学院学报》2022年第4期。

[2] 卞建林、王天保:《司法人员分类管理再思考》,载《内蒙古社会科学》2021年第6期。

民事审判庭和刑事审判庭可能对法官的认知风格有着不一样的要求,民事审判一庭和民事审判二庭之间可能也存在差异,相较于法官在多年之后转岗转业,通过心理测试保证法官职业生涯伊始就能够进入有更大概率高效产出的领域,其制度成本和试错成本微乎其微。当然,这并不是说在人事安排上必须首先考虑心理测试结果,而不考虑个人的研究专长和个人志愿,只是说可以将心理测试结果作为参考,哪怕是权重最弱的一项参考。在个人意愿并无明显偏好的情况下,依据心理测试结果安排岗位,使法官能有更大概率在自己的岗位上做得更好,有更多获得感,更可能实现多方的共赢。如果每位法官都能在适合自己风格偏好的岗位上展开职业生涯,法官潜力会被挖掘得更为充分,法官整体素质能力也能够得到更大提升。

法官认知风格测试结果还可以在日常管理中发挥作用。以法官的绩效考核为例。法官绩效考核制度是法院管理和激励法官的重要手段,也是司法改革的重点:"在功能定位上,法官绩效考核制度的设置应遵循司法规律,以提升法官能力为核心功能;在指标设置上,其应秉持司法管理服务于司法审判的理念,以法官审判工作实绩为核心考核内容,客观呈现法官的司法裁判能力与全部智识劳动;在实施机制上,通过考核主体的内部扩张与对外部评价的审慎引入,强调常态化的平时考核与沟通机制,以及内源性的考核结果应用机制。"[1]然而法官绩效考核制度的设计虽几经改革,但仍存在诸多不尽如人意的地方,未能达到预期效果。问题出在,比较不同法官之间的业务能力和劳动成效,不能简单地用某几种外部指标来实现,不能忽视不同类型案件和不同类型法官之间的差异;但如果单纯比较法官个体能力的动态变化,又缺乏有说服力的视角和维度。法官认知风格测试乃至一般心理测试,为解决这一矛盾提供了可行思路。把法官认知风格偏好作为分工的依据之一,并在此基础上比

---

[1] 杨铜铜:《法官绩效考核制度的非司法化困境及其调试》,载《法制与社会发展》2022 年第 3 期。

较类似认知风格法官在类似事项上的能力和成效,这种细化分类的方式有助于收敛处理不同事务的法官之间的不可通约性,有助于在相对公平的基础上形成科学、公平的绩效制度。

三、把法官认知风格研究成果作为审判制度的设计依据之一

法官认知风格差异除了通过法官的选任来影响审判结果,还可以通过审判过程影响审判结果。自然,法官认知风格研究结论应当在审判制度的设计和改革之中,作为被考虑的一种依据。我们认为,法官认知风格研究乃至司法决策心理学应当在司法民主、专门法庭、诉讼程序等几个方面发挥作用。

司法民主是目前司法改革的一项重要课题。在改善司法的社会效果,提升司法公信力的逻辑下,司法民主成为与司法专业化既相对应又相联系的辩证的另一面。在司法民主的课题之下,又包含着人民调解、人民陪审员制度等子课题。人民调解独立于司法调解,发挥着独立的社会功能和法律功能。最高人民法院摸索人民调解入驻法庭的规范设计,意图在保留人民调解独立功能的前提下,使之更加符合司法规律的客观要求。于是,人民调解入驻法庭的制度设计就遭遇到一种两难的情况,一方面需要"乡土化"及嵌入乡村社会,以保留其独立功能;另一方面又需要"职业化"并脱嵌乡村社会,[1]以满足合法合规的客观要求。人民陪审制度也处于类似的困境之中。人民陪审制度在新中国经历了起起伏伏各个阶段,"陪审制度变迁很大程度上深嵌于司法民主化和司法专业化之间的交互逻辑",其几十年的发展历程也"在一定程度上折射着我国司法改革在民主化和专业化问题上的反思与取舍,反映着我国政法传统在新时代的探索与重塑"。[2] 可以说,人民调解和人民陪审员制度所

---

[1] 张万洪、马闻:《人民调解嵌入人民法庭的改革实践与优化路径——以西南 D 市人民法庭的诉前调解改革为例》,载《中南民族大学学报(人文社会科学版)》2023 年第 1 期。

[2] 于晓虹、王翔:《政法传统中的人民陪审:制度变迁与发展逻辑》,载《学术月刊》2021 年第 7 期。

面临的困境实际上是善与善的冲突,是价值取舍的难题,一种表现为规范与结果、对与好的价值排序困境。

价值困境是否只能通过非此即彼的价值判断才能解决呢?其实不然。实践智慧是消解价值冲突的有效途径。[1] 也就是说,通过明智之人的智慧消解冲突。在实践中,以技术的方式消解价值冲突是遵循实践智慧的典型范例。比方说有学者就认为,人民陪审员制度作为改革,恰好是以审判为中心的改革走技术主义进路的突破口。[2] 而在解决司法民主与司法专业张力的技术进路之中,认知风格的相关结论是有所助益的。人民调解员的遴选,人民调解组织与法院之间的良好对接是人民调解入驻法庭并发挥其设计功能的重要前提。类似地,人民陪审员的遴选也是发挥人民陪审制度功能的重中之重。由于人员遴选的重要性,自然也成为争议集中的领域。人民陪审员和调解员如果仅从教师、公务员等"准专业"人员中遴选,并限定学历、专业等条件,虽然有助于保证专业性,但却可能妨碍了民主性的实现。此时若能适当考虑把认知风格测试作为遴选标准之一,则跳出了专业、学历、职业等条件对民主性的冲击,但同时又仍然能够保证,由于认知风格适切,通过认知风格遴选出来的人民陪审员和调解员能够较为高效地完成调解和审判工作。从而实现民主性与专业性的统一。

再来考察认知风格研究结论对专门法庭设置的影响。不同类型的案件涉及不同的当事人,不同的法律关系,以及不同的价值排序和价值取向。部分案件可能会固定地涉及特定种类的当事人,特定的法律关系,以及特定的价值排序和价值取向。这些案件的特殊性决定了,只有

---

[1] 关于实践智慧,可参见亚里士多德《尼各马可伦理学》第六章;实践智慧的当代倡导者的论述,可参见 Paul Ricoeur, *Soi-même comme un autre*, Paris: Éd. Du Seuil, 1990, pp. 300 - 335; Martha C. Nussbaum, "Ricoeur on tragedy: Teleology Deontology and Phronesis", in *Raul Ricoeur and Contemporary Moral Thought*, edited by John Wall, William Schweiker and W. David Hall, New York and London: Routledge, 2002, pp. 273 - 274。

[2] 魏晓娜:《以审判为中心改革的技术主义进路:镜鉴与期待》,载《法商研究》2022 年第 4 期。

通过有针对性地调整、配置、设计配套制度,更新、发展、创造理念方法,才能在司法中取得更好的效果。譬如在少年法庭的改革与设计之中,学者们提出,"要切实推进少年法庭的专门化建设与实体化运行";[1]在女子法庭、家暴案等审判方式改革当中,"进行性别经验的法律理论建构";[2]以及知识产权法院的实践之中,"专门化审判改革为知识产权保护水平提升提供了必要条件";[3]等等。

在探索专门法庭实施专门化和实体化改革的机制时,法官认知风格乃至司法决策心理学的研究成果可以被纳入综合的考量因素。由于专门法庭的专门化建设总会涉及人员配置、考核机制这些核心问题,涉及专业化、职业化的司法人才队伍培养,以及对特殊当事人的特殊处理方式,一言以蔽之,由于专门法庭总是涉及对人员的分类(当事人分类和司法人员分类),那么认知风格的研究成果就可以被应用于实践。在模拟审判问卷当中,Q5和Q10问题设计与少年儿童个人物品的认定相关,可以明显看出不同法官的不同认知风格对认定结果影响确切。同理,少年法庭会大量涉及与当事人特征关系密切信息的认知,那么在立法精神和特定价值取向的统摄下(比如少年法庭建立在保护、教育、引导少年当事人的价值取向上),就可以依据法官认知风格偏好配置审判人员(比如将有利于少年当事人的法官任命为审判员)。女子法庭、知识产权法院的专门化,乃至家庭暴力、强奸、猥亵等特殊案件的审判,也都蕴含着类似的逻辑。

最后考察法官认知风格差异影响审判这一事实对诉讼过程之中的制度的影响。前面已经讨论过法官认知风格研究对庭审实质化的影响。除了庭审实质化之外,民事诉讼繁简分流,合议庭组成等司法改革中的

---

[1] 贾冰一:《从分散到聚合:新时代少年法庭实体化运行路径探索》,载《法律适用》2022年第6期。
[2] [美]梅·奎恩、王新宇:《女性经验与柔性司法改革——科沃斯与女性主义法律现实主义的源起》,载《中国政法大学学报》2021年第2期。
[3] 靳学军:《新时代高质量发展视阈下知识产权法院的实践与完善》,载《中国应用法学》2022年第3期。

重要议题,从理论上也对法官认知风格研究结论开放。理由在于,繁简分流、合议庭组成作为司法改革中被经常讨论的议题,蕴含着司法为民动机,[1]与认知风格研究重视审判结果的取向一致。法官认知风格研究结论不仅对法官尝试进行一种性别、学历、年龄之外的客观分类,而且尝试对法官所处理的事项进行分类,包括法律关系、证据等。这为"繁简分流"的观念流变及其边界和限度给出了一种参考意见。法官认知风格差异也为合议庭的有效组织提供了新的思路:结合本研究所给出的结论来看,疑难案件是否可以考虑由更多言语表征风格偏好法官组成;关系到社会和人民切身利益的案件是否考虑由更多对象表征风格偏好法官组成;等等。随着法官认知风格研究的深入,相关结论可以应用于更多情境。

四、重视法官认知风格偏好差异,有助于建构法官职业共同体

制度设计不管怎样全面、细致,不管怎样环环相扣,最终都要落实到人的解释、理解、执行。司法机关在权力分配中,又往往发挥着为制度兜底的功能。法律要为各种社会制度兜底,这就为法官提出了更高的要求:更强的责任感,更高的道德水平,更专业的职业素养,等等。这在一定程度上赋予了法官超然的社会地位。世界上主要国家都通过制度确立了法官超然地位,当然,同时也用法律予以约束。无论如何,建构由法官身份、自我认同、职业伦理等多方面共同构成的法官职业共同体,这在现代法治秩序的运转中会起着至关重要的作用。建构法官职业共同体的切入角度多种多样,司法决策心理学理应成为其中重要一环。

我国司法官员额制的目标就体现了对法官身份认同的考虑。当下,法官员额制所要解决的主要矛盾已经从原初提高法官职业素质,使法官"正规化、专业化、职业化",转变为确立和拔高法官职业身份。[2] 在员

---

[1] 饶淑慧、翁晓斌:《民事诉讼"繁简分流"的概念扩张审思》,载《天津师范大学学报(社会科学版)》2022年第4期。

[2] 丰霏:《法官员额制的改革目标与策略》,载《当代法学》2015年第5期。

额法官遴选的实践中,各地大致都开发了一套结构类似,权重有所不同的评价体系,主要从"笔试测评+素能考核+民主评议"三个方面进行考量。这些机制有相当程度的科学性、民主性,基本实现了员额制改革所预设的目标。[1] 但是,员额法官遴选体制的优化实际上仍任重而道远。笔试、素能、评议三个维度都还有值得商榷的地方,其中对素能的争议尤大。有学者在调研中发现,尽管各地素能考评的具体内容和权重有所不同,但总体上讲,男法官在该项目上比女法官占优势,年龄较大的法官比年龄较小的法官占优势。[2] 然而,如果说素能水平同年龄存在一定的相关性或许还有道理可讲,同性别也存在相关性就反应了素能水平的衡量标准在设计上存在偏差,未能客观反映法官的真实素能水平。一种合理的改进方式在于,由于认知风格差异已经被证明同年龄、性别、学历等因素都没有相关性,则基于认知风格的分组,以及基于认知风格或其他心理学测试结果的情绪能力评价、职业适配度评价、潜力评价,如果被证明切实可靠,都可以作为素能项目中的子项目,与其他子项目一起形成综合评价体系。

法官职业共同体的形成,还有赖于法官认知过程的训练,促进法官职业共同体的实质化。研究数据表明,在法律规定不充分的情况下,或者是在复杂疑难案件当中,法官认知风格的差异的确会对审判结果造成差异,而认知风格是个体较为稳定的认知策略偏好,具有持久性,[3] 但又并非一成不变;[4] 综合以上事实,可以推论认为,虽然法官认知风格的差异是客观事实,但该差异是可以通过训练来收敛的。具体方案在于,法院在组织新法律法规或司法解释的业务学习培训时,除了强调知识的传

---

[1] 左卫民:《员额法官遴选机制改革实证研究:以 A 省为样板》,载《中国法学》2020 年第 4 期。

[2] 左卫民:《员额法官遴选机制改革实证研究:以 A 省为样板》,载《中国法学》2020 年第 4 期。

[3] [英]R. 赖丁、S. 雷纳:《认知风格与学习策略》,庞维国译,华东师范大学出版社 2003 年版,第 6 页。

[4] Kozhevnikov, M., "Cognitive Style in the Context of Modern Psychology: Toward an Integrated Framework of Cognitive Style", *Psychological Bulletin*, 2007, 133(3).

递之外,还要强调理解和认知的具体形成过程。比如,将典型案例的审判过程细化,可以通过自述、内心白描等方式,把案例之中法官处理信息的心理过程也予以描述,以涵盖认知对象和组织信息的全过程。通过这种方式建立起一种理解、组织、表征信息的典型策略,以达到收敛法官在此领域认知偏好的作用。

法官认知风格差异会对审判结果造成影响,这一现象还为法官职业伦理开辟了新领域。万事万物是普遍联系着的。近年来,新技术、新发现、新理论或多或少,直接或间接地影响着传统司法,在司法诸多领域带来巨大变革,同时也冲击着法官职业伦理。以人工智能、数据算法、信息化、数字化对司法造成的影响为例,相关技术的"压力性适用、选择性适用和规避性适用",已经对法官职业伦理发起了挑战。[1] 能够对审判造成影响的心理测试,人员配置方案,案件的优化分配模式等一系列研究成果,同样也都有可能遭遇"压力性适用","选择性适用",以及"规避性适用"。如果说在缺乏主观适用动机的情况下,仅因为外部压力适用心理研究成果,这最多不过导致适用效果不佳;那么"选择性适用"和"规避性适用"心理研究成果则有可能在不触犯任何现有法律法规的情况下,在一定限度内对审判结果形成人为操纵,从而对司法公正和司法公信力造成巨大伤害。因此,法官重视自身的认知风格乃至其他与审判相关的心理偏好,并自觉善意、合理地将自身心理偏好转化为公正司法产品供给的有效保障,自然成为法官职业伦理中的新内容,甚至也成为相关法规予以调整和规范的新领域。

五、法官认知风格研究与未来司法数字化和智能化的良性互动

从我国司法改革的规划来看,司法数字化和智能化是未来重要的改革趋势。法官认知风格研究成果与未来司法数字化和智能化在目标取

---

[1] 贾一锋、马长山:《法律职业伦理重建与法治底线支撑》,载《学习与探索》2020年第12期。

向上的一致性,在方法和视角上的互补性,使得二者能够产生良性互动,共同推动法官司法能力和司法水平的提升。二者的互动表现为相互促进的两个方面。

一方面,司法数字化和智能化有助于法官收敛认知风格的差异,使"同案同判"理想更容易实现。法官认知风格测试使法官更准确地认识自身,认识自身在审判方面的比较优势和相对不足。利用数字化和智能化技术,每位法官因认知风格差异而在特定案件上形成的比较优势,能够通过优化的人员配置,在司法实践中发挥更大作用。同时,算法的辅助功能又可以补足法官在特定任务中的不足,根据法官个体的不同,调整算法的侧重和功能的权重,以提供个性化、定制化的算法服务。数字化和智能化使法官可以从繁重的事务性工作中解脱出来,补足其在特定领域认知能力的不足,使法官更加注重法律价值与精神,实现真正的"数智审判"。[1] 另外,基于数据和计算的"偏离度预警"使法官不必担心个体差异造成判决差异超出可接受范围,使法官能够更无后顾之忧地发挥个人的能动性。在个体差异所致的审判结果差异被预警机制收敛到可接受程度时,审判结果差异的负面作用就消失了,审判差异的灵活性和创造力优势则被保留下来。

另一方面,司法决策的心理学一旦深入法官审判的具体心理过程,司法过程便不再是一个晦暗不明的"黑箱",司法人工智能便能够更有效地学习法官认知过程,为法官提供更精准、更细致的服务。虽然很多学者认为,人工智能从逻辑上不可能完全替代法官断案,在实践中的智能化程度也仍然难以满足司法改革的任务需求,但人工智能辅助法官判案的趋势仍然无可争议。然而从实践的角度讲,人工智能等新科技必须在理解司法规律、司法逻辑、司法理念的前提下,才能实现司法改革任务的智能化。[2] 司法智能化的开发必须让司法规律、司法逻辑、司法理念以

---

[1] 杨震、孙梦龙:《纸域司法改革的方向标:数智时代的区块链司法——以〈最高人民法院关于加强区块链司法应用的意见〉为中心展开》,载《政法论丛》2022 年第 6 期。
[2] 魏斌:《司法人工智能融入司法改革的难题与路径》,载《现代法学》2021 年第 3 期。

客观的、非神秘的方式呈现在开发者面前。司法决策的心理学研究一定程度上揭示了法官决策的心理过程,也为开发者开发辅助系统提供了相对明确的指引。

六、结语

法官认知风格研究的是人,研究的是作为司法实践核心和枢纽的法官,并且类似的研究计划还可以推广到检察官、人民调解员、人民陪审员等人员,因此可以毫不夸张地说,只要司法还是以人为主体的活动,那么法官认知风格的研究就几乎能同司法的各个领域建立起联系,可以为司法改革的所有课题提供意见和建议。

从本章所简单罗列的意见和建议可知,法官认知风格研究成果应用于司法实践和司法改革,能够带来三个方面的显著变化。首先体现在,重视认知风格等新兴领域研究,司法改革将更精更细,从政策倾斜,财政保障等单纯加大资源投入的粗放型司法改革,转变到重视规律,优化配置的内涵式司法改革。在认知风格研究的视域下,法官、检察官等人员,不再被视为输出司法意见的整齐划一的机器,也不再因为他们事实上根本不是整齐划一的机器,却在缺乏客观评价机制的前提下,被消极地理解为僭越司法权力的隐蔽的"国王"。根据司法认知风格等相关研究,司法人员可以根据具有客观性的类型特征,被划分为各种子类型。由于差异是外显的,而不是神秘且不可测量的,规范制度就可以对司法人员的"恣意"进行干预和收敛。

重视认知风格等新兴领域研究,司法改革将更新更准。从司法理念到司法制度设计的落地,这一过程当中的所有环节都不是一帆风顺的。不准确的制度设计,不仅无法体现制度设计者的意志,无法表达相应的司法理念,甚至还可能起到相反作用。制度设计效果不佳,有相当部分原因要归结于有限和陈旧的方法、工具、思维方式。互联网、大数据、人工智能为司法制度设计提供新方法、新工具、新思维,自然成为当下司法改革的重要倚仗。同样,传统学科和司法的新交叉也可以发挥类似的作用。法学与心理学的交叉已经有一定成果,但诸如认知风格与审判过程的交叉领域仍然具有新颖性。对司法人员认知风格研究展开系统研究,能在制度设计中发挥作用。

重视认知风格等新兴领域研究,司法改革将更全更系统。认知风格可能影响审判结果,这一洞见为司法制度设计以及司法伦理提出了新课题。不仅如此,司法决策心理学的研究还可能在人格类型、情感、非理性等方面展现出更多新知,使司法系统改革的外延不断拓展:尊严和获得感不仅包括职位、职务,还应包括司法的审美和情感的适切;司法能力水平的提升,不只可以从强化理论和业务学习入手,还可以通过心理测试,以优化人员配置的方式实现;监督和防范的对象不只有最终结果的外部行为,还包括思想本身之外的、外部行为的决策过程。

认知风格等司法决策心理学研究成果有助于全过程、全领域的司法改革。司法决策心理学研究大有可为,学界和实务界对此都应当给予足够重视。目前,尚未有大量司法决策心理学研究成果进入应用的实例,但这并非心理学研究同司法实践不适配的缘故,而是因为该领域的研究进程目前还不足以支撑其成果进入应用阶段。也正因为如此,我们更应集中精力,有组织地展开司法决策心理学系统研究。

附录一：认知风格测试结果汇总表

编号	F	N	W	年龄	学历	性别	Q1	Q2	Q3	Q4	Q5	Q6	Q7	Q8	Q9	Q10
1	22.22	0	77.78				D	D	C	B	B	C	D	C	C	C
2	0	94.44	5.56				A	A	C	D	D	A	C	D	D	D
3	16.67	77.78	5.55				A	B	B	D	D	A	B	B	D	D
4	8.33	2.27	88.89				B	C	C	D	D	A	B	D	C	C
5	8.34	0	91.66				B	C	C	A	C	B	C	C	A	D
6	5.55	8.34	86.11				D	D	D	D	D	A	C	D	D	A
7	25.00	27.78	47.22				B	C	B	C	B	B	B	B	C	B
8	13.88	36.12	50.00				C	C	B	C	B	C	C	C	B	C
9	16.67	0	83.33				C	C	C	A	B	B	C	C	C	B
10	5.56	5.56	88.88				B	B	B	C	C	A	B	D	C	C
11	13.89	13.89	72.22				D	D	D	D	D	D	D	D	D	D
12	25.00	33.36	41.64				C	D	D	C	A	C	D	B	C	A
13	0	97.23	2.77				D	D	D	D	D	D	D	D	D	D
14	16.68	13.89	69.43				C	D	A	D	D	B	D	C	C	D
15	2.78	2.78	94.44				C	A	C	A	A	D	B	B	B	B

续表

编号	F	N	W	年龄	学历	性别	Q1	Q2	Q3	Q4	Q5	Q6	Q7	Q8	Q9	Q10
16	8.34	5.55	86.11				B	C	B	C	C	B	C	C	C	C
17	47.22	27.78	25.00				B	B	C	C	C	B	B	C	B	B
18	33.33	11.11	55.56				B	D	A	B	B	B	D	A	A	A
19	19.43	5.57	75.00				B	B	C	C	C	B	B	C	C	C
20	0	72.22	27.78				B	D	A	A	A	A	D	A	A	A
21	5.56	85.56	13.88				C	D	D	D	D	C	D	D	D	D
22	2.77	88.89	8.34				D	C	B	D	D	B	C	C	D	D
23	22.22	13.89	63.89				B	B	A	C	C	B	B	A	C	C
24	16.68	44.44	38.88				B	D	B	B	A	B	A	B	B	D
25	33.36	2.78	63.86				B	B	C	C	B	B	B	C	C	B
26	52.78	8.34	38.88	38	硕士	男	C	D	C	B	B	D	C	B	C	B
27	22.22	2.28	75.00	24	本科	男	B	A	A	B	B	A	A	C	A	A
28	2.78	41.66	55.56	34	硕士	男	C	B	C	D	B	B	B	D	C	B
29	13.88	2.78	83.34	40	硕士	男	A	B	C	A	A	A	B	C	B	A
30	2.78	2.78	94.44	34	硕士	女	B	C	C	C	C	B	C	C	C	C
31	58.33	0	41.67	29	硕士	男	B	C	B	B	B	B	C	B	C	B
32	5.56	5.56	88.88	37	硕士	男	B	C	D	D	D	A	D	D	D	D
33	11.11	33.33	55.56	35	硕士	女	B	B	C	C	C	B	B	C	C	C
34	13.89	5.55	80.56	33	硕士	女	B	B	B	C	B	B	B	C	C	B
35	50.00	16.67	33.33	36	硕士	男	A	A	B	B	B	A	A	C	B	B
36	52.78	13.88	33.34	41	硕士	女	A	C	B	A	A	A	C	B	A	A
37	19.44	2.78	77.78	42	本科	女	B	C	C	C	C	B	C	C	C	C
38	13.34	2.78	77.78	28	硕士	女	B	C	B	B	B	B	C	B	B	B
39	25.00	13.88	61.12	28	硕士	女	B	B	C	C	B	B	B	D	C	C
40	2.78	88.89	8.33	39	硕士	男	B	C	B	A	A	C	C	A	A	A
41	0	0	100.00	47	本科	男	A	B	B	B	B	B	B	C	B	C
42	41.67	41.67	16.64	50	本科	女	B	B	C	B	C	B	B	C	B	B
43	11.11	33.33	55.56	42	本科	男	B	B	B	C	A	B	B	C	B	A

续表

编号	F	N	W	年龄	学历	性别	Q1	Q2	Q3	Q4	Q5	Q6	Q7	Q8	Q9	Q10
44	22.22	5.56	72.22	37	硕士	男	B	C	B	B	B	B	C	C	C	B
45	0	8.33	91.67	33	本科	女	B	C	B	B	B	C	B	B	B	B
46	36.11	5.56	58.33	45	本科	女	C	C	C	C	C	C	C	C	C	C
47	11.11	2.78	86.11	41	硕士	男	C	C	C	C	C	C	C	C	C	C
48	55.56	13.88	30.56	41	硕士	女	B	B	B	C	C	B	B	B	C	B
49	8.34	2.78	88.88	39	硕士	男	A	C	A	B	B	B	B	B	B	B
50	11.11	0	88.89	32	硕士	女	B	C	C	C	B	C	C	C	C	C
51	26.32	5.26	68.42	36	本科	男	B	C	C	C	B	C	C	C	C	B
52	63.89	0	36.11	41	博士	男	B	B	B	B	B	B	B	B	B	B
53	69.44	0	30.56	46	本科	男	B	A	A	C	C	B	B	C	C	C
54	13.89	8.33	80.58	45	博士	男	A	C	A	D	B	A	C	C	C	B
55	89.18	2.71	8.11	42	本科	女	A	A	B	A	C	B	A	B	A	C
56	8.33	2.78	88.89				A	D	D	D	D	A	D	D	D	D
57	8.33	0	91.67				B	C	C	C	C	A	B	C	B	D
58	11.11	2.78	86.11				B	B	B	D	C	B	B	C	C	B
59	30.56	2.78	66.66				C	C	C	C	C	B	C	C	C	C
60	8.33	2.78	88.89				B	D	A	C	C	B	D	B	C	C
61	80.56	8.33	11.11				C	C	B	C	C	B	B	B	C	C
62	27.78	38.89	33.33	37	硕士	男	B	B	B	C	B	B	B	B	C	B
63	16.67	16.67	66.66	40	硕士	男	B	B	B	B	B	A	A	A	B	B
64	2.78	30.56	66.66	39	硕士	女	B	B	B	D	D	B	B	D	D	D
65	16.67	47.22	38.89	41	硕士	男	B	A	A	A	A	A	A	A	A	A
66	44.45	25.00	30.55	32	硕士	男	A	B	A	B	A	A	B	A	B	A
67	36.11	27.78	36.11	33	硕士	女	A	C	B	C	A	A	B	B	B	A
68	52.78	27.78	19.44	39	硕士	男	A	A	A	A	A	A	A	A	A	A
69	66.67	13.89	19.44	35	本科	男	A	C	A	C	A	A	B	B	C	A
70	38.89	38.89	22.22	33	硕士	女	A	A	A	A	A	A	C	C	C	A
71	52.78	19.44	27.78	40	本科	男	A	A	A	A	A	B	B	B	A

续表

编号	F	N	W	年龄	学历	性别	Q1	Q2	Q3	Q4	Q5	Q6	Q7	Q8	Q9	Q10
72	44.44	13.89	41.67	38	硕士	男	A	A	A	A	A	B	C	B	A	
73	38.89	27.78	33.33	30	本科	女	A	A	A	A	A	B	B	C	A	
74	50.00	22.22	27.78	43	本科	男	A	C	B	B	A	A	B	C	C	A
75	52.78	13.89	33.33	34	硕士	男	A	A	A	B	A	A	B	B	B	
76	41.67	25.00	33.33	39	硕士	男	A	A	A	A	A	A	B	B	B	B
77	44.44	25.00	30.56	33	硕士	女	A	A	A	A	A	A	A	A	A	
78	38.89	25.00	36.11	28	硕士	女	A	A	A	A	A	A	B	B	A	
79	52.78	33.33	13.89	37	硕士	男	A	A	A	A	B	A	A	B	A	
80	30.56	27.78	41.66	30	硕士	女	A	A	A	A	A	B	B	A	A	
81	33.33	2.78	63.89	25	硕士	男	A	A	C	C	A	A	B	C	C	
82	47.22	8.33	44.45	28	硕士	男	B	B	B	D	D	A	A	B	D	D
83	22.22	30.56	47.22	30	硕士	男	B	B	B	C	B	B	B	C	B	
84	2.78	94.44	2.78	28	本科	男	B	B	B	B	B	B	B	B	B	
85	38.89	19.44	41.67	42	硕士	男	B	C	B	B	A	B	B	A	B	
86	41.67	27.78	30.55	34	硕士	男	B	B	D	B	B	A	B	A	C	C
87	50.00	13.89	36.11	29	本科	男	B	B	B	D	D	B	B	C	D	
88	22.22	36.11	41.67	36	本科	女	B	B	B	C	C	A	C	D	C	C
89	44.44	19.44	36.12	41	博士	女	A	A	A	B	B	A	B	D	C	C
90	30.56	66.67	2.77	28	本科	女	A	A	C	C	C	A	A	C	C	C
91	5.56	83.33	11.11	36	硕士	男	B	B	B	B	B	A	B	C	B	A
92	33.33	13.89	52.78	28	本科	女	B	B	B	C	C	A	B	C	C	C
93	38.89	13.89	47.22	35	硕士	男	A	A	A	C	C	A	C	C	C	D
94	47.22	8.33	44.45	21	本科	女	A	A	B	B	A	A	C	D	C	A
95	33.33	16.67	50.00	36	硕士	男	A	B	B	C	B	A	C	D	C	C
96	38.89	41.67	19.44	37	博士后	男	A	A	A	C	C	A	A	A	B	B
97	36.11	27.78	36.11	34	硕士	女	A	C	B	C	A	A	B	B	B	A
98	22.22	5.56	72.22	39	硕士	男	B	C	B	B	B	C	C	C	C	B
99	2.78	2.78	94.44	33	硕士	女	B	C	C	C	B	C	C	C	C	C
100	52.78	33.33	13.89	38	硕士	男	A	A	A	A	B	A	A	B	A	

附录二：模拟审判问卷

模拟案例，假定不存在上诉情况，所有材料均为虚构，图片源于网络：

债务人贾某申请个人破产，同时依据虚构"个人破产条例"（参照《深圳经济特区个人破产条例》设计）第36条对个人及其扶养人的生活必需品请求豁免。该条款规定，为保障债务人及其所扶养人的基本生活及权利，豁免财产范围如下：

（一）债务人及其所扶养人生活、学习、医疗的必需品和合理费用；

（二）因债务人职业发展需要必须保留的物品和合理费用；

（三）对债务人有特殊纪念意义的物品；

（四）没有现金价值的人身保险；

（五）勋章或者其他表彰荣誉的物品；

（六）专属于债务人的人身损害赔偿金、社会保险金以及最低生活保障金；

（七）根据法律规定或者基于公序良俗不应当用于清偿债务的其他财产。

债务人贾某请求豁免的财产（所有物品均可折价）包括：

物品	理由	不要求明确判断,只要求描述大致倾向
小额活期存款	第一款:生活、学习、医疗的必需品和合理费用	A 非常倾向于认定　　B 倾向于认定 C 倾向于不认定　　D 非常倾向于不认定
网约车一部	第二款:职业发展需要必须保留的物品	A 非常倾向于认定　　B 倾向于认定 C 倾向于不认定　　D 非常倾向于不认定
结婚戒指	第三款:有特殊纪念意义	A 非常倾向于认定　　B 倾向于认定 C 倾向于不认定　　D 非常倾向于不认定
(供桌图)	第七款:基于公序良俗不应当用于清偿债务	A 非常倾向于认定　　B 倾向于认定 C 倾向于不认定　　D 非常倾向于不认定
(卡丁车图)	第七款:基于公序良俗不应当用于清偿债务	A 非常倾向于认定　　B 倾向于认定 C 倾向于不认定　　D 非常倾向于不认定

这是第一页,总计两页,请在完成本页选择以后再翻页。

债务人贾某开设汽车租赁公司,因经营不善亏损。总计负债 500 万人民币,唯一自住房已经出售,房款 250 万元人民币用于清偿债务。债务人进一步对豁免申请的财务进行了补充说明:

物品	理由	不要求明确判断,只要求描述大致倾向
小额活期存款 4000 元用于租房、日常生活开销	第一款:生活、学习、医疗的必需品和合理费用	A 非常倾向于认定　　B 倾向于认定 C 倾向于不认定　　D 非常倾向于不认定

续表

物品	理由	不要求明确判断,只要求描述大致倾向
网约车一部,价值50,000元	第二款:职业发展需要必须保留的物品	A 非常倾向于认定　B 倾向于认定 C 倾向于不认定　D 非常倾向于不认定
结婚戒指,价值70,000元	第三款:有特殊纪念意义	A 非常倾向于认定　B 倾向于认定 C 倾向于不认定　D 非常倾向于不认定
残值10,000元	主张该物品为未成年人玩具 第七款:基于公序良俗不应当用于清偿债务	A 非常倾向于认定　B 倾向于认定 C 倾向于不认定　D 非常倾向于不认定
残值1000元	主张该物品为未成年人玩具 第七款:基于公序良俗不应当用于清偿债务	A 非常倾向于认定　B 倾向于认定 C 倾向于不认定　D 非常倾向于不认定

感谢您的参与!

附录三：法官认知风格原始数据

以下是认知风格测试原始数据，被试编号的重复是由于测试机器不同，所以实际上只存在编号的重复，不存在被试本身的重复。参加法官数量为 130 人，筛选掉错误率过高的样本之后，再从样本池中凑足 100 个有效样本。

其中，反应记录是对被试在每一道题中鼠标操作的记录，即被试所点击的位置。反应风格是指被试的选择所反应出来地对应认知风格维度。反应时间是指被试完成本试题所花费的时间。最下方三个百分比数字分别对应 N、F、W 在个体认知策略之中所占的百分比。

编号1001			编号1002			编号1003			编号1004			编号1005			编号1006			编号1007			编号1008		
反应记录	对应风格	反应时间	反应记录	对应风格	反应时间	反应记录	对应风格	反应时间	反应记录	对应风格	反应时间	反应记录	对应风格	反应时间	反应记录	对应风格	反应时间	反应记录	对应风格	反应时间	反应记录	对应风格	反应时间
4	w	3789	4	w	2787	4	w	15278	2	n	2326	7	f	9757	2	n	4334	4	w	920	2	n	1371
8	w	2232	8	w	1964	15	n	9454	15	n	3214	12	f	3584	8	w	4068	8	w	1211	8	w	1836
10	f	1025	10	f	1107	13	n	5479	13	n	4888	12	w	8616	10	f	1500	10	f	1023	10	f	1045
1	f	1725	1	f	1239	3	n	11766	2	w	6898	3	n	15905	3	n	2556	1	f	2279	2	w	972
12	w	3825	15	n	2245	12	w	9957	15	n	2692	15	n	6540	15	n	2257	15	n	1482	15	n	1137
12	f	1261	12	f	1639	12	f	6703	13	n	2262	11	w	10525	11	w	3288	12	f	1110	11	w	1801
12	w	1736	12	w	1532	12	w	4981	15	n	3113	12	f	9011	12	w	1617	12	w	1355	12	w	1189
15	n	8575	13	n	1334	13	n	9031	13	n	3485	13	n	6184	13	n	1843	13	n	1943	13	n	1969
15	f	1648	15	f	1787	15	f	9702	15	n	2034	10	f	5062	10	f	6920	12	w	1577	15	w	1341
15	n	1945	15	w	1427	13	w	12606	8	n	5245	15	w	6334	15	w	3041	13	f	2458	15	w	1854
14	f	1521	14	f	1074	15	w	2579	9	n	2892	15	w	1761	14	f	1530	14	f	1238	15	w	1791
4	f	2361	4	f	1920	4	f	16160	1	n	2657	4	f	10529	4	n	1901	4	f	946	4	f	1137
12	w	2920	12	w	2473	6	n	8168	6	n	5352	12	w	5910	6	n	3219	8	f	963	6	n	1470
13	f	1428	13	f	1202	14	w	3398	9	n	8164	13	n	3072	13	f	1073	13	f	1100	13	f	941
13	f	1488	13	f	940	13	n	11523	9	n	2638	13	f	1856	13	f	997	13	w	760	13	f	1692
9	w	3176	9	w	2476	15	n	12360	15	n	2232	15	n	5675	9	w	2436	9	w	1497	9	w	1441
10	f	4209	12	w	1818	15	n	10580	15	n	2272	10	w	13849	10	f	1524	10	f	2324	12	w	1141
8	f	2521	8	f	2015	15	n	6597	15	n	14508	8	f	9881	8	f	2238	8	f	1566	15	n	1835
11	w	3412	11	w	2568	11	n	3812	15	n	2922	12	n	9788	12	f	1891	15	f	1141	11	w	1358
9	w	2603	9	w	2412	9	w	11311	15	n	1732	15	n	10162	10	f	1533	10	f	1172	10	f	1685

附录三：法官认知风格原始数据

续表

	编号1001			编号1002			编号1003			编号1004			编号1005			编号1006			编号1007			编号1008		
	反应记录	对应风格	反应时间	反应记录	对应风格	反应时间	反应记录	对应风格	反应时间	反应记录	对应风格	反应时间	反应记录	对应风格	反应时间	反应记录	对应风格	反应时间	反应记录	对应风格	反应时间	反应记录	对应风格	反应时间
	4	w	3132	4	w	2383	4	w	17425	2	n	4081	7	f	6419	2	n	1799	4	w	806	7	f	691
	9	w	1866	10	f	2264	9	f	14017	15	n	1936	9	w	3183	9	w	2101	10	f	1020	15	n	1116
	12	w	2509	10	f	1559	10	f	12697	15	n	1863	10	f	9461	12	w	2312	15	n	872	12	w	1039
	7	f	5268	7	f	2893	7	w	8263	8	n	2688	7	w	3353	7	w	2166	7	w	1154	8	n	957
	13	f	1596	13	f	1552	15	w	2999	12	n	5250	15	w	5666	12	n	3151	13	f	839	12	f	1032
	12	w	3836	12	w	4720	12	w	9213	14	n	8555	14	n	9978	12	w	2265	12	w	1332	12	w	850
	15	w	1719	15	w	2557	15	w	21115	12	n	3619	15	w	10795	12	n	1833	15	w	1605	12	w	922
	12	f	1764	12	w	2132	12	w	3703	14	n	6578	12	f	3240	12	w	3305	12	w	1311	12	w	845
	8	w	2768	8	w	1852	8	w	4994	15	n	18370	12	f	3325	15	n	4144	8	w	1171	8	w	1440
	10	w	2193	12	f	1371	12	f	4104	15	n	4391	10	w	5184	11	f	3527	12	f	1597	12	f	1504
	12	f	1796	12	w	1346	11	w	1972	13	n	2272	11	w	16383	12	f	1270	11	w	1049	11	w	2805
	8	w	6032	8	w	2076	12	f	4053	15	n	1830	12	w	10574	15	w	2838	12	n	2509	15	n	2342
	14	w	1480	15	w	2037	12	n	18230	12	n	3356	14	w	14047	12	f	1678	12	w	1389	14	w	1141
	12	f	1619	12	f	1306	15	f	6306	15	n	2617	8	w	4847	11	f	968	12	f	1121	12	f	1122
	12	w	2536	11	f	1532	11	f	4526	11	f	5920	11	f	7898	12	f	3701	11	f	1178	11	f	1181
	13	w	2021	15	f	3816	13	w	9962	12	n	4661	15	f	2558	12	n	2784	13	w	2339	12	n	1256
N	2.78%			8.33%			30.56%			94.44%			19.44%			27.78%			13.89%			36.11%		
F	33.33%			47.22%			22.22%			2.78%			38.89%			41.67%			50.00%			22.22%		
W	63.89%			44.44%			47.22%			2.78%			41.67%			30.56%			36.11%			41.67%		

	编号1009			编号1010			编号1011			编号1012			编号1013			编号1014			编号1015			编号7981		
	反应记录	对应风格	反应时间	反应记录	对应风格	反应时间	反应记录	对应风格	反应时间	反应记录	对应风格	反应时间	反应记录	对应风格	反应时间	反应记录	对应风格	反应时间	反应记录	对应风格	反应时间	反应记录	对应风格	反应时间
	2	n	2047	7	f	2930	2	4	w	7767	4	w	7767	4	w	7767	4	w	7767	4	w	7767	n	1371
	8	w	1356	12	f	2527	15	12	f	4862	12	f	4862	12	f	4862	12	f	4862	12	f	4862	w	1836
	10	f	977	10	f	1439	12	12	w	3965	12	w	3965	12	w	3965	12	w	3965	12	w	3965	f	1045
	3	n	1931	1	n	2151	3	2	w	2686	2	w	2686	2	w	2686	2	w	2686	2	w	2686	n	972
	8	f	1227	15	f	1436	15	8	f	7652	8	f	7652	8	f	7652	8	f	7652	8	f	7652	w	1137
	12	f	1823	12	f	1672	11	11	w	6993	11	w	6993	11	w	6993	11	w	6993	11	w	6993	n	1801
	12	w	39458	12	w	2179	12	12	f	4672	12	f	4672	12	f	4672	12	f	4672	12	f	4672	w	1189
	12	w	725	10	n	3557	10	10	w	16555	10	w	16555	10	w	16555	10	w	16555	10	w	16555	n	1969
	13	f	1238	15	n	1464	15	10	f	4928	10	f	4928	10	f	4928	10	f	4928	10	f	4928	w	1341
	14	f	939	13	f	1720	8	15	w	3531	15	w	3531	15	w	3531	15	w	3531	15	w	3531	n	1854
	4	f	842	14	f	2377	9	15	w	3538	15	w	3538	15	w	3538	15	w	3538	15	w	3538	w	1791
	12	w	1140	4	f	2825	1	7	w	3841	7	w	3841	7	w	3841	7	w	3841	7	w	3841	f	1137
	13	w	2213	12	w	4909	6	12	w	10154	12	w	10154	12	w	10154	12	w	10154	12	w	10154	n	1470
	13	f	1244	13	f	1884	14	14	w	5473	14	w	5473	14	w	5473	14	w	5473	14	w	5473	f	941
	9	f	736	13	f	3890	9	13	w	250	13	w	250	13	w	250	13	w	250	13	w	250	w	1692
	9	w	999	9	n	2597	15	9	f	5938	9	f	5938	9	f	5938	9	f	5938	9	f	5938	w	1441
	10	f	1160	10	f	1827	12	10	f	6661	10	f	6661	10	f	6661	10	f	6661	10	f	6661	n	1141
	8	f	1024	8	f	2222	15	8	w	2761	8	w	2761	8	w	2761	8	w	2761	8	w	2761	w	1835
	11	w	1170	15	n	2318	15	11	w	15581	11	w	15581	11	w	15581	11	w	15581	11	w	15581	f	1358
	10	f	1175	15	n	3014	9	9	w	7753	9	w	7753	9	w	7753	9	w	7753	9	w	7753	w	1685

续表

反应记录	编号1009 对应风格	编号1009 反应时间	编号1010 反应记录	编号1010 对应风格	编号1010 反应时间	编号1011 反应记录	编号1011 对应风格	编号1011 反应时间	编号1012 反应记录	编号1012 对应风格	编号1012 反应时间	编号1013 反应记录	编号1013 对应风格	编号1013 反应时间	编号1014 反应记录	编号1014 对应风格	编号1014 反应时间	编号1015 反应记录	编号1015 对应风格	编号1015 反应时间	编号7981 反应记录	编号7981 对应风格	编号7981 反应时间
2	n	1863	2	n	2326	2	w	5454	4	w	5454	4	w	5454	4	w	5454	4	w	5454	5454	f	691
10	n	2724	15	n	1713	15	w	7984	9	w	7984	9	w	7984	9	w	7984	9	w	7984	7984	n	1116
15	n	1434	15	n	2046	15	w	7920	12	w	7920	12	w	7920	12	w	7920	12	w	7920	7920	w	1039
8	w	2156	8	f	2810	8	w	3713	7	w	3713	7	w	3713	7	w	3713	7	w	3713	3713	n	957
15	w	1132	13	f	3780	12	w	6208	15	w	6208	15	w	6208	15	w	6208	15	w	6208	6208	n	1032
12	n	1174	11	f	1973	14	w	4594	12	w	4594	12	w	4594	12	w	4594	12	w	4594	4594	w	850
12	w	788	11	f	2125	12	w	2801	15	w	2801	15	w	2801	15	w	2801	15	w	2801	2801	n	922
12	w	619	12	f	1713	11	w	2336	12	w	2336	12	w	2336	12	w	2336	12	w	2336	2336	w	845
8	f	1225	15	f	2905	15	f	11157	12	f	11157	12	f	11157	12	f	11157	12	f	11157	11157	w	1440
12	w	877	12	f	3249	10	w	7200	10	w	7200	10	w	7200	10	w	7200	10	w	7200	7200	f	1504
11	w	1194	12	f	5988	11	w	2616	11	w	2616	11	w	2616	11	w	2616	11	w	2616	2616	w	2805
8	f	1447	11	n	1696	8	w	2674	8	w	2674	8	w	2674	8	w	2674	8	w	2674	2674	n	2342
15	f	824	14	f	4693	14	w	9096	14	w	9096	14	w	9096	14	w	9096	14	w	9096	9096	w	1141
12	n	1118	12	n	2550	8	w	2733	8	w	2733	8	w	2733	8	w	2733	8	w	2733	2733	f	1122
14	n	1049	11	f	1419	12	w	6382	12	w	6382	12	w	6382	12	w	6382	12	w	6382	6382	f	1181
13	w	2331	12	n	1786	13	w	7084	13	w	7084	13	w	7084	13	w	7084	13	w	7084	7084	n	1256
N	19.44%			30.56%			83.33%			13.89%			13.89%			8.33%			16.67%			0.00%	
F	44.44%			66.67%			5.56%			33.33%			38.89%			47.22%			33.33%			22.22%	
W	36.11%			2.78%			11.11%			52.78%			47.22%			44.44%			50.00%			77.78%	

编号 7982			编号 7983			编号 7984			编号 7985			编号 7986			编号 7987			编号 7989			编号 79810		
反应记录	对应风格	反应时间	反应记录	对应风格	反应时间	反应记录	对应风格	反应时间	反应记录	对应风格	反应时间	反应记录	对应风格	反应时间	反应记录	对应风格	反应时间	反应记录	对应风格	反应时间	反应记录	对应风格	反应时间
2	n	5447	2	n	5563	7	f	7767	4	w	7767	4	w	7767	4	w	7767	4	w	7767	n	1371
15	n	31711	15	w	5794	8	w	4862	12	f	4862	12	f	4862	12	f	4862	12	f	4862	w	1836
13	n	3261	12	n	6234	12	w	3965	12	w	3965	12	w	3965	12	w	3965	12	w	3965	f	1045
3	n	12951	3	n	9889	1	f	2686	2	f	2686	2	f	2686	2	f	2686	2	f	2686	n	972
15	n	3268	15	n	6013	12	w	7652	8	w	7652	8	w	7652	8	w	7652	8	w	7652	n	1137
13	w	3883	13	n	4312	11	w	6993	11	w	6993	11	w	6993	11	w	6993	11	w	6993	w	1801
12	w	9146	15	n	4655	12	w	4672	12	f	4672	12	f	4672	12	f	4672	12	f	4672	n	1189
13	n	5230	13	w	2424	10	f	16555	10	w	16555	10	w	16555	10	w	16555	10	w	16555	n	1969
15	n	5351	15	n	11476	15	w	4928	10	w	4928	10	w	4928	10	w	4928	10	w	4928	w	1341
8	n	18640	15	n	7452	15	w	3531	15	f	3531	15	f	3531	15	f	3531	15	f	3531	w	1854
9	n	9570	9	n	9766	9	w	3538	15	w	3538	15	w	3538	15	w	3538	15	w	3538	n	1791
1	n	5179	1	n	2690	7	w	3841	7	w	3841	7	w	3841	7	w	3841	7	w	3841	w	1137
6	n	7768	6	n	6145	12	w	10154	12	w	10154	12	w	10154	12	w	10154	12	w	10154	n	1470
9	n	4775	9	n	3609	14	w	5473	14	w	5473	14	w	5473	14	w	5473	14	w	5473	w	941
9	n	4651	9	n	5092	15	f	250	13	f	250	13	f	250	13	f	250	13	f	250	n	1692
15	n	2583	15	n	4713	9	f	5938	9	w	5938	9	w	5938	9	w	5938	9	w	5938	w	1441
15	n	4006	15	n	3700	12	f	6661	10	f	6661	10	f	6661	10	f	6661	10	f	6661	w	1141
15	n	4642	8	f	8132	12	w	2761	8	f	2761	8	f	2761	8	f	2761	8	f	2761	n	1835
15	n	5180	12	f	2734	11	w	15581	11	w	15581	11	w	15581	11	w	15581	11	w	15581	w	1358
15	n	3071	10	f	2397	9	w	7753	9	w	7753	9	w	7753	9	w	7753	9	w	7753	f	1685

续表

反应记录	编号 7982 对应风格	反应时间	编号 7983 反应记录	对应风格	反应时间	编号 7984 反应记录	对应风格	反应时间	编号 7985 反应记录	对应风格	反应时间	编号 7986 反应记录	对应风格	反应时间	编号 7987 反应记录	对应风格	反应时间	编号 7989 反应记录	对应风格	反应时间	编号 79810 反应记录	对应风格	反应时间
2	n	3271	2	n	3631	4	w	5454	4	w	5454	4	w	5454	4	w	5454	4	w	5454	f	691
15	n	2827	15	n	3646	9	w	7984	9	w	7984	9	w	7984	9	w	7984	9	w	7984	n	1116
15	n	5094	15	n	9686	12	w	7920	12	w	7920	12	w	7920	12	w	7920	12	w	7920	w	1039
8	n	6461	8	n	2857	7	w	3713	7	w	3713	7	w	3713	7	w	3713	7	w	3713	n	957
12	n	6564	12	n	6846	12	n	6208	15	w	6208	15	w	6208	15	w	6208	15	w	6208	n	1032
14	n	4213	14	n	4380	12	w	4594	12	w	4594	12	w	4594	12	w	4594	12	w	4594	w	850
12	n	12296	12	f	5607	15	w	2801	15	w	2801	15	w	2801	15	w	2801	15	w	2801	n	922
14	n	2652	14	n	5038	12	w	2336	12	w	2336	12	w	2336	12	w	2336	12	w	2336	w	845
15	n	4143	15	f	12044	8	f	11157	12	f	11157	12	f	11157	12	f	11157	12	f	11157	w	1440
15	n	2803	15	n	6098	10	w	7200	10	w	7200	10	w	7200	10	w	7200	10	w	7200	f	1504
13	n	7957	13	n	6673	11	w	2616	11	w	2616	11	w	2616	11	w	2616	11	w	2616	w	2805
15	n	4221	15	n	8341	8	w	2674	8	w	2674	8	w	2674	8	w	2674	8	w	2674	n	2342
14	n	13518	14	n	8743	14	w	9096	14	w	9096	14	w	9096	14	w	9096	14	w	9096	w	1141
	n	8354	12	f	4205	8	w	2733	8	w	2733	8	w	2733	8	w	2733	8	w	2733	f	1122
	n	4807	14	n	10842	12	w	6382	12	w	6382	12	w	6382	12	w	6382	12	w	6382	f	1181
13	w	5227	12	n	7004	13	w	7084	13	w	7084	13	w	7084	13	w	7084	13	w	7084	n	1256
N	94.44%		77.78%			2.78%			0.00%			8.33%			27.78%			36.11%			0.00%		
F	0.00%		16.67%			8.33%			8.33%			5.56%			25.00%			13.89%			16.67%		
W	5.56%		5.56%			88.89%			91.67%			86.11%			47.22%			50.00%			83.33%		

编号 79811			编号 79812			编号 79813			编号 79814			编号 79815			编号 79816			编号 79817			编号 79818		
反应记录	对应风格	反应时间	反应记录	对应风格	反应时间	反应记录	对应风格	反应时间	反应记录	对应风格	反应时间	反应记录	对应风格	反应时间	反应记录	对应风格	反应时间	反应记录	对应风格	反应时间	反应记录	对应风格	反应时间
7	f	8961	4	w	6406	4	w	4534	2	n	3217	2	n	3503	4	w	2174	7	f	2431	7	f	9770
8	w	8567	12	f	6238	12	f	6069	15	n	1870	8	w	4491	8	w	2766	8	w	3770	15	n	6489
12	w	5820	12	w	6364	13	n	3151	13	n	5718	12	w	2086	12	w	2270	12	w	3616	12	w	2799
2	w	9000	2	w	4146	3	n	16746	3	n	3715	2	w	4759	2	w	4728	2	w	6632	3	n	12263
12	w	7721	12	w	7124	15	w	1242	15	n	2423	12	w	2537	12	w	4106	12	w	4312	12	w	7954
11	w	3352	11	w	4150	11	w	2606	13	n	4168	11	w	2319	11	w	2962	11	w	1554	12	f	6154
12	w	6014	12	w	50894	12	w	5842	15	n	3336	12	w	2062	12	w	2809	15	n	340	15	n	4000
12	f	3990	12	w	13919	10	f	5011	13	n	9333	13	w	5227	15	w	6572	10	f	8004	10	f	5145
10	f	3134	10	f	11754	15	n	4161	15	n	3041	15	w	4835	15	w	10796	15	w	5558	10	f	7631
15	w	5046	8	n	16981	13	w	3672	8	n	3599	15	w	2311	15	w	2283	15	w	16590	15	w	4019
15	w	3104	15	n	17703	15	w	2341	9	n	2942	15	w	4492	15	w	2968	15	w	6998	15	w	3891
7	n	12056	1	n	15256	7	w	3677	1	n	3942	7	w	3936	7	w	3420	7	w	27076	1	n	10231
6	n	2779	6	n	19984	12	w	8895	6	n	3063	12	w	2775	12	w	3007	12	w	12684	6	n	4961
14	w	5542	14	w	9040	13	f	2635	9	n	2188	14	w	2825	14	w	3831	14	w	7330	13	f	9225
15	w	6276	15	w	5769	15	w	1162	9	n	1878	15	w	4470	15	w	4102	15	w	2238	13	f	1836
9	w	3092	9	w	29522	15	n	2380	15	n	2113	9	n	3978	9	w	3714	9	w	3023	10	f	4408
12	w	6644	12	w	7176	12	w	8997	12	n	2498	12	w	300	12	w	2409	12	w	3419	15	f	23380
12	w	5710	8	f	15610	8	w	8469	8	n	1761	8	f	6527	11	w	5183	12	w	6004	15	n	6569
11	w	11076	11	w	4624	11	f	2019	11	n	4005	11	w	4057	11	w	3797	11	w	4667	15	f	8275
9	w	17048	9	w	4051	10	f	3406	15	n	1792	15	n	3748	9	w	4402	9	w	2546	10	f	6817

附录三：法官认知风格原始数据

续表

编号 79811			编号 79812			编号 79813			编号 79814			编号 79815			编号 79816			编号 79817			编号 79818		
反应记录	对应风格	反应时间	反应记录	对应风格	反应时间	反应记录	对应风格	反应时间	反应记录	对应风格	反应时间	反应记录	对应风格	反应时间	反应记录	对应风格	反应时间	反应记录	对应风格	反应时间	反应记录	对应风格	反应时间
4	w	5887	2	n	10974	4	w	5419	2	n	1467	4	w	3749	4	w	4384	4	w	3168	2	n	4326
9	w	4097	9	w	3687	15	n	3452	15	n	2287	9	w	2634	9	w	2268	10	f	1264	9	w	8603
12	w	6835	12	w	4936	15	w	5217	15	n	2206	12	w	2118	12	w	3111	12	w	3469	10	f	4192
8	n	6173	7	w	9598	8	w	7094	8	n	2552	7	w	4706	8	n	7562	7	w	9356	8	n	3211
15	w	3287	15	w	4793	12	n	4540	12	n	3188	15	w	4444	15	f	3318	15	n	2817	13	f	9171
12	w	2583	12	w	2876	14	f	1778	14	n	3208	12	w	2292	11	w	2461	14	w	2776	11	f	10568
15	w	2224	15	w	2882	12	w	2185	12	n	2334	15	w	2715	15	w	2207	15	w	1422	15	w	8578
12	w	5706	12	w	4038	14	w	2428	14	n	4316	11	f	4474	12	w	3488	12	w	2362	12	w	10720
8	w	5285	8	w	4272	8	w	1777	15	n	2108	12	f	4423	8	w	8513	8	w	3636	8	w	9891
10	w	6365	10	w	17072	10	w	2193	15	n	2399	12	w	3808	10	w	16571	11	w	1747	15	n	25146
11	w	4313	11	w	9217	13	n	6046	11	w	7581	11	w	2728	11	w	3912	8	w	6983	11	w	13766
8	w	26826	8	f	8425	15	f	5302	15	n	4583	12	f	3394	8	w	5634	14	w	5204	12	f	4537
14	w	4413	14	w	3688	15	w	5147	12	n	2438	14	w	6507	14	w	6038	8	w	23912	15	f	7020
8	w	6154	8	w	16832	15	n	4748	15	n	1893	8	w	2573	8	w	3122	12	w	14682	12	f	5992
12	w	2107	12	w	4325	12	w	6090	14	n	3543	11	f	5201	12	w	4046	11	w	9944	11	f	9156
13	w	7088	13	w	4838	15	f	3182	12	n	2495	13	w	2832	13	w	6146	13	w	4555	15	f	5674
N	5.56%			13.89%			33.33%			97.22%			13.89%			2.78%			5.56%			27.78%	
F	5.56%			13.89%			25.00%			0.00%			16.67%			2.78%			8.33%			47.22%	
W	88.89%			72.22%			41.67%			2.78%			69.44%			94.44%			86.11%			25.00%	

编号 79819			编号 79820			编号 79821			编号 79822			编号 79823			编号 79824			编号 79825			编号 79826		
反应记录	对应风格	反应时间	反应记录	对应风格	反应时间	反应记录	对应风格	反应时间	反应记录	对应风格	反应时间	反应记录	对应风格	反应时间	反应记录	对应风格	反应时间	反应记录	对应风格	反应时间	反应记录	对应风格	反应时间
4	w	5219	7	f	2389	2	n	2350	2	n	10558	2	n	3231	7	f	11551	2	n	3020	7	f	15116
12	f	9325	12	f	7797	15	n	3170	15	n	22928	15	n	2566	8	w	5017	12	f	3718	12	f	14786
10	f	5781	12	f	5813	13	n	2049	13	n	4661	13	n	3721	12	w	7408	10	f	2096	10	f	24353
2	w	7730	12	f	8141	3	w	2782	3	n	6004	3	n	3138	2	w	6680	2	w	5192	1	f	9271
8	f	19339	12	w	7957	15	n	3085	15	n	6349	15	n	2593	12	f	4633	15	n	2604	12	w	19641
12	f	4093	2	w	2124	13	n	1919	13	n	11667	13	n	3531	12	w	5063	11	n	2416	11	w	8240
12	w	7088	12	w	3642	15	n	1352	15	n	462	15	n	2878	13	n	6828	15	w	1474	12	w	20226
10	f	6834	10	w	15553	13	n	1456	13	n	12064	13	n	2401	10	f	7038	12	n	4925	12	w	5600
8	w	4018	15	w	2990	15	n	7224	15	n	7590	15	n	2806	15	w	9806	15	n	5104	12	w	6239
15	w	2543	15	w	3568	8	w	2925	8	n	17346	8	n	2359	15	f	4019	15	w	2000	15	w	3277
7	n	4461	7	w	13604	9	w	19373	9	n	15055	9	w	3553	14	w	14466	14	f	6091	15	w	12626
12	w	2869	12	w	5417	1	n	1942	1	n	16582	1	n	3645	7	w	11490	7	n	2076	4	f	10870
13	f	3179	14	w	2185	6	n	7248	6	n	7267	6	n	2910	12	w	2852	6	n	2175	12	w	9367
9	n	5838	15	w	2604	9	w	4491	9	n	6527	9	n	2593	14	n	2315	9	n	3248	13	f	12192
9	w	2264	15	w	2478	9	w	10192	9	n	5990	15	w	7055	9	w	9813	15	n	2466	13	f	6034
12	w	5092	7	w	4046	15	n	1892	15	n	3722	15	n	1858	9	n	6774	9	w	4418	10	f	7192
12	w	3332	12	w	3757	15	n	2358	15	n	6416	15	n	2323	12	w	3680	15	n	4902	12	w	21257
11	w	5520	15	w	6225	12	n	52861	11	n	6192	15	n	2350	8	f	7201	15	f	3175	12	f	7562
10	f	2496	15	w	10145	15	w	8715	15	w	2752	15	n	2571	12	w	20907	11	n	4997	11	w	21690
10	w	4765	9	w	2710	15	n	1693	15	n	2522	15	n	1816	9	w	5181	15	n	3095	9	w	7888

续表

编号 79819			编号 79820			编号 79821			编号 79822			编号 79823			编号 79824			编号 79825			编号 79826		
反应记录	对应风格	反应时间	反应记录	对应风格	反应时间	反应记录	对应风格	反应时间	反应记录	对应风格	反应时间	反应记录	对应风格	反应时间	反应记录	对应风格	反应时间	反应记录	对应风格	反应时间	反应记录	对应风格	反应时间
4	w	6030	9	w	6550	2	n	8312	2	n	5297	2	n	4085	7	f	6313	2	n	4860	4	w	8659
9	w	3914	12	w	3638	15	n	1325	15	n	4533	15	n	2049	9	f	2838	10	f	3181	10	f	15842
12	w	5816	12	w	4867	15	n	1695	15	n	4161	15	n	15515	15	n	6657	15	n	2372	12	w	13656
7	w	4899	11	w	4728	7	w	5029	8	n	5608	8	n	2755	7	w	8717	5	f	9321	7	w	7616
15	w	53038	9	w	4464	15	w	4480	13	f	21455	12	n	3721	13	f	7898	15	w	2290	13	f	8036
11	f	6586	4	w	3601	14	n	1632	11	f	15741	12	w	2761	14	n	12073	14	n	3199	12	w	34558
12	n	2936	9	w	7654	12	n	21975	15	w	34245	13	f	3703	15	w	8057	15	w	2979	15	w	18930
12	w	5186	10	f	3517	14	n	3758	14	n	30135	14	n	5047	12	w	3427	11	f	3439	12	w	8890
12	f	4795	7	w	5108	15	n	2180	15	n	31707	15	n	5565	8	w	3535	15	f	2991	12	f	13966
12	f	5076	11	w	6761	15	n	1582	15	n	11759	15	w	2946	10	w	2293	10	w	3629	10	w	11677
11	w	4362	8	w	4717	11	w	2531	13	n	4484	11	w	2225	11	w	1728	13	n	2253	11	w	18634
12	f	4562	14	w	2135	15	n	1569	8	w	11619	15	n	2277	15	n	10945	8	w	2781	8	w	11954
14	w	3060	8	w	2152	12	w	3200	14	w	16620	12	n	3809	14	w	4284	14	w	2842	14	w	65854
8	w	6547	12	w	3370	15	n	1424	8	w	32296	15	n	2725	8	w	1952	15	w	3817	8	w	18597
12	w	10539	12	n	4744	12	w	2830	14	w	19707	14	n	3214	12	w	2901	12	w	2715	11	f	6770
12	n	2045				12	n	2424	12	n	9268	12	n	2478	13	w	3773	12	w	4371	12	n	29746
N	11.11%			2.78%			72.22%			80.56%			88.89%			13.89%			44.44%			2.78%	
F	33.33%			19.44%			0.00%			5.56%			2.78%			22.22%			16.67%			33.33%	
W	55.56%			75.00%			27.78%			13.89%			8.33%			63.89%			38.89%			63.89%	

	编号 51			编号 52			编号 53			编号 54			编号 55			编号 56			编号 57			编号 58		
	反应记录	对应风格	反应时间	反应记录	对应风格	反应时间	反应记录	对应风格	反应时间	反应记录	对应风格	反应时间	反应记录	对应风格	反应时间	反应记录	对应风格	反应时间	反应记录	对应风格	反应时间	反应记录	对应风格	反应时间
	7	f	910	2	n	1016	7	f	1036	2	n	867	4	w	833	7	f	1663	4	w	702	4	w	586
	15	n	832	8	w	4193	15	n	980	8	w	1255	15	n	791	8	w	1648	12	f	693	12	f	738
	10	f	632	12	w	1095	12	w	1034	10	f	651	13	n	1467	12	w	993	12	w	659	13	n	1191
	1	f	963	2	f	3848	2	w	901	1	f	957	1	f	779	2	n	706	1	w	759	3	n	1778
	12	w	1041	12	w	831	12	f	890	15	n	760	15	n	804	15	w	852	12	f	675	8	f	896
	11	w	974	11	f	776	13	n	773	12	f	987	13	n	764	11	w	1190	12	f	646	13	w	1521
	12	w	1841	8	f	943	15	n	913	8	f	1109	12	n	838	12	w	921	8	f	1218	12	f	1265
	10	f	1710	13	n	808	13	n	797	10	f	1570	13	f	759	10	f	1058	10	f	960	13	n	1095
	10	f	2244	10	f	629	10	f	594	13	f	702	15	n	818	13	f	678	13	f	814	10	f	785
	8	n	1868	8	n	804	13	f	1997	14	f	668	9	f	690	14	f	975	15	w	663	13	f	587
	15	w	1276	9	n	2080	14	n	1174	4	f	837	7	w	763	4	f	1771	7	n	1141	15	w	897
	1	n	7105	4	f	870	4	n	971	12	w	854	6	f	858	12	w	955	12	n	1395	7	n	665
	8	f	1340	6	n	571	6	n	964	13	n	883	13	f	587	13	f	945	9	f	776	6	w	799
	13	w	982	13	f	674	13	n	778	9	f	1335	9	n	505	9	f	1572	9	n	631	14	n	1066
	9	n	689	9	f	3380	9	w	691	10	f	635	13	f	642	9	f	982	10	f	648	9	w	742
	15	n	777	10	w	3157	15	w	860	12	n	1118	9	f	649	10	f	799	10	n	595	10	f	842
	12	f	658	15	w	925	12	f	2026	11	w	758	15	f	742	8	f	1496	12	f	691	12	w	669
	15	w	856	12	n	1147	15	n	14861	12	w	844	12	w	818	12	f	1336	12	n	695	15	n	754
	15	n	1072	11	w	1309	12	w	919	11	f	959	15	n	752	15	f	1374	15	w	2195	15	w	1407
	10	f	702	15	n	2607	10	f	922	9	w	802	10	f	595	10	f	1151	10	f	655	10	f	656

续表

编号51			编号52			编号53			编号54			编号55			编号56			编号57			编号58		
反应记录	对应风格	反应时间	反应记录	对应风格	反应时间	反应记录	对应风格	反应时间	反应记录	对应风格	反应时间	反应记录	对应风格	反应时间	反应记录	对应风格	反应时间	反应记录	对应风格	反应时间	反应记录	对应风格	反应时间
4	w	1025	4	w	1030	7	f	842	4	w	1570	7	f	854	2	n	1492	7	f	714	7	f	762
9	w	1257	9	w	1856	9	w	1054	10	f	727	10	f	891	10	f	1310	10	f	935	10	f	655
15	n	1834	12	w	1316	10	f	1572	10	f	2002	15	n	902	15	n	970	15	n	857	15	n	1258
8	n	1556	5	f	764	5	f	682	5	f	717	5	f	572	5	f	960	7	w	1048	5	f	573
13	f	821	13	f	974	13	f	1046	13	f	1114	13	f	691	13	f	1091	13	f	726	13	f	689
11	f	970	11	f	613	12	w	3121	11	f	794	11	f	555	12	w	997	12	w	729	12	w	890
15	w	989	13	f	1359	12	n	1121	12	n	1007	12	n	677	12	n	942	15	w	2412	13	f	1223
11	f	767	11	f	881	11	f	909	11	f	683	11	f	787	11	f	754	12	w	992	12	w	658
15	n	1367	15	n	870	12	f	1256	12	f	1261	8	w	1505	12	n	1343	8	f	11775	12	f	741
10	w	1469	15	w	675	12	n	1390	12	f	1250	10	w	1017	15	w	1912	12	f	1307	10	w	605
11	w	1000	11	w	917	11	w	1734	12	f	823	11	w	591	11	w	797	11	f	885	11	w	638
12	f	1311	15	n	842	12	f	1578	12	f	2105	15	f	939	15	n	850	15	n	776	15	n	744
15	f	1078	15	n	1567	15	f	1230	15	w	1255	15	f	808	15	f	675	15	f	842	12	f	641
12	f	1045	12	f	5159	12	f	1401	8	f	1225	12	f	863	12	f	1019	15	n	684	12	n	778
11	f	1401	11	f	686	14	n	1721	11	n	2095	11	f	630	14	n	1359	12	w	1155	11	f	504
13	w	970	13	w	798	15	f	1140	12	n	1398	13	w	756	13	w	968	13	w	843	13	w	884
N	25.00%			27.78%			27.78%			13.89%			38.89%			19.44%			13.89%			27.78%	
F	44.44%			36.11%			52.78%			66.67%			38.89%			52.78%			44.44%			38.89%	
W	30.56%			36.11%			19.44%			19.44%			22.22%			27.78%			41.67%			33.33%	

编号 59			编号 60			编号 61			编号 62			编号 63			编号 64			编号 65			编号 1		
反应记录	对应风格	反应时间	反应记录	对应风格	反应时间	反应记录	对应风格	反应时间	反应记录	对应风格	反应时间	反应记录	对应风格	反应时间	反应记录	对应风格	反应时间	反应记录	对应风格	反应时间	反应记录	对应风格	反应时间
2	n	836	4	w	90132	2	n	1012	4	w	668	7	f	733	7	f	766	2	n	825	7	f	10580
12	f	1201	8	f	3249	8	w	752	12	f	826	15	n	1146	12	f	931	12	f	764	8	w	3188
13	n	1049	10	f	715	10	f	741	12	w	704	12	w	952	13	n	2434	10	f	1100	10	f	1191
2	w	1045	2	w	1201	1	f	848	1	f	1027	2	w	712	1	f	795	2	w	874	2	n	2181
8	f	944	12	n	937	15	n	759	8	w	854	12	w	704	15	n	1941	12	w	745	8	w	3455
11	w	1098	13	w	911	11	w	617	11	w	1093	12	f	970	13	n	724	11	f	513	11	f	4408
12	f	704	12	n	1126	12	w	722	15	n	723	12	w	1290	15	n	641	12	n	993	12	w	3280
10	f	671	13	n	780	13	f	940	10	f	653	10	w	670	13	f	723	13	f	850	10	n	5513
10	f	796	12	n	1162	10	f	672	12	f	875	12	f	959	10	f	559	10	n	614	15	f	3083
13	f	673	13	f	659	13	f	547	13	f	650	13	w	600	13	f	722	13	w	559	8	w	3622
15	w	1701	14	f	868	14	f	688	14	n	634	15	f	816	15	f	1802	15	n	1056	14	f	3465
7	w	1179	7	w	1020	7	w	911	7	w	629	7	f	609	7	w	926	7	w	912	4	n	2726
8	f	862	8	f	623	12	f	838	6	n	606	6	n	520	6	f	525	6	n	609	12	f	1808
13	f	899	13	f	606	9	n	726	13	n	863	13	f	596	13	n	1172	14	w	837	14	w	3184
9	n	575	13	f	591	13	n	1067	13	f	708	10	f	597	9	f	636	13	n	1597	13	f	5537
10	f	977	10	f	649	9	f	661	9	w	750	10	f	668	15	f	673	9	n	675	9	w	2264
10	f	643	10	w	599	10	f	654	10	f	995	10	f	7638	10	w	1026	10	f	781	12	f	4656
15	n	22727	12	w	821	12	w	1109	12	f	907	15	w	714	12	w	1077	12	w	724	8	f	4769
12	f	816	11	w	1980	11	w	1078	11	f	891	12	w	871	11	f	923	11	f	871	11	w	2121
10	f	706	10	f	761	10	f	744	10	f	607	10	f	594	10	f	639	10	f	693	9	w	8140

附录三：法官认知风格原始数据

续表

编号59			编号60			编号61			编号62			编号63			编号64			编号65			编号1		
反应记录	对风格	反应时间	反应记录	对风格	反应时间	反应记录	对风格	反应时间	反应记录	对风格	反应时间	反应记录	对风格	反应时间	反应记录	对风格	反应时间	反应记录	对风格	反应时间	反应记录	对风格	反应时间
2	n	809	4	w	538	2	n	1797	2	n	840	2	n	945	2	n	822	4	w	765	7	f	14644
9	w	988	10	f	659	10	f	769	10	f	733	10	f	826	9	w	1135	10	f	612	9	w	6547
15	n	949	10	f	622	15	n	1506	10	f	779	15	n	864	15	n	587	15	f	985	10	f	4036
5	f	648	5	n	625	5	f	1742	5	f	735	7	n	819	7	f	754	7	w	843	7	w	8930
13	f	764	12	f	817	13	f	1050	13	f	673	13	f	654	13	n	851	15	w	611	13	f	4871
11	f	1350	11	f	623	12	w	696	11	f	576	12	w	901	14	f	1190	12	w	933	11	f	3212
13	f	602	13	f	716	15	w	646	15	w	642	14	n	1136	12	f	848	11	n	641	13	f	2599
12	w	604	11	f	500	11	f	602	14	n	625	15	n	937	11	f	1809	12	f	583	11	f	2622
12	f	1839	12	f	925	15	f	609	8	w	952	12	f	881	12	f	1063	10	w	710	12	f	1968
10	w	1198	10	w	514	15	w	592	12	w	990	15	f	815	13	f	2030	11	n	598	10	w	2065
11	w	561	13	n	674	10	w	632	11	w	805	12	f	798	15	n	743	15	n	696	12	f	8905
15	f	788	15	f	685	11	n	733	8	w	864	11	n	709	15	n	891	15	f	856	12	f	7798
15	f	693	15	f	622	15	f	812	12	n	905	15	n	6594	12	f	773	15	n	690	15	f	3493
8	w	1613	12	f	1068	15	n	588	15	n	617	14	w	953	11	f	897	14	n	641	12	w	1584
14	n	957	11	f	539	11	f	540	14	n	945	11	f	625	15	f	589	13	n	723	12	w	2834
15	f	845	13	w	596	13	w	615	13	w	758	13	w	576	15	f	660	13	w	624	12	n	3596
N	22.22%			13.89%			25.00%			25.00%			25.00%			33.33%			27.78%			8.33%	
F	50.00%			52.78%			41.67%			44.44%			38.89%			52.78%			30.56%			52.78%	
W	27.78%			33.33%			33.33%			30.56%			36.11%			13.89%			41.67%			38.89%	

编号 59			编号 60			编号 61			编号 62			编号 63			编号 64			编号 65			编号 1		
反应记录	对风格	反应时间	反应记录	对风格	反应时间	反应记录	对风格	反应时间	反应记录	对风格	反应时间	反应记录	对风格	反应时间	反应记录	对风格	反应时间	反应记录	对风格	反应时间	反应记录	对风格	反应时间
2	n	836	4	w	90132	2	n	1012	4	w	668	7	f	733	7	f	766	2	n	825	7	f	10580
12	f	1201	8	f	3249	8	w	752	12	f	826	15	n	1146	12	f	931	12	f	764	8	w	3188
13	n	1049	10	f	715	10	f	741	12	w	704	12	w	952	13	n	2434	10	f	1100	10	f	1191
2	w	1045	2	w	1201	1	f	848	1	f	1027	2	w	712	1	f	795	2	w	874	2	n	2181
8	f	944	12	n	937	15	f	759	8	f	854	12	f	704	15	f	1941	12	w	745	8	w	3455
11	w	1098	13	n	911	11	w	617	11	w	1093	12	w	970	13	n	724	11	w	513	11	f	4408
12	f	704	12	f	1126	12	f	722	15	n	723	10	f	1290	15	n	641	12	w	993	12	w	3280
10	f	796	13	f	780	10	w	940	13	n	653	12	w	670	13	n	723	13	f	850	10	f	5513
13	f	673	12	f	1162	13	f	672	10	f	875	13	f	959	10	f	559	10	w	614	15	n	3083
15	w	1701	13	f	659	14	w	547	13	f	650	15	w	600	13	f	722	13	f	559	8	f	3622
7	f	1179	14	f	868	7	w	688	14	f	634	7	f	816	14	f	1802	15	w	1056	14	w	3465
8	f	862	7	w	1020	12	f	911	7	w	629	6	n	609	4	n	926	7	n	912	4	f	2726
13	f	899	8	f	623	9	n	838	6	n	606	13	f	520	6	f	525	6	f	609	12	w	1808
9	n	575	13	f	606	9	f	726	9	n	863	13	f	596	13	f	1172	14	w	837	14	w	3184
10	f	977	13	f	591	10	w	1067	13	f	708	10	w	597	9	f	636	13	n	1597	13	f	5537
15	n	643	10	f	649	10	f	661	9	w	750	10	f	668	10	f	673	9	f	675	9	w	2264
12	f	22727	12	w	599	12	w	654	10	w	995	15	n	7638	15	w	1026	12	w	781	12	f	4656
10	f	816	11	w	821	11	w	1109	12	f	907	12	f	714	10	f	1077	8	w	724	8	w	4769
		706			1980	10	f	1078	12	f	891	11	f	871	12	f	923	11	f	871	11	w	2121
					761			744	10	f	607	10		594	11	f	639	9	f	693	9	w	8140

续表

反应记录	编号59 对应风格	编号59 反应时间	编号60 对应风格	编号60 反应时间	编号61 对应风格	编号61 反应时间	编号62 对应风格	编号62 反应时间	编号63 对应风格	编号63 反应时间	编号64 对应风格	编号64 反应时间	编号65 对应风格	编号65 反应时间	编号1 对应风格	编号1 反应时间
2	n	809	4 / w	538	2 / n	1797	2 / n	840	2 / n	945	2 / n	822	4 / w	765	7 / f	14644
9	w	988	10 / f	659	10 / f	769	10 / f	733	10 / f	826	9 / w	1135	10 / f	612	9 / w	6547
15	n	949	10 / f	622	15 / n	1506	10 / f	779	15 / n	864	15 / n	587	15 / n	985	10 / f	4036
5	f	648	5 / n	625	5 / f	1742	5 / f	735	13 / f	819	7 / f	754	7 / f	843	7 / w	8930
13	f	764	12 / f	817	13 / f	1050	13 / f	673	12 / w	654	13 / n	851	15 / w	611	13 / f	4871
11	f	1350	11 / f	623	12 / w	696	11 / w	576	14 / n	901	14 / f	1190	12 / w	933	11 / f	3212
13	w	602	13 / f	716	15 / w	646	15 / n	642	15 / n	1136	12 / n	848	11 / n	641	13 / f	2599
12	w	604	11 / f	500	11 / f	602	14 / w	625	12 / n	937	13 / f	1809	12 / f	583	11 / f	2622
12	f	1839	12 / f	925	15 / n	609	8 / f	952	15 / f	881	15 / n	1063	12 / w	710	12 / f	1968
10	w	1198	10 / w	514	15 / w	592	12 / w	990	12 / w	815	12 / f	2030	10 / w	598	10 / w	2065
11	w	561	13 / f	674	11 / w	632	11 / w	805	13 / f	798	15 / n	743	11 / w	696	12 / f	8905
15	n	788	15 / f	685	15 / f	733	8 / w	864	15 / n	709	12 / f	891	15 / n	856	12 / f	7798
15	f	693	15 / f	622	15 / f	812	12 / f	905	14 / w	6594	15 / f	773	15 / f	690	15 / f	3493
8	w	1613	12 / f	1068	15 / n	588	15 / n	617	8 / f	953	12 / f	897	15 / n	641	12 / f	1584
14	n	957	11 / f	539	11 / f	540	14 / n	945	11 / f	625	11 / f	589	14 / n	723	12 / w	2834
15	f	845	13 / w	596	13 / w	615	13 / w	758	13 / w	576	15 / f	660	13 / w	624	12 / n	3596
N	22.22%		13.89%		25.00%		25.00%		25.00%		33.33%		27.78%		8.33%	
F	50.00%		52.78%		41.67%		44.44%		38.89%		52.78%		30.56%		52.78%	
W	27.78%		33.33%		33.33%		30.56%		36.11%		13.89%		41.67%		38.89%	

编号2			编号3			编号1			编号11			编号12			编号13			编号14			编号15		
反应记录	对风格	反应时间	反应记录	对风格	反应时间	反应记录	对风格	反应时间	反应记录	对风格	反应时间	反应记录	对风格	反应时间	反应记录	对风格	反应时间	反应记录	对风格	反应时间	反应记录	对风格	反应时间
7	f	2616	7	f	9071	7	f	1721	4	w	2353	7	f	1066	4	w	743	4	w	908	7	f	4071
8	w	3201	15	n	5159	8	w	2933	15	n	3182	15	f	1055	8	w	954	15	n	1238	8	w	2164
10	f	5049	12	w	6770	10	f	1210	13	n	1655	13	n	1902	13	n	935	10	f	768	10	f	2511
2	w	4045	2	w	7157	1	f	1682	3	n	1644	1	f	1195	1	f	2196	2	w	1576	2	w	2705
12	w	3944	12	w	6378	8	f	2703	12	w	3496	15	n	1035	8	f	966	15	n	997	8	f	4470
11	w	2098	11	w	3014	12	f	2072	12	w	1679	11	f	946	11	w	683	13	f	706	13	n	2777
12	f	3704	15	n	9473	12	f	3504	12	w	1615	15	w	885	15	n	3652	15	n	681	8	f	3026
10	f	18671	13	w	3590	10	f	3829	12	w	1870	10	f	1234	10	f	1575	10	f	1083	10	f	4469
10	f	2796	15	n	6956	10	f	4697	10	f	2113	15	n	903	15	f	996	15	f	1097	10	f	2591
15	w	6673	8	n	6233	15	w	2859	8	n	1843	13	f	1166	13	f	901	8	n	924	8	f	4104
14	w	4701	9	w	7791	14	f	1637	9	n	3275	14	w	1079	14	w	826	14	f	881	14	n	2139
7	w	6479	7	n	6261	4	w	1931	1	n	2602	4	f	1182	7	w	1988	4	n	1522	7	n	3172
12	f	10862	12	w	7328	12	w	6971	6	n	2359	6	n	1109	6	n	1089	6	n	768	6	f	2540
13	w	4899	14	w	4162	13	f	2352	13	f	2514	14	f	1024	13	n	883	13	f	668	14	n	3599
15	f	5575	15	w	5941	13	w	3537	15	w	1627	13	f	911	13	f	903	15	f	709	15	w	3448
9	w	18977	15	n	2749	10	f	6080	15	f	1854	15	n	981	15	f	1085	15	n	1130	9	f	3135
12	w	6643	15	n	2939	15	f	1569	10	f	1342	10	n	777	10	f	969	9	f	1251	10	f	3343
12	f	22727	12	n	10821	8	f	1954	15	f	1343	15	n	1005	15	n	850	15	w	534	8	w	2435
12	f	10816	12	n	7223	12	f	4293	11	w	3219	11	w	911	11	f	974	11	w	864	11	f	2114
9	w	9706	15	n	2996	10	f	2157	15	n	2769	15	n	792	10	f	1055	9	w	973	9	w	2283

附录三：法官认知风格原始数据

续表

编号2		编号3			编号1			编号11			编号12			编号13			编号14			编号15		
反应记录	对应风格	反应时间	反应记录	对应风格	反应时间	反应记录	对应风格	反应时间	反应记录	对应风格	反应时间	反应记录	对应风格	反应时间	反应记录	对应风格	反应时间	反应记录	对应风格	反应时间	反应记录	对应风格	反应时间
4	w	6809	2	n	5008	4	n	3429	4	w	2625	7	f	1321	7	f	1188	4	w	879	4	w	4942
9	w	18988	15	n	2134	15	n	2908	15	n	2777	10	f	1016	10	f	862	10	f	941	10	f	2743
12	w	5949	15	n	4246	10	n	2853	10	f	2022	15	n	751	7	w	820	10	f	834	15	n	2978
7	w	2648	8	n	3696	5	n	2219	5	f	3976	5	f	1067	13	f	935	7	w	1078	7	w	2617
13	f	3764	15	w	3817	13	w	2594	13	f	2968	13	f	2214	11	w	814	15	f	1126	15	w	4925
12	w	2350	12	n	2923	12	w	2845	12	w	1790	11	f	1115	15	f	714	11	w	1381	11	f	3696
15	w	2602	15	w	4816	15	w	3764	12	n	2055	13	f	1119	11	w	773	15	w	1553	12	n	5703
12	w	4604	12	w	7050	12	w	1968	11	f	1542	11	f	1036	8	w	784	11	f	920	11	f	2875
8	w	4839	15	n	9125	12	n	3879	12	f	2292	15	n	984	10	w	922	15	n	644	12	f	3738
10	w	2198	10	w	4951	12	w	3112	12	n	3707	10	w	1054	11	w	802	15	n	930	10	w	3400
11	w	3561	11	w	4174	13	w	1779	13	w	1732	11	n	801	12	f	617	11	w	997	13	f	2905
8	w	6788	8	w	4165	12	f	2471	8	w	2769	15	n	993	14	w	1134	15	n	1241	12	w	3317
14	w	2693	14	w	6222	14	w	2650	15	f	1114	15	f	918	15	n	935	14	n	1084	14	w	3088
15	n	2613	12	w	3968	12	f	3557	8	w	3797	15	f	938	11	f	957	15	n	952	8	w	2976
12	w	3957	12	w	4539	12	w	2841	11	f	2643	11	f	762	15	f	748	11	f	1370	12	w	4321
13	w	5845	13	w	3492	12	n	5551	15	w	1795	15	f	912	13	w	771	13	w	744	12	n	2488
N	2.78%			41.67%			16.67%			33.33%			36.11%			13.89%			36.11%			19.44%	
F	22.22%			2.78%			50.00%			38.89%			50.00%			55.56%			33.33%			38.89%	
W	75.0%			55.56%			33.33%			27.78%			13.89%			30.56%			30.56%			41.67%	

编号16			编号17			编号18			编号19			编号20			编号21			编号22			编号23		
反应记录	对应风格	反应时间	反应记录	对应风格	反应时间	反应记录	对应风格	反应时间	反应记录	对应风格	反应时间	反应记录	对应风格	反应时间	反应记录	对应风格	反应时间	反应记录	对应风格	反应时间	反应记录	对应风格	反应时间
2	n	2246	7	f	3789	4	w	867	7	f	5261	4	w	893	2	n	1129	2	n	1130	4	w	726
12	f	2416	12	f	5912	12	f	1019	8	w	3704	12	f	1111	12	f	902	8	w	895	12	f	1519
12	w	3215	12	w	1820	10	f	656	13	n	2049	10	f	789	10	f	613	10	f	578	10	f	601
2	w	2765	2	w	6955	2	w	773	2	w	10675	1	f	1079	2	w	966	2	w	989	1	w	1185
8	f	2794	12	w	3067	8	f	955	15	n	2418	12	w	955	15	n	958	12	w	1049	12	n	1042
11	w	2808	13	n	1278	11	w	666	11	w	1521	11	w	654	12	f	720	11	n	578	13	n	1564
12	f	1412	12	f	2918	15	n	928	15	n	3114	8	f	1242	15	n	635	15	n	680	15	n	579
13	n	2643	10	f	2803	13	n	582	12	w	5878	10	f	968	10	f	538	13	f	721	12	f	1268
12	w	2249	10	f	3232	10	f	852	12	w	2903	10	f	722	10	f	606	12	f	864	10	f	630
13	f	4108	15	w	3514	13	f	627	8	n	4229	13	n	960	13	f	633	13	w	766	15	w	631
15	w	3003	15	w	1866	9	w	611	9	w	3099	9	w	772	14	f	657	14	f	700	14	f	866
4	f	2242	4	f	3345	7	w	791	7	w	5140	7	w	818	4	f	1048	4	f	886	4	w	905
12	w	2601	12	w	7110	6	n	808	6	w	4502	6	w	934	6	n	665	12	f	698	12	f	827
14	w	2382	14	w	2281	9	n	686	9	n	2527	13	n	1141	13	f	1263	13	f	532	13	f	555
15	w	3603	15	w	9612	9	w	719	15	w	3020	9	f	831	13	w	778	9	f	625	13	n	823
9	w	2733	9	w	6591	10	f	684	9	w	3666	15	n	938	10	f	1062	15	n	806	15	f	548
12	w	2295	12	w	5629	10	f	611	15	n	3618	10	f	719	12	w	1423	15	f	827	10	n	716
12	w	2786	8	f	3893	15	n	607	15	n	3417	12	w	839	15	f	1362	12	w	821	15	w	575
11	w	2712	11	w	3317	11	w	817	12	f	3242	11	w	676	12	f	1083	11	n	880	15	f	927
10	f	2385	9	w	2789	9	w	589	15	n	1990	9	w	813	10	f	610	15	n	870	10	f	652

续表

反应记录	编号16 对应风格	编号16 反应时间	编号17 对应风格	编号17 反应时间	编号18 对应风格	编号18 反应时间	编号19 对应风格	编号19 反应时间	编号20 对应风格	编号20 反应时间	编号21 对应风格	编号21 反应时间	编号22 对应风格	编号22 反应时间	编号23 对应风格	编号23 反应时间
4	w	2361	w	2250	n	1013	w	2888	w	747	w	668	f	808	w	966
9	w	2022	n	3155	w	662	f	2256	w	1150	f	665	n	759	n	951
12	w	6880	n	1585	f	612	w	2247	f	808	f	639	f	659	f	601
8	n	2352	w	3131	w	843	f	4032	f	749	w	1087	f	614	w	860
15	w	5014	w	3168	f	789	f	3231	f	1106	f	976	w	953	w	747
12	w	2754	w	1658	f	739	n	2884	f	840	f	691	f	627	f	725
15	w	2499	w	2488	n	786	w	3189	f	779	f	690	f	774	w	906
11	f	1104	f	2233	f	721	n	4691	f	863	n	838	w	750	f	733
12	f	1763	f	8183	w	863	f	3742	w	1122	w	945	f	823	n	715
10	w	2155	f	5345	w	838	f	3367	n	825	w	607	n	799	f	912
11	w	1374	w	3000	n	637	n	7380	n	562	n	1193	f	651	n	646
8	w	2431	w	3150	w	815	f	5456	f	982	f	897	n	907	f	821
14	w	2929	w	3054	f	877	n	16332	n	932	n	1047	n	994	n	759
8	w	2537	w	3087	f	749	n	3340	n	643	f	817	w	1112	w	629
12	w	2380	w	1653	f	678	w	3600	f	927	f	789	f	702	w	928
12	n	2232	w	2592	w	628	f	3675	w	694	w	749	f	1030	w	624
N	11.11%		8.33%		30.56%		38.89%		19.44%		22.22%		30.56%		27.78%	
F	19.44%		22.22%		36.11%		25.00%		47.22%		58.33%		36.11%		38.89%	
W	69.44%		69.44%		33.33%		36.11%		33.33%		19.44%		33.33%		33.33%	

编号2			编号3			编号4			编号5			编号6			编号7			编号2			编号3		
反应记录	对应风格	反应时间	反应记录	对应风格	反应时间	反应记录	对应风格	反应时间	反应记录	对应风格	反应时间	反应记录	对应风格	反应时间	反应记录	对应风格	反应时间	反应记录	对应风格	反应时间	反应记录	对应风格	反应时间
4	w	25725	4	w	4664	4	w	867	7	f	5261	4	w	893	2	n	1129	4	w	650	7	f	853
12	f	5330	8	w	5095	12	f	1019	8	w	3704	12	f	1111	12	f	902	15	n	788	8	w	1669
12	w	12170	12	w	4058	10	f	656	13	n	2049	10	f	789	10	f	613	10	f	546	10	f	548
2	w	6222	2	w	19553	2	f	773	2	w	10675	1	f	1079	2	w	966	2	n	784	2	w	878
12	w	11269	12	w	11444	8	w	955	15	n	2418	12	w	955	15	n	958	15	f	968	8	f	1256
11	w	4136	11	w	2209	11	f	666	11	w	1521	11	f	654	12	f	720	12	w	946	12	f	1251
12	w	3156	12	w	13988	15	n	928	15	n	3114	8	f	1242	15	n	635	12	f	1091	8	f	1526
12	w	3917	12	w	4107	13	n	582	12	w	5878	10	f	968	10	f	538	10	w	825	13	n	998
10	f	8931	12	w	6136	10	f	852	12	w	2903	10	f	722	10	f	606	10	f	644	10	f	688
15	w	2239	15	w	3723	13	f	627	8	n	4229	13	f	960	13	f	633	13	n	908	13	f	1519
15	w	7739	15	w	8849	9	n	611	9	n	3099	9	n	772	14	f	657	14	f	1115	14	f	1107
7	w	8152	7	f	11337	7	w	791	7	w	5140	7	w	818	4	f	1048	4	f	591	4	w	697
12	w	3232	12	w	4486	6	n	808	6	n	4502	6	n	934	6	n	665	12	w	955	12	w	2344
14	w	2491	14	w	2588	9	f	686	9	w	2527	13	f	1141	13	f	1263	13	w	791	13	f	852
15	w	2317	15	w	9819	9	w	719	15	w	3020	9	n	831	13	w	778	15	w	735	13	f	1677
9	w	3411	9	w	4208	10	f	684	9	w	3666	15	n	938	10	f	1062	10	f	747	10	f	2099
12	w	5080	12	w	12310	10	n	611	15	w	3618	10	f	719	12	f	1423	12	w	610	10	f	1193
8	f	2991	8	f	18413	15	n	607	15	n	3417	12	w	839	15	w	1362	12	w	644	8	f	1052
11	w	4711	11	w	10255	11	w	817	12	f	3242	11	w	676	12	n	1083	11	f	641	12	f	935
9	w	12251	9	w	2606	9	w	589	15	n	1990	9	w	813	10	f	610	10	f	603	10	f	877

附录三：法官认知风格原始数据

续表

	编号2			编号3			编号4			编号5			编号6			编号7			编号2			编号3		
	反应记录	对应风格	反应时间	反应记录	对应风格	反应时间	反应记录	对应风格	反应时间	反应记录	对应风格	反应时间	反应记录	对应风格	反应时间	反应记录	对应风格	反应时间	反应记录	对应风格	反应时间	反应记录	对应风格	反应时间
	4	w	4607	4	w	5133	2	n	1013	4	w	2888	4	w	747	4	w	668	7	f	908	4	w	1331
	9	w	4312	9	w	2506	9	w	662	10	f	2256	9	w	1150	10	f	665	9	w	620	15	n	1602
	12	w	4834	12	w	5445	10	f	612	12	f	2247	10	f	808	10	f	639	10	f	636	15	n	1325
	7	w	6121	7	w	5213	7	w	843	5	f	4032	5	f	749	5	w	1087	5	f	804	8	f	1550
	15	w	11979	15	w	6036	13	f	789	13	f	3231	13	f	1106	15	w	976	12	n	644	13	f	1138
	12	w	3450	12	w	4988	14	n	739	14	n	2884	11	f	840	11	f	691	11	n	901	12	w	2284
	15	w	3312	15	w	10503	15	f	786	15	w	3189	13	f	779	13	f	690	12	f	559	12	n	1426
	12	w	2583	12	w	2645	11	f	721	14	f	4691	11	f	863	11	f	838	12	f	579	12	w	1453
	8	w	6651	8	w	9574	8	w	863	12	f	3742	8	w	1122	15	n	945	12	f	1454	8	w	1458
	10	w	3033	10	w	6313	10	w	838	10	w	3367	10	n	825	10	f	607	10	w	677	12	f	1385
	11	w	3419	12	f	39159	13	w	637	13	n	7380	13	n	562	11	n	1193	11	f	631	12	f	1624
	8	w	6003	12	f	33057	8	w	815	12	f	5456	12	f	982	12	f	897	12	f	734	12	f	4183
	14	w	2869	14	w	13917	15	f	877	15	f	16332	15	f	932	15	f	1047	15	f	644	15	f	1052
	8	w	1769	8	w	14361	15	n	749	15	n	3340	15	n	643	15	n	817	12	f	856	12	f	1067
	12	w	3167	12	w	6604	11	f	678	12	w	3600	11	f	927	11	f	789	11	f	620	14	n	1689
	12	n	1867	13	w	6842	13	w	628	15	f	3675	13	w	694	13	w	749	15	f	925	12	n	1652
N	2.78%			0.00%			2.78%			2.78%			2.78%			8.33%			16.67%			19.44%		
F	8.33%			8.33%			11.11%			30.56%			8.33%			80.56%			52.78%			61.11%		
W	88.89%			91.67%			86.11%			66.67%			88.89%			11.11%			30.56%			19.44%		

编号12			编号14			编号15			编号16			编号17			编号18			编号19			编号20		
反应记录	对风格	反应时间	反应记录	对风格	反应时间	反应记录	对风格	反应时间	反应记录	对风格	反应时间	反应记录	对风格	反应时间	反应记录	对风格	反应时间	反应记录	对风格	反应时间	反应记录	对风格	反应时间
4	w	5832	7	f	5530	7	f	10505	7	f	3437	7	f	5922	4	w	2948	7	f	2671	7	f	4322
8	w	2651	8	w	5559	8	w	9285	8	f	3976	8	w	3072	8	w	3198	8	w	3971	8	w	5963
12	w	1720	12	w	11116	12	w	3779	10	f	5000	10	f	1560	12	w	3044	12	w	4725	10	f	2425
2	w	2292	2	w	4397	2	w	4554	1	f	5665	1	f	2470	2	w	4680	1	w	2589	2	w	5780
8	f	4866	12	w	6278	12	w	6396	8	f	3480	12	w	7720	15	n	7904	8	f	3533	12	w	82779
11	w	5018	11	w	3446	11	w	3992	12	f	2170	11	w	2070	11	w	5183	11	w	2116	11	w	3679
15	n	3405	12	w	4937	12	w	11327	12	n	3821	12	w	6622	12	n	3069	12	w	2095	12	w	4861
13	n	2451	10	w	6996	10	f	14564	12	n	1682	10	w	3307	13	w	6314	10	w	3959	10	f	15230
10	f	10488	10	f	3764	15	f	6110	10	n	1423	15	f	23323	12	n	5331	15	f	3215	15	f	11619
15	w	4213	15	w	5554	8	n	7672	15	n	3280	15	w	2912	15	w	4713	14	w	2288	15	w	2699
15	w	3412	15	w	3036	9	w	7634	7	n	2013	7	n	4300	1	n	4533	4	f	1787	7	w	6633
7	w	5300	7	w	3271	15	w	16450	6	w	2310	7	w	3432	6	n	5227	12	w	2317	15	w	7127
12	w	2184	12	w	2725	12	w	4677	14	w	7116	14	w	4457	9	n	5145	14	w	4338	12	w	7215
14	w	2746	14	w	5023	13	w	5646	13	f	3869	15	w	6666	9	n	12645	15	w	2208	14	f	2891
15	w	2697	15	w	7423	14	w	8872	9	n	3026	9	w	4167	9	n	4662	13	w	3166	15	w	8453
15	w	3917	9	w	4252	9	w	4346	15	w	1738	15	w	5667	15	n	5170	15	n	2092	15	n	11352
15	w	4193	12	w	9719	15	w	3578	15	f	2366	10	f	4612	15	w	5763	10	f	2234	12	w	2504
15	w	6246	15	w	6872	15	w	2684	12	w	1232	12	w	7133	15	n	5788	12	w	3181	12	w	4762
11	w	3358	11	w	2780	11	w	17387	11	f	5008	11	f	2267	11	w	8938	11	w	2963	11	w	3000
15	n	4070	9	w	6070	9	w	16196	15	n	2038	9	f	4584	9	w	6256	9	w	3952	9	w	8975

附录三：法官认知风格原始数据

续表

反应记录	编号12 对应风格	编号12 反应时间	编号14 对应风格	编号14 反应时间	编号15 对应风格	编号15 反应时间	编号16 对应风格	编号16 反应时间	编号17 对应风格	编号17 反应时间	编号18 对应风格	编号18 反应时间	编号19 对应风格	编号19 反应时间	编号20 对应风格	编号20 反应时间
4	w	6341	w	4956	w	6385	n	4862	w	6355	w	4688	w	3856	w	6314
15	n	3110	w	2952	w	4812	n	1970	w	4012	w	2854	w	2629	w	3207
12	w	2755	w	5138	w	11249	n	1587	w	3354	w	4573	w	3184	w	3590
8	n	5656	w	8774	w	7088	n	2111	n	3647	w	4016	n	3919	w	14673
15	w	1931	w	3309	n	1960	n	2238	w	10924	w	10295	f	3193	w	3508
12	w	3118	w	2964	f	5418	n	3877	w	4665	w	3523	w	2484	w	4092
15	w	2256	w	1767	f	5631	n	1981	w	3441	f	2026	f	4349	f	5076
12	w	1988	w	2383	f	6007	n	3141	w	2707	w	5039	w	2575	w	4251
15	n	13999	w	7868	f	7809	n	1225	w	2807	f	11803	w	6313	w	8589
11	n	2935	w	4262	f	3464	n	2037	w	4454	w	6105	w	3392	w	10103
8	w	2745	w	2636	w	3115	w	8226	w	2470	w	2364	w	2522	w	3954
14	w	3556	w	5778	w	3729	f	2888	w	6827	w	7513	f	2623	f	12792
8	w	9820	w	3413	w	5998	n	6111	w	6394	w	6876	w	2698	w	13778
12	w	2896	w	3925	w	7351	w	4156	w	2324	w	2972	w	2861	w	4620
12	w	7235	w	2432	w	5116	w	7317	w	2032	w	2525	w	2998	w	45751
13	w	2365	w	7260	w	4733	f	9805	n	6178	w	5612	f	5640	w	5402
N	27.78%		0.00%		19.44%		61.11%		8.33%		25.00%		2.78%		2.78%	
F	5.56%		5.56%		19.44%		25.00%		19.44%		2.78%		47.22%		19.44%	
W	66.67%		94.44%		61.11%		13.89%		72.22%		72.22%		50.00%		77.78%	

编号 1			编号 2			编号 4			编号 5		
反应记录	对应风格	反应时间	反应记录	对应风格	反应时间	反应记录	对应风格	反应时间	反应记录	对应风格	反应时间
2	n	2452	7	f	4940	2	n	1903	2	n	2020
15	n	1878	8	w	16198	8	w	3342	15	n	2332
13	n	1978	12	w	15701	12	w	17354	13	n	1773
1	f	5886	2	w	13642	2	w	13118	3	n	1929
15	n	1309	12	w	18700	15	n	3354	12	w	2872
13	n	2363	11	w	7584	13	f	1517	11	n	2251
15	n	1789	12	w	8199	8	n	2446	15	w	1676
13	n	1623	10	f	5123	13	n	1898	12	n	2758
15	n	1891	10	f	8228	15	n	1823	10	w	3063
8	n	2918	15	w	2952	8	n	2729	15	f	1505
9	n	2165	14	f	2272	9	n	3496	14	w	2718
1	n	3882	7	w	11098	1	n	1941	4	f	2786
6	n	2234	12	w	14794	6	n	8966	12	w	2485
9	n	4195	14	w	4571	9	n	2146	14	n	2156
9	n	3191	9	n	8996	9	n	2407	9	w	1909
15	n	2490	10	f	9269	15	n	1845	15	n	1784
15	n	2232	12	w	608	15	n	2563	12	w	2771
15	n	1512	12	w	10517	15	n	1761	12	n	3917
15	n	4012	12	f	8293	15	n	1262	11	w	2362
15	n	1582	10	f	5678	15	n	995	10	f	1893

附录三：法官认知风格原始数据

续表

编号1			编号2			编号4			编号5		
反应记录	对应风格	反应时间	反应记录	对应风格	反应时间	反应记录	对应风格	反应时间	反应记录	对应风格	反应时间
2	n	2254	7	f	6186	2	n	7567	2	n	1922
15	n	1313	9	w	3156	15	n	2617	9	w	2159
15	n	7697	15	n	11021	15	n	1153	10	f	2154
7	w	5234	7	w	10602	8	n	2419	8	n	1753
12	n	2461	13	f	4846	12	n	1480	13	f	2802
12	w	4053	12	w	16800	14	n	2538	12	w	1633
15	w	3462	15	w	7788	12	n	4418	15	w	3655
12	w	1829	11	f	14154	12	w	2890	12	w	1688
15	n	2474	15	n	22828	15	n	2819	12	f	1863
15	n	2535	10	w	9869	10	w	2314	10	w	2082
13	n	3970	11	w	2822	13	n	2035	11	w	1635
15	n	1602	12	f	2882	15	n	2109	12	w	2180
12	n	2252	15	f	6921	12	n	6757	14	w	2127
15	n	1993	8	w	2823	15	n	3978	8	f	2151
12	w	3548	12	w	4280	14	n	2429	12	w	1873
12	n	1761	13	w	8903	12	n	2762	13	w	2360
N	83.33%			8.33%			83.33%			25.00%	
F	2.78%			33.33%			2.78%			22.22%	
W	13.89%			58.33%			13.89%			52.78%	

附录四：法官认知风格测试平均反应时间统计表

编号	平均时间（ms）	N反应时间（ms）	F反应时间（ms）	W反应时间（ms）	风格类型	N时间比平均时间	F时间比平均时间	W时间比平均时间
1	2522	2356	5886	3625	偏N	0.934179	2.333862	1.437351
2	8298	11021	6753	9124	偏W	1.328151	0.813811	1.099542
3	3137	2856	2446	5416	偏N	0.910424	0.779726	1.72649
4	2250	1900	2432	2339	偏W	0.844444	1.080889	1.039556
5	3740	3998	4866	3591	偏W	1.068984	1.30107	0.96016
6	4960		4674	4979	偏W	0	0.942339	1.003831
7	5442	4963	5761	5546	偏W	0.911981	1.058618	1.019111
8	3561	2587	4476	6364	偏N	0.726481	1.25695	1.787138
9	4253	4760	3569	4356	偏W	1.11921	0.839172	1.024218
10	4966	5746		4503	偏W	1.157068	0	0.906766
11	3184	3919	2986	3340	偏W	1.230842	0.937814	1.048995
12	4958		5059	4939	偏W	0	1.020371	0.996168
13	4259	1867	5750	4182	偏W	0.438366	1.350082	0.981921
14	5160			5160	偏W	0	0	1.000000

续表

编号	平均时间（ms）	N反应时间（ms）	F反应时间（ms）	W反应时间（ms）	风格类型	N时间比平均时间	F时间比平均时间	W时间比平均时间
15	5476		7141	5365	偏W	0	1.304054	0.97973
16	4930	6303	5088	4788	偏W	1.278499	1.032049	0.971197
17	4107	4020	5708	3955	偏W	0.978817	1.389822	0.96299
18	3123	3457	2995	3805	偏F	1.106948	0.959014	1.21838
19	2671	2368	2401	2796	偏W	0.886559	0.898914	1.046799
20	3651	1998	3819	3796	偏W	0.547247	1.046015	1.039715
21	752	738	755	762	偏F	0.981383	1.003989	1.013298
22	3566	3518	3861	3984	偏N	0.98654	1.082726	1.117218
23	877	801	928	848	偏N	0.913341	1.058153	0.966933
24	859	926	807	940	偏F	1.077998	0.939464	1.094296
25	801	828	730	853	偏F	1.033708	0.911361	1.064919
26	823	795	805	869	偏F	0.965978	0.978129	1.055893
27	3003	3473	2747	3151	偏F	1.15651	0.914752	1.049284
28	2332	2312	2217	2516	偏F	0.991424	0.950686	1.078902
29	1059	1025	1119	947	偏F	0.967894	1.056657	0.89424
30	1055	1496	1009	938	偏F	1.418009	0.956398	0.8891
31	998	936	1000	1071	偏N	0.937876	1.002004	1.073146
32	3272	3356	3244	3259	偏W	1.025672	0.991443	0.996027
33	930	851	884	1069	偏F	0.915054	0.950538	1.149462
34	856	773	682	1194	偏F	0.903037	0.796729	1.39486
35	833	977	800	767	偏F	1.172869	0.960384	0.920768
36	780	753	784	797	偏F	0.965385	1.005128	1.021795
37	798	872	709	840	偏W	1.092732	0.888471	1.052632
38	979	1005	962	983	偏F	1.026558	0.982635	1.004086
39	780	840	725	781	偏W	1.076923	0.929487	1.001282

续表

编号	平均时间（ms）	N反应时间（ms）	F反应时间（ms）	W反应时间（ms）	风格类型	N时间比平均时间	F时间比平均时间	W时间比平均时间
40	1337	1365	907	1713	偏W	1.020942	0.678384	1.281227
41	1171	980	1128	1537	偏F	0.836892	0.963279	1.312553
42	1071	933	1098	1076	偏F	0.871148	1.02521	1.004669
43	791	808	711	902	偏N	1.021492	0.898862	1.140329
44	1125	1196	1152	1022	偏F	1.063111	1.024	0.908444
45	917	719	900	1007	偏F	0.784079	0.981461	1.098146
46	866	1117	744	798	偏F	1.289838	0.859122	0.921478
47	4795	2447	5606	4822	偏W	0.510323	1.169135	1.005631
48	4432	4744	5861	4003	偏W	1.070397	1.322428	0.903204
49	3144	3001		3624	偏N	0.954517	0	1.152672
50	8617	8145	15741	10330	偏N	0.945225	1.826738	1.198793
51	3121	3016	3703	4013	偏N	0.966357	1.186479	1.285806
52	5289	7836	7256	4495	偏W	1.481566	1.371904	0.849877
53	3506	3291	4641	3266	偏N	0.938677	1.323731	0.931546
54	5227	4476	6072	5222	偏W	0.856323	1.161661	0.999043
55	5527	10974	7279	5277	偏W	1.985526	1.316989	0.954768
56	4196	4163	3702	4516	偏W	0.992135	0.882269	1.076263
57	3200	3074		7581	偏N	0.960625	0	2.369063
58	3701	4258	4637	3350	偏W	1.1505	1.252905	0.905161
59	3932	7562	2461	3865	偏W	1.923194	0.62589	0.98296
60	4230	1558	3084	4568	偏W	0.368322	0.729078	1.079905
61	6217	5404	6448	6533	偏F	0.86923	1.037156	1.050828
62	5577	5646	4713	6843	偏N	1.012372	0.845078	1.227004
63	3528	4175	3744	3494	偏W	1.18339	1.061224	0.990363
64	4186		5903	4030	偏W	0	1.410177	0.962733

续表

编号	平均时间(ms)	N反应时间(ms)	F反应时间(ms)	W反应时间(ms)	风格类型	N时间比平均时间	F时间比平均时间	W时间比平均时间
65	4032	5412	5107	3812	偏W	1.342262	1.266617	0.945437
66	3902	4240	2839	4267	偏W	1.086622	0.727576	1.093542
67	6083	6274	7110	5656	偏W	1.031399	1.168831	0.929804
68	1312	1609	1191	1298	偏F	1.226372	0.907774	0.989329
69	2547	2109	2763	2179	偏F	0.828033	1.084806	0.855516
70	1865	1791	2570	2070	偏N	0.960322	1.378016	1.10992
71	2130	1995	1778	2388	偏W	0.93662	0.834742	1.121127
72	1744	1389	1815	1790	偏W	0.796445	1.040711	1.026376
73	1213	1286	1100	1320	偏F	1.060181	0.906843	1.088211
74	1001	925	983	1038	偏W	0.924076	0.982018	1.036963
75	5219		5372	5190	偏W	0	1.029316	0.994443
76	2653	1648	1879	3101	偏W	0.621184	0.708255	1.168865
77	1982	1788	1642	2379	偏F	0.902119	0.828456	1.200303
78	8402	8944	8030	7239	偏W	1.064508	0.955725	0.861581
79	3724	3556	5920	6898	偏N	0.954887	1.589689	1.852309
80	6805	8054	6987	6298	偏W	1.183542	1.026745	0.925496
81	2489	2960	2140	2585	偏F	1.189233	0.859783	1.03857
82	1371	1365	1400	1332	偏F	0.995624	1.021152	0.971554
83	1368	1418	1163	1433	偏W	1.03655	0.850146	1.047515

附录五：认知风格测试工具测试页面展示

全部测试由4—6道练习题,50余道测试题构成。每道题目屏幕上将会显示一个大的,由数个相同大小的正方体构成的立体图形。在立方体能够被观察到的面上,将呈现3个词语或图片。对于测试之中的每一道题,被试都可以按照以下3个标准当中的任意一个标准,在3个词语或图片之中选择出与其他两个不同的那个选项。选择的标准包括:

第一,比较三者在实际生活中的大小,如果其中两个大小相近,那么就把与它们大小差异较大的那个选项选出来。

第二,比较三者是自然长成的还是人工生成的,如果有两个都是自然长成的,或者都是人工生成的,但余下的那个不是,则把余下的那个选出来。

第三,比较三者在空间立方体上的位置。如果有两个是在同一平面上,那么就把不同平面上的那个选出来。

如图所示：

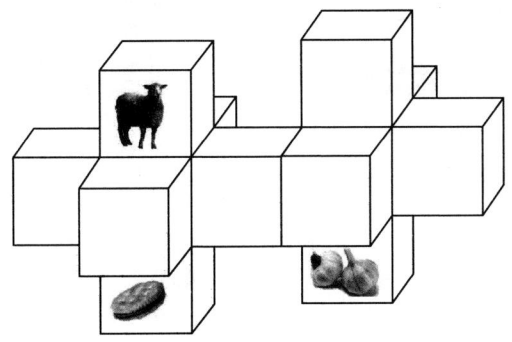

　　在现实生活中，如果按照"自然长成或是人工生成"的标准，"绵羊"和"大蒜"是自然长成的，不同的一项应该选择"饼干"；按照"现实生活中的实际大小"的标准，"饼干"和"大蒜"的实际大小差不多，不同的一项应选择"绵羊"；而按照空间位置的标准，"绵羊"和"饼干"在立方体上位于同一平面，不同的一项应选"大蒜"。
　　测验中大部分题目为此类型的题，没有正确答案，您只需本着上述标准，根据您的第一感觉，用鼠标左键点击你所要选择的对象即可。但有一少部分题是有正确答案的，只能根据其中的一个标准进行选择。

　　大部分题目都没有唯一正确答案，根据3个原则选出的答案也没有主次之分。被试只需要按照自己的感觉，迅速、准确地作出反应。少部分题目有唯一的正确答案，需要作出正确的判断。

　　练习题目和正式题目都以同样方式展示。测试部分不计入统计。以下列出几道题目作为参考：

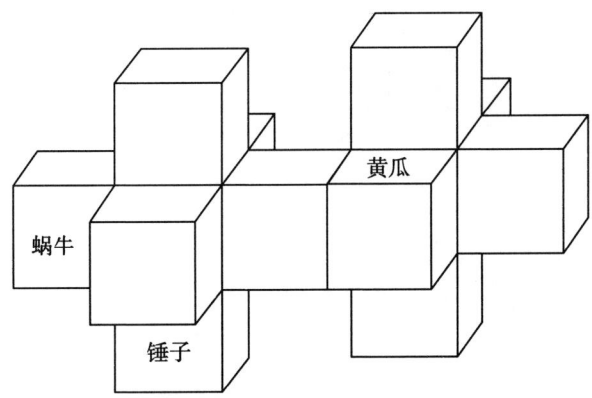

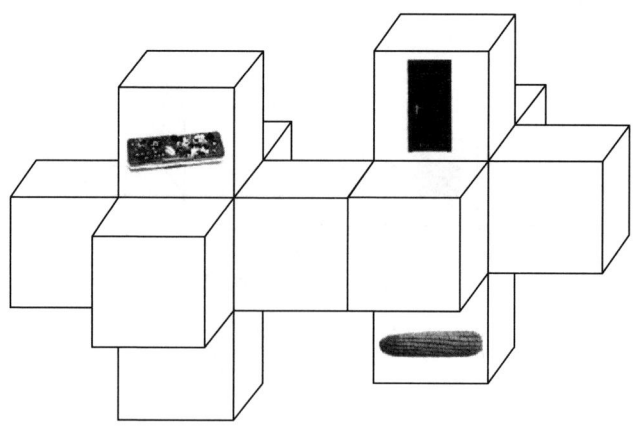

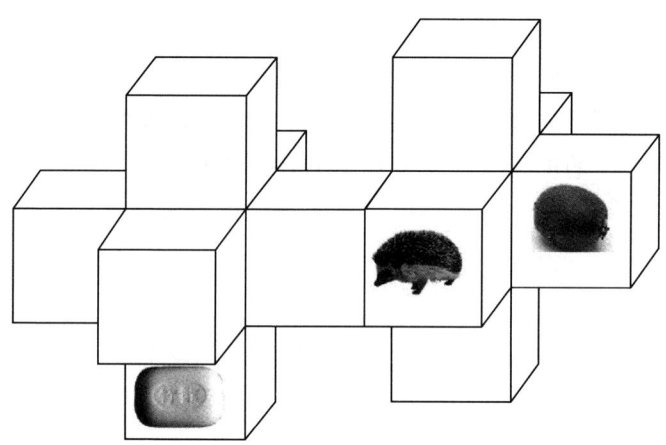

附录六：空间表征风格与法官模拟审判的相关性散点图

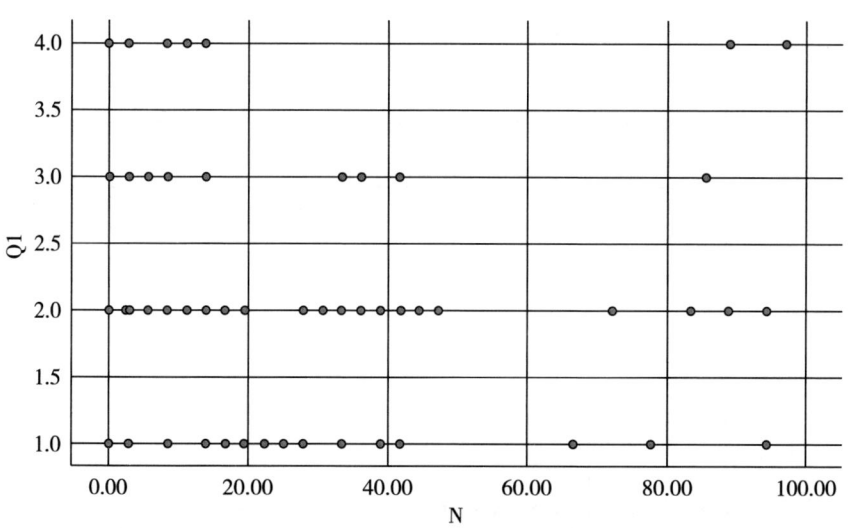

图 1　Q1 与 N 相关的散点图

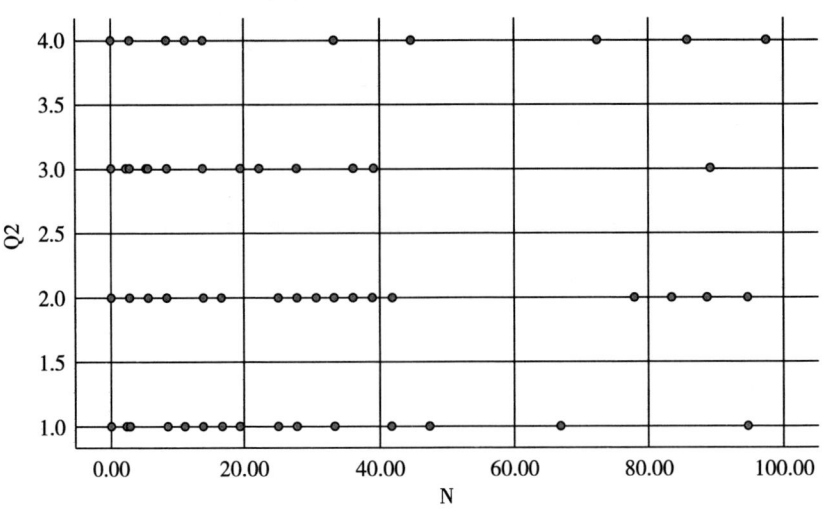

图 2　Q2 与 N 相关的散点图

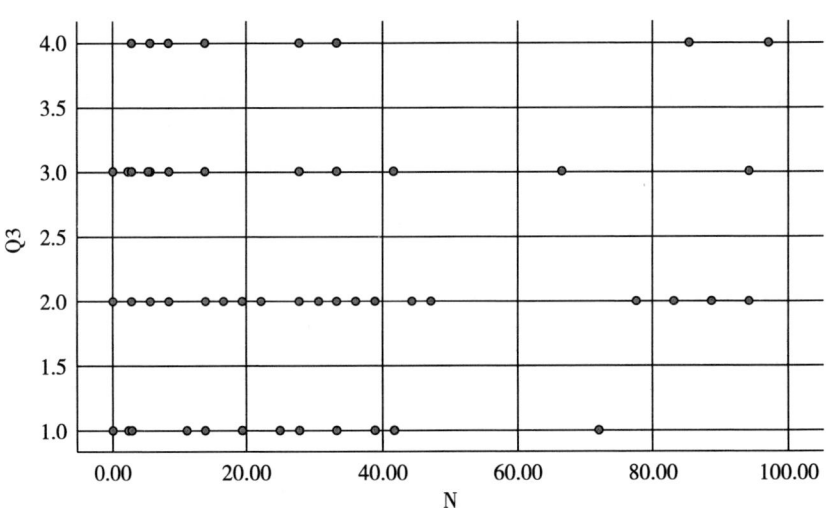

图 3　Q3 与 N 相关的散点图

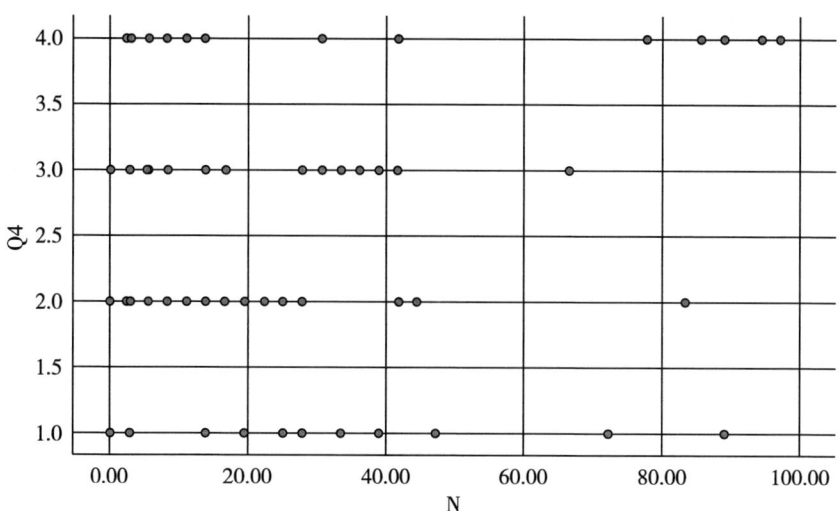

图 4　Q4 与 N 相关的散点图

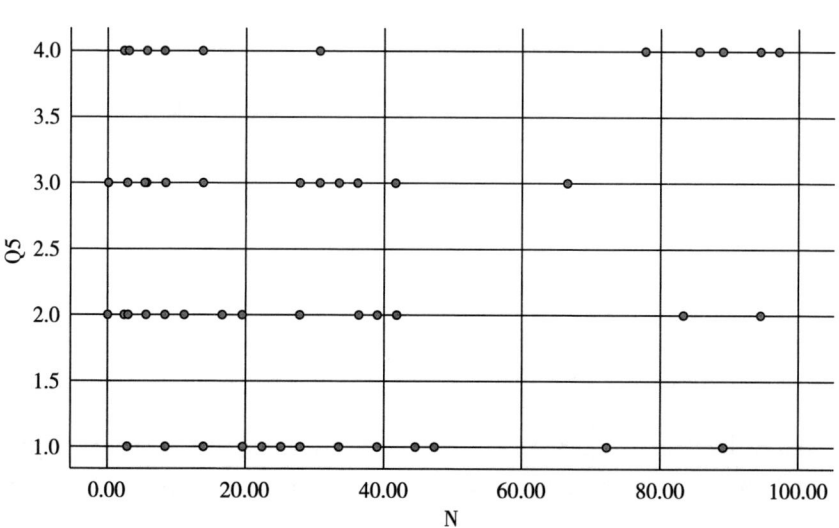

图 5　Q5 与 N 相关的散点图

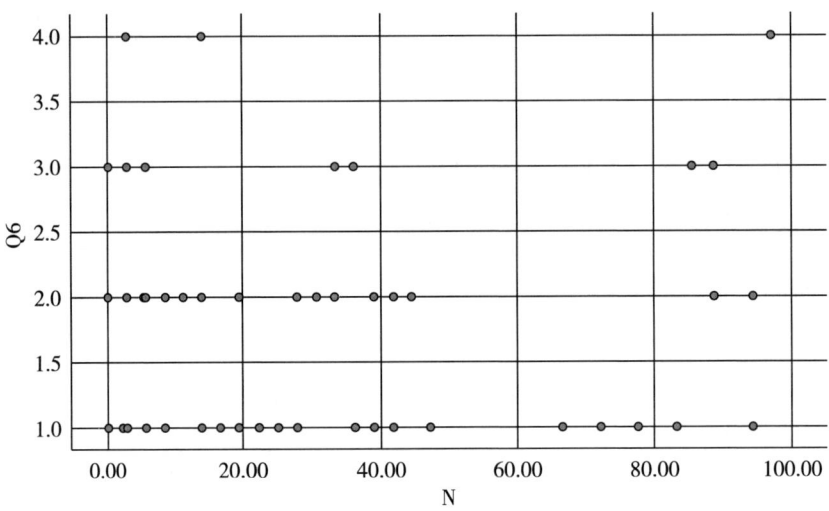

图 6　Q6 与 N 相关的散点图

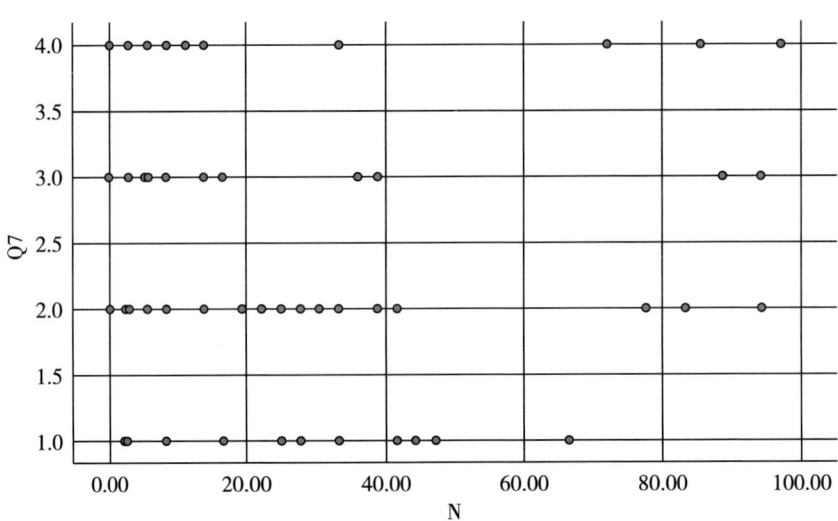

图 7　Q7 与 N 相关的散点图

附录六：空间表征风格与法官模拟审判的相关性散点图 | 201

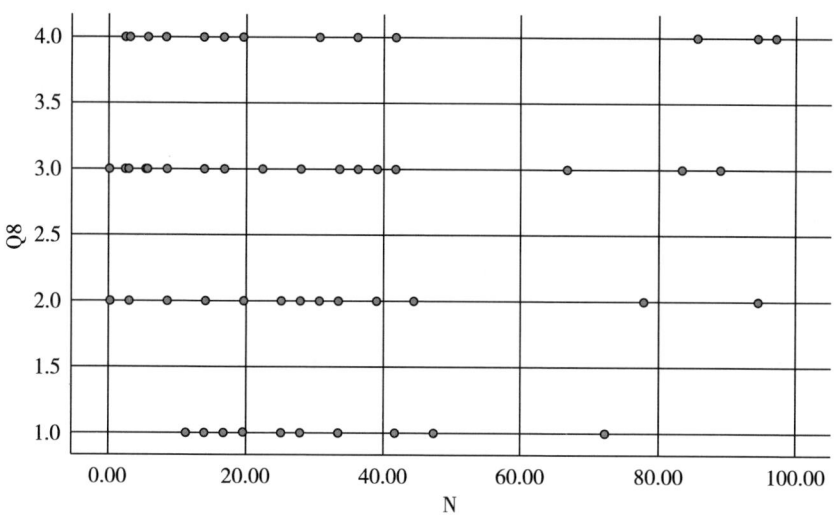

图 8　Q8 与 N 相关的散点图

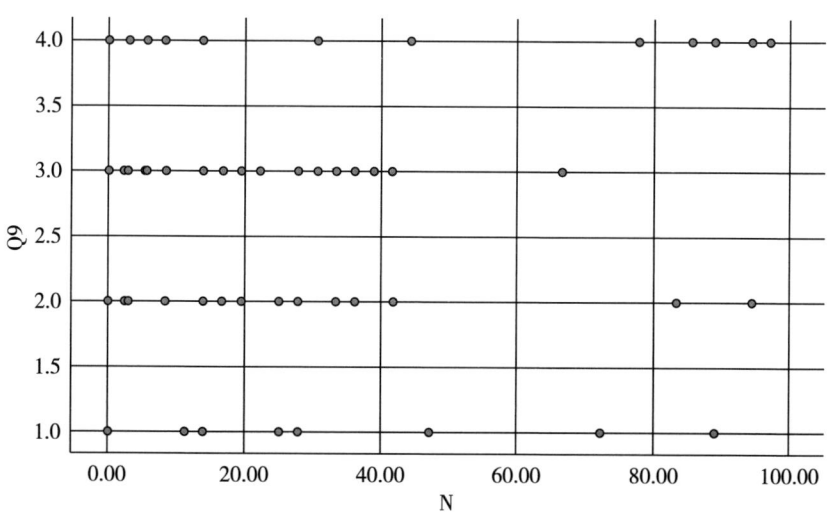

图 9　Q9 与 N 相关的散点图

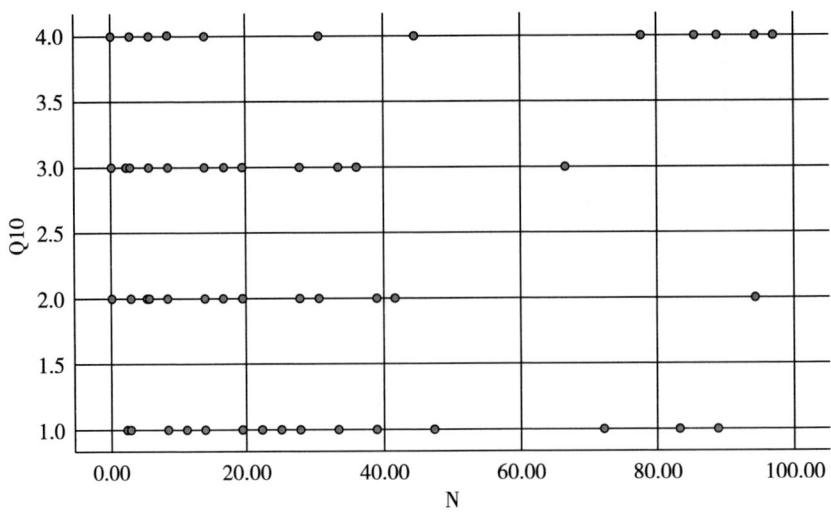

图10　Q10与N相关的散点图

参考文献

一、专著类

(一) 中文著作

1. 风笑天:《社会调查中的问卷设计》(第3版),中国人民大学出版社2016年版。

2. 风笑天:《现代社会调查方法》(第5版),华中科技大学出版社2016年版。

3. 柯青、周海花:《基于用户认知风格差异的信息检索交互行为研究》,科学出版社2017年版。

4. 龙宗智:《司法建设论》,法律出版社2021年版。

5. 李力红:《认知风格的理论与实证研究》,东北师范大学出版社2007年版。

6. 张小山:《社会统计学与SPSS应用》,华中师范大学出版社2010年版。

7. 张晓笑:《法官决策的思维模型》,法律出版社2020年版。

8. 左卫民:《庭审实质化改革实证研究——以法庭调查方式为重点》,法律出版社2021年版。

(二) 译著

1. [美]简妮·爱丽丝·奥姆罗德:《学习心理学》,汪玲等译,中国人民大学出版社 2015 年版。

2.[美]艾尔·巴比:《社会研究方法》,邱泽奇译,圣智学习出版公司 2015 年版。

3.[美]布莱洛克:《社会统计学》,傅正元等译,中国社会科学出版社 1988 年版。

4.[美]理查德·波斯纳:《法律理论的前沿》,武欣、凌斌译,中国政法大学出版社 2002 年版。

5.[美]保罗 C. 科兹比、斯科特 C. 贝茨:《心理与行为科学研究方法》,张彤译,机械工业出版社 2014 年版。

6.[英]R. 赖丁、S. 雷纳:《认知风格与学习策略》,庞维国译,华东师范大学出版社 2003 年版。

7.[美]卡尔·N. 卢埃林:《普通法传统》,陈绪纲等译,中国政法大学出版社 2002 年版。

8.[美]迈克尔·帕尔多、丹尼斯·帕特森:《心智、大脑与法律:法律神经科学的概念基础》,杨彤丹译,浙江大学出版社 2019 年版。

9.[美]彼得·萨伯:《洞穴奇案》,陈福勇、张世泰译,生活·读书·新知三联书店 2012 年版。

10.[美]罗伯特·L. 索尔所、M. 金伯利·麦克林、奥托·H. 麦克林:《认知心理学》,邵志芳等译,上海人民出版社 2007 年版。

11.[美]菲利普·E. 泰特洛克:《狐狸与刺猬:专家的政治判断》,季乃礼等译,中国人民大学出版社 2013 年版。

12.[美]杰弗瑞·A. 西格尔、哈罗德·J. 斯皮斯:《正义背后的意识形态——最高法院与态度模型》,刘哲玮译,北京大学出版社 2012 年版。

13.[美]杰佛瑞·A. 西格尔、哈罗德·J. 斯皮斯、莎拉·C. 蓓娜莎:《美国司法体系中的最高法院》,刘哲玮、杨微波译,北京大学出版社 2011 年版。

14.[英]大卫·休谟:《人性论》(下),关文运译,商务印书馆 2010 年版。

15. [古希腊]亚里士多德:《尼各马可伦理学》,邓安庆译,人民出版社 2010 年版;苗力田译,中国人民大学出版社 2003 年版。

(三)外文著作

1. Borenstein, M., Hedges, L. V., Higgins, J. P. T., Rothstein, H. R., *Introduction to meta-analysis*, John Wiley & Sons, 2009.

2. Dahl, Robert., "Decision making in a democracy: The Supreme Court as a national policy maker", *Journal of Public Law*, 1957(6).

3. Frank, J., *Law and the Modern Mind*, Routledge, 1983.

4. Green, T. H., *Works of Thomas Hill Green Vol. 1*, Longmans, 1885.

5. Holmes, O., *The Common Law*, Routledge, 1973.

6. Harvey, O. J., Hunt, D. E., Schroder, H. M., *Conceptual Systems and Personality Organisation*, Wiley, 1961.

7. Klarman, M., *From Jim Crow to civil rights: the Supreme Court and the struggle for racial equality*, Oxford University Press, 2004.

8. Popper, K., *After the Open Society: Selected Social and Political Writings*, edited by Jeremy Shearmur and Piers Norris Turner, Routledge, 2008.

9. Ricoeur, P., *Soi-même comme un autre*, Paris: Éd. Du Seuil, 1990.

10. Ricoeur, P., *Time and Narrative Vol. 1*, translated by Kathleen Mclaughlin and David Pellauer, Chicago: The University of Chicago Press, 1984.

二、论文类

(一)中文论文

1. 鲍旭辉、何立国、石梅、游旭群:《客体—空间表象和言语认知风格模型及其测量》,载《心理科学进展》2012 年第 4 期。

2. 卞建林、王天保:《司法人员分类管理再思考》,载《内蒙古社会科学》2021年第6期。

3. 陈林林、张晓笑:《认知的双重加工模型与司法决策》,载《浙江学刊》2014年第5期。

4. 陈林林、张晓笑:《裁判行为的认知心理学阐释》,载《苏州大学学报(哲学社会科学版)》2014年第4期。

5. 陈林林、杨桦:《基于态度的司法决策》,载《浙江大学学报(人文社会科学版)》2014年第3期。

6. 戴昕:《心理学对法律研究的介入》,载《法律和社会科学》2007年第2卷。

7. 丰霏:《法官员额制的改革目标与策略》,载《当代法学》2015年第5期。

8. 郭志远:《司法体制综合配套改革:回顾、反思与完善》,载《法学杂志》2020年第2期。

9. 顾培东:《人民法院改革取向的审视与思考》,载《法学研究》2020年第1期。

10. 韩振文:《论我国法官认知风格的实证测验及其理性反思》,载《河北法学》2018年第1期。

11. 韩振文:《论认知风格对法官决策差异形成的影响》,载《中南大学学报(社会科学版)》2016年第6期。

12. 黄文艺:《论深化司法体制综合配套改革——以21世纪全球司法改革为背景》,载《中国法律评论》2022年第6期。

13. 贾冰一:《从分散到聚合:新时代少年法庭实体化运行路径探索》,载《法律适用》2022年第6期。

14. 贾一锋、马长山:《法律职业伦理重建与法治底线支撑》,载《学习与探索》2020年第12期。

15. 靳学军:《新时代高质量发展视阈下知识产权法院的实践与完善》,载《中国应用法学》2022年第3期。

16. [美]梅·奎恩、王新宇:《女性经验与柔性司法改革——科沃斯与女性主义法律现实主义的源起》,载《中国政法大学学报》2021年第2期。

17. 李力红、车文博:《认知风格分析测验(CSA)修订及大学生样本的划界尝试》,载《心理学探新》2006年第4期。

18. 李浩然、刘海燕:《认知风格结构模型的发展》,载《心理学动态》2000年第3期。

19. 龙宗智、吕川:《检察机关人员分类管理的问题、矛盾与应对》,载《国家检察官学院学报》2022年第4期。

20. 罗凯、王祥:《迈向多元:"个体认知风格"研究发展简论》,载《江西师范大学学报(哲学社会科学版)》2016年第5期。

21. 饶淑慧、翁晓斌:《民事诉讼"繁简分流"的概念扩张审思》,载《天津师范大学学报(社会科学版)》2022年第4期。

22. 孙笑侠:《司法职业性与平民性的双重标准——兼论司法改革与司法评估的逻辑起点》,载《浙江社会科学》2019年第2期。

23. 魏晓娜:《以审判为中心改革的技术主义进路:镜鉴与期待》,载《法商研究》2022年第4期。

24. 魏斌:《司法人工智能融入司法改革的难题与路径》,载《现代法学》2021年第3期。

25. 徐阳光:《个人破产免责的理论基础与规范构建》,载《中国法学》2021年第4期。

26. 谢进杰:《基层司法改革存在的四大挑战及解决之道》,载《人民论坛》2020年第3期。

27. 杨震、孙梦龙:《纸域司法改革的方向标:数智时代的区块链司法——以〈最高人民法院关于加强区块链司法应用的意见〉为中心展开》,载《政法论丛》2022年第6期。

28. 杨铜铜:《法官绩效考核制度的非司法化困境及其调试》,载《法制与社会发展》2022年第3期。

29. 于晓虹、王翔:《政法传统中的人民陪审:制度变迁与发展逻辑》,载《学术月刊》2021 年第 7 期。

30. 张缨斌、王烨晖:《反应风格的测量与统计控制》,载《心理科学》2019 年第 3 期。

31. 张万洪、马闯:《人民调解嵌入人民法庭的改革实践与优化路径——以西南 D 市人民法庭的诉前调解改革为例》,载《中南民族大学学报(人文社会科学版)》2023 年第 1 期。

32. 张硕:《人民司法中的全过程人民民主:传承、创新与发展方向》,载《武汉大学学报(哲学社会科学版)》2022 年第 6 期。

33. 左卫民:《员额法官遴选机制改革实证研究:以 A 省为样板》,载《中国法学》2020 年第 4 期。

34. 李力红:《大学生言语、表象认知风格个体在记忆系统中信息表征偏好的研究》,吉林大学 2005 年博士学位论文。

35. 王海匣:《客体表象—空间表象—言语表征风格测验的编制》,东北师范大学 2011 年硕士学位论文。

36. 朱丽华:《CSA 言语—表象测验的改进》,东北师范大学 2009 年硕士学位论文。

(二)外文论文

1. Blazhenkova, O., Kozhevnikov, M., "The New Object-Spatial-Verbal Cognitive Style Model: Theory and Measurement". *Cognitive Psychology*, 2009, 23(5).

2. Curry, L., "An organization of learning styles theory and constructs", *ERIC Document*, 1983(235).

3. Dahl, Robert., "Decision making in a democracy: The Supreme Court as a national policy maker", *Journal of Public Law*, 1957(6).

4. Haney, C., "Psychology and legal change: On the limits of a factual jurisprudence", *Law and Human Behavior*, 1980(6).

5. Haney, C., "Psychology and legal change: The Impact of a

decade", *Law and Human Behavior*, 1993(14).

6. Friedman, B., "Dialogue and Judicial Review." *Michigan Law Review*, 1993(91).

7. Klarman, M., "Rethinking the History of American Freedom", *William & Mary Law Review*, 2000(42).

8. Kozhevnikov, M., "Cognitive Style in the Context of Modern Psychology: Toward an Integrated Framework of Cognitive Style", Psychological Bulletin, 2007, 133(3).

9. Lochner, P., "Some limits on the application of social science research in the legal process", *Law and Social Order*, 1973.

10. Mazard, A., Mazoyer, T., Crivello, F., et al., "A PET Meta-analysis of Object and Spatial Mental Imagery", *Duropean Journal of Cognitive Psychology*, 2004, 16(5).

11. Markman, A. B., Dietrich, E., "In Defense of Representation", *Cognitive Psychology*, 2000, 40(2).

12. Nussbaum, M., "Ricoeur on tragedy: Teleology Deontology and Phronesis", *Raul Ricoeur and Contemporary Moral Thought*, edited by John Wall, William Schweiker and W. David Hall, New York and London: Routledge, 2002.

13. Peterson, E. R., Deary, J., Austin, E. J., "The reliability of Riding's CSA test", *Personality and Individual Differences*, 34(5), 881 – 891.

14. Peterson, E., Deary, I., Austin, E., "A New Measure of Verbal-Imagery Cognitive Style: VICS", *Personality and Individual Differences*, 38: 1269 – 1281.

15. Riding, R. J., Cheema, I., "Cognitive style: an overview and integration", *Educational Psychology*, 1991(11).

16. Riding, R., "On the nature of cognitive style", *Educational

Psychology, 1997, 17(1).

17. Wasserman, E. A., "Comparative cognition: Toward a general understanding of cognition in behavior", *Psychological Science*, 1993(4).

18. Witkin, H. A., Etc., "Field Dependent and Field Independent Cognitive Style and Their Educational Implications", *Review of Educational Research*, 1977, 47.

后 记

在全面推进中国式现代化建设的背景下,不断深化司法改革是全面依法治国的应有之义。司法的重心之一是司法人员实施法律的行为。当前司法改革以公平正义为诉求,以司法为民为核心理念的司法改革,对司法人员影响审判之特性的研究,自然具有重要理论意义和实践意义。法官审判案件作为司法的主要行为之一,对审判过程的深入也自然具有重要意义。我们确有必要获知,认知心理学研究所揭示的人的认知共性之外的认知个性,是否也存在于法官这一具有诸多共性的职业共同体当中,以及更为重要的是,认知个性是否影响法官审判,以及在多大程度上影响法官审判。如果认知差异的确是存在的,只不过在文本主义的背景下,法官在较为单纯的情境之中认知,他们在认知能力和认知风格上的个体差异更多地被遮蔽了,认知风格差异显得实际上仅对疑难案件才有意义,那么在司法改革对法官能力提出更高要求,即要求法官在更复杂的认知情境下高效准确地裁判时,就极有可能会让这种认知差异造成的影响更普遍地体现在司法审判结果之中。这是我们想要完成"法官认知风格差异对审判影响的实证研究"的初衷。

本研究系 2017 年教育部青年项目"法官认知风格差异对审判影响的实证研究"（2017YJC820009）的最终成果。课题组在重庆、四川、浙江、江西、云南、广州、吉林 7 省市高校和法院展开咨询调研工作，并在重庆、四川、浙江、江西、云南 5 省市高、中、基层法院展开心理测试和问卷调研，历时 5 年，行程数千公里，其间遭遇数据丢失、更换测试工具、重新设计研究计划等诸多困难，终于在 2021 年年底完成调研工作，并在 2022 年秋完成所有既定任务。在此，我们要特别感谢江西省浮梁县人民法院胡凡生院长对调研的大力支持，特别感谢龚泽勇和陈玹华法官，他们不仅怀着极大的热忱参与了模拟审判问卷设计，而且在漫长调研期间数易其稿、测试工具升级、需要完成冗长重复程序调研等不利条件下，不厌其烦，耐心细致地数次组织协调了调研和测试工作，提供了大量宝贵的数据资料。还要特别感谢但娟、刘德亮、汪仁可、向洪彩联系多位法官参与测试和调研，感谢好友谭鸿雁、夏丛杰、李晓丹提供的咨询和帮助。特别感谢华东师范大学心理学部李力红教授无偿授权使用认知风格测试工具。最后，感谢课题组每一位成员长达 5 年的辛苦付出，感谢关心本书的师友肯定本研究的价值，敦促本书的写作进度。

感谢西南政法大学创新团队项目支持，得益于该项目，本课题的课题组才能顺利创立；感谢西南政法大学马克思主义学院文学平院长帮助洽谈本书的出版事宜；感谢当代中国出版社邓颖君编辑促成本书出版。

囿于水平，本书存在大量不足和疏漏。恳请广大读者不吝提出宝贵意见。

高礼杰

2023 年 12 月于重庆